汉语言视角下职业教育和幼儿教育有效衔接策略的研究

——幼师语言能力的职业思考

黄冬冬 著

吉林大学出版社

·长春·

图书在版编目（CIP）数据

汉语言视角下职业教育和幼儿教育有效衔接策略的研究：幼师语言能力的职业思考 / 黄冬冬著. — 长春：吉林大学出版社，2020.12
ISBN 978-7-5692-7979-5

Ⅰ. ①汉… Ⅱ. ①黄… Ⅲ. ①学前教育－教学研究－职业教育 Ⅳ. ①G612

中国版本图书馆 CIP 数据核字（2020）第 258838 号

书　　名：汉语言视角下职业教育和幼儿教育有效衔接策略的研究
　　　　　——幼师语言能力的职业思考
　　　　　HANYUYAN SHIJIAO XIA ZHIYE JIAOYU HE YOU'ER JIAOYU
　　　　　YOUXIAO XIANJIE CELÜE DE YANJIU
　　　　　——YOUSHI YUYAN NENGLI DE ZHIYE SIKAO

作　　者：黄冬冬　著
策划编辑：邵宇彤
责任编辑：宋睿文
责任校对：付晶淼
装帧设计：优盛文化
出版发行：吉林大学出版社
社　　址：长春市人民大街 4059 号
邮政编码：130021
发行电话：0431-89580028/29/21
网　　址：http://www.jlup.com.cn
电子邮箱：jdcbs@jlu.edu.cn
印　　刷：定州启航印刷有限公司
成品尺寸：170mm×240mm　　16 开
印　　张：11
字　　数：201 千字
版　　次：2020 年 12 月第 1 版
印　　次：2021 年 1 月第 1 次
书　　号：ISBN 978-7-5692-7979-5
定　　价：45.00 元

版权所有　　翻印必究

序　言

本书主要从汉语言专业能力的视角，探索职业教育和一线幼儿教育衔接的最佳策略。本书包含四个章节：

1."教考赛"模式下我对幼儿教师"讲故事"语言能力的思考

这部分从撰写到成稿历经近10年，是我对省市10多次学前教育专业技能大赛讲故事赛场辅导经验的总结，同时也是我担任八年沧州市学前教育专业技能大赛故事赛场主评委，同各职业院校教师以及一线幼儿园园长多次交流产生的心得体会，并利用自己汉语言文学专业的优势，把语言能力的专业要求和"教考赛"紧密融合，试图为幼师的"讲故事"语言能力找到最佳培养方式。这项成果是我院技能大赛师生团队集体智慧的结晶，是在领导和多位学前教育专业教师的帮助下完成的，具有很宝贵的价值。

2."全语言"理念下我对幼儿园参与"家庭语言教育"的思考

这部分是我早期省级课题积累的一项成果。为确定选题，我向心理专业的老前辈请教，从汉语言专业的视角出发，结合心理学中"全语言"专业理念，同幼儿园一线最重要的家庭教育联系到一起，使选题既有专业性又有职业性。当时学校十多项课题参与竞争，我们学校只有两项课题成功晋级，我的课题也在其中，最后成功立项。在我的课题研究中，我选取了一所一直关注了十多年的幼儿园作为合作单位，和最重视幼儿园教科研的代园长取经，从而获取了最宝贵的一线材料，得出了最有实效的研究成果。在课题结项时，省级专家在结题汇报现场给予了很高的评价，认为"全语言"理念很新颖也很实用，研究成果中的"家长面试"方式也很有价值等。

3."语言教师视角"实践下我对职业教育衔接幼儿教育的思考

这部分内容是我经过几年幼儿园实践后，被推荐登上我院职教大讲堂的舞台面向300多人做的讲座内容。当时我校提倡专业教师进入幼儿园实践，使职业教育和幼儿教育达到最精准的对接，但进入幼儿园后怎样实践？学什么？看什么？这是当时大家比较迷茫的地方。我在几年认真实践的基础上，在和学前教育专业教师交流的前提下，历时几个月完成这次讲座稿，最终展示给老师和同学们。当时听讲座的老师都表示，这是他们听到的最接地气的一次讲座，他们受益良多，以后会积极参加实践活动，增加实践经验，为自己的教学服务。

4."汉语言"视角下我对《幼师口语》精品课资源建设的思考

我已经工作18年，一直是重复干同一件事。我无论课题、论文还是项目都没离开过我一直承担的《幼儿教师口语》课程（以下简称《幼师口语》），坚持干了这么多年，我对这门课的课程体系、教学模式、课程评价等都有了自己的见解。2019年，这门课程作为院级精品课成功结项，同年又在河北省教育厅组织的网评和线下专家评选中被遴选为河北省高等职业教育创新发展行动计划（2019—2021）在线精品课程。我在此站在汉语言的角度，对这门课程体现哪些职业性创新，在建设中有哪些经验和教训进行总结，为想申请精品课程的老师们提供一些职业性参考。

总之，这本专著是我工作18年以来所有的成果，有些地方研究得还不是很深入，也会有一些片面之词，但我认为经验教训是最宝贵的，或许能为幼儿教师提供一些参考，或者可以让职业教师少走一些弯路，哪怕会引起同行的争论，都是这本书的作用和价值。最后希望自己一直保持初衷，去坚持完成学前教育专业职业能力培养的后续研究，最终培养出既有专业语言能力，又能满足职业需要的幼师们。

目 录

第一章 "教考赛"模式下我对幼儿教师"讲故事"语言能力的思考 / 1

第一节 讲故事和"教考赛"的关联解读 / 2
第二节 讲故事的职业性再创作技巧策略 / 9
第三节 讲故事的职业"绘声"技巧策略 / 72
第四节 讲故事的职业"绘色"技巧策略 / 80
　　附录1：对幼师讲故事风格的总结点评 / 84
　　附录2：对讲述《聪明的小乌龟》故事的点评 / 86
　　附录3：对讲述《雪孩子》故事的点评 / 87

第二章 "全语言"理念下我对幼儿园参与"家庭语言教育"的思考 / 89

第一节 "全语言"理念下幼儿语言发展的关联和研究背景解读 / 89
第二节 "全语言"理念下幼儿园参与家庭语言教育的现状解读 / 91
　　附录1：对沧州某幼儿园进行调查的访谈提纲 / 94
　　附录2：对沧州某幼儿园进行调查的访谈记录总结 / 95
第三节 "全语言"理念下幼儿园参与家庭语言教育的策略研究 / 99
第四节 "全语言"理念下南皮羽炫幼儿园家园共育的思考 / 102

第三章 "语言教师视角"实践下我对职业教育衔接幼儿教育的思考 / 104

第一节 幼儿园特色课程引发对职业教育改革的思考 / 104
第二节 幼儿园多次语言教育活动引发的职业性思考 / 110
第三节 幼儿园一日常规保育活动引发的疑问和思索 / 113
第四节 专业教师幼儿园实践引发的教科研方向定位 / 114
　　附录1：我在沧州T幼儿园的实践调研日志 / 115
　　附录2：我在沧州C幼儿园的实践调研日志 / 121
　　附录3：我在沧州M幼儿园的实践总结 / 138

第四章 "汉语言"视角下我对《幼师口语》精品课资源建设的思考 / 144

  第一节 MOOC背景下《幼师口语》课程数字化资源的建设构想 / 145

  第二节 SPOC理念下《幼师口语》资源建设的"校本化"思考 / 150

  第三节 学院课程建设推动下《幼师口语》课程引发的职业思考 / 153

    附录 战疫教学，打造金课——《幼师口语》课程教学案例分享 / 163

参考文献 / 167

后　　记 / 169

第一章 "教考赛"模式下我对幼儿教师"讲故事"语言能力的思考

近些年,农村教师、特岗教师、公立教师的准入招聘考试和职业教育技能大赛成为检验各类职业院校办学水平和教学成果的试金石,同时幼师语言能力在幼儿教师准入考试和学前教育专业技能大赛中占据很大的比重,而本章中探讨的"讲故事"技能在面试环节是使用频率最多的。但现在的故事良莠不齐,在网上一搜,单故事名字就会让你眼花缭乱,而且版本也有很多,有的故事对大班、中班、小班也没有明确的划分。如果你去参加比赛和面试,想从网上找一些故事学习和借鉴的话,可以找到的故事简直少之又少。虽然网上有一些音频,声音感觉还不错,但音频故事和现场讲述故事效果是不一样的。音频讲求的是声音感觉,是唯美的感觉,反而有些朗诵的味道,这和现场讲故事是不同的,就更没有师幼的互动状态了。而讲故事又是幼儿教师的一项职业基本功,幼儿教师练习讲故事是对自己多方位技能的锻炼,可以训练自己的语言生动力,训练教学语言的形象性。幼儿教师通过讲故事可以对幼儿进行语言的感染熏陶,对幼儿的语言给予有效的引导。我作为一名汉语言文学专业的教师,从事幼师口语教学已经 15 年,也连续负责了八届沧州市学前教育专业技能大赛的讲故事培训工作,担任了七届讲故事赛场的评委,而且在河北省中职和高职技能大赛的讲故事辅导中积累了不少的经验。在本章中,我将对这些年自己在讲故事教学和比赛培训,以及和一线幼儿园园长、幼儿教师的交流中收获的经验进行总结和梳理,为职业院校学前教育专业的师生和一些一线幼师们提供一些参考。

第一节 讲故事和"教考赛"的关联解读

一、"讲故事"职业性需要的总体解读

好的故事不仅有助于人们开阔视野、增长知识、认识生活、发展思维，还可以让人们精神愉悦、陶冶情操。而讲故事也是幼儿教学中寓教于乐的有效手段，是对幼儿进行教育教学活动的极好形式。例如在幼儿学前班中，教师可以通过讲述《小熊捞皮球》的故事传达"水的浮力"的科学原理。在教师形象生动的故事讲述中，幼儿可以轻松而愉悦地了解到抽象的科学常识，同时又可以在有趣的故事情境中认识"浮"和"捞"等生字，一举两得。有的幼儿教师在给小班孩子讲述彩虹的科学现象时，把彩虹的形成原理也用丰富的语言和生动的故事情节表达出来，将小雨点变成了水滴宝宝，太阳成了老公公，彩虹成了七彩衣：有一天，天空中云姐姐带了许多水滴宝宝出来玩（下雨了），玩了半天，太阳公公出来叫大家回家。大多数宝宝都很听话，可是有些小水滴太贪玩，来不及回去，太阳公公就心疼地为他们披上了七色彩衣，这就是我们看到的彩虹。老师即兴编的小故事多么生动有趣呀！小朋友们在有趣的故事中知晓了复杂枯燥的自然原理。因此，会讲故事是幼儿教育职业的要求，是幼儿教师的一项基本功。

在2010年国家颁布的幼儿教师专业标准中，第一项就是幼儿故事的讲述（会说），同简笔画、弹唱、舞蹈一样重要。在国家、河北省、沧州地区举行的中等和高等职业院校学前教育专业技能大赛中，幼儿故事的分数比例逐渐高于声乐、舞蹈、钢琴等技能，而且难度也在逐渐加大。沧州市学前教育专业技能大赛迄今为止已经举办了八届，前六届的幼师讲故事比赛和钢琴、舞蹈、声乐、美术占有同等的分数比例；而到了第七届，钢琴、舞蹈、声乐合成一项技能，占总成绩的20%，故事仍保持单独一项，占总成绩的30%，这时候讲故事变得更加重要。河北省中职学前教育专业技能大赛从第二届开始也设置了讲故事的赛场，而且设置的要求也越来越高，从自备1个故事到自备3个故事，且要求大班、中班、小班故事各一个，同时要设置导入语、提问语和结束语。国家和河北省高职学前教育专业技能大赛的讲故事规则是现场抽故事，准备7分钟左右就立即进赛场讲故事，这样对复杂的道具等形式要求就小了，而对幼师自身讲故事的素质和技巧运用的能力要求更高了。学前教育专业的技能大赛

就是职业教育的风向标，代表的就是幼儿教师的就业方向。在沧州地区各县市的幼儿园公立教师招考中，每次面试环节中，讲故事也是重要的技能考查方式。在幼儿教师资格证面试中抽到的讲故事环节，和高职学前教育专业技能大赛中选手现场抽签、现场准备、现场讲述的形式又极为相似。这个环节考生会抽到至少300至800字的童话故事，在备考室中仅准备20分钟的时间就要上场讲述。由此可见，学前教育专业的学生想成为一名合格的幼儿教师，想成功展示幼儿教师的气质风采，就必须掌握讲故事的技能。以下是我为了找到讲故事和"教考赛"的关联，制定的访谈提纲和访谈记录总结报告，从中更能发现讲故事对提升幼师职业能力的重要性。而且借助本校承办沧州市学前教育专业技能大赛的优势，结合国家级和省级技能大赛职业方向标的方向感，制定了沧州市学前教育专业技能大赛语言故事赛场的考核标准，借此更能抓取讲故事职业能力和"教考赛"的关联。

二、"讲故事"能力和"教考赛"的关联解读

（一）沧州地区就业招考和技能大赛信息访谈记录和分析总结

1. 访谈计划

制订人：黄冬冬

访谈目的：本次访谈是为了深入了解沧州地区就业招考中涉及的口语技能考核方案和具体的考核类别，还有设置的考核标准（同时也为了了解一下这个考核门类和标准与技能大赛的比赛有没有关系）。借此发现口语技能在就业招考中的重要性和其中存在的语言问题。本次访谈不涉及个人隐私，只作为学术研究目的传播。

访谈对象：通过正规就业招考录入的公立幼儿园（含小学）教师

访谈时间：2017.7.3 星期一

基本资料：就业招考录取时间　姓名　性别

曾经是否参加过技能大赛：（　）（填写是或否）

泊头市公立幼儿园教师：尹珊珊、张雪梅、庞晓晴、白双双

沧州市公立幼儿园教师：王晨

南大港公立幼儿园教师：刘娟

南皮公立幼儿园教师：郑明洋

（1）就业招考角度的主要问题。

①口语技能方面考核哪些口语技能类别？

②语言考核的具体形式是怎样的？

③语言考核的标准和要求是怎样的？

④语言的分数和所有形式相比占的比重有多大？

⑤自己在语言环节的表现效果怎样？是否满意？具体问题有哪些？

⑥根据自己的经验，你觉得在校学生在口语技能方面应该怎样训练，才能在考试中有好的成绩？

（2）技能大赛角度的主要问题。

①你是哪届技能大赛的同学？当时培训的语言模式是怎样的？

②你在就业招考语言方面有没有用到技能大赛培训期间掌握的口语技能？具体用到哪些？

③你觉得技能大赛培训除了对比赛成绩有很大作用外，对就业招考有没有什么影响？

④结合就业招考的经历，你觉得以前在校期间技能大赛口语培训方式有什么弊端？需要怎样改进？

⑤你们公立幼儿园有多少招考录用的教师是参加过技能大赛培训的？他们在幼儿园的表现怎样，在什么方面表现比较突出？

⑥作为参加过技能大赛的同学，你认为技能大赛和就业招考有什么联系吗？

2. 访谈记录

制订人：黄冬冬

（1）南大港公立幼儿园刘娟老师的谈话记录总结：我是在2012年通过教育局正式的教师招考进入公立幼儿园工作的，除了我自己经历了这样的考试外，我们幼儿园每年都有同事正式考入。据了解，在每次考核面试中，讲故事、说课、讲课在就业招考中都很重要。教师招聘考试中，笔试占总成绩的40%，面试占60%，面试真的越来越重要。面试中的90%是讲故事、说课、讲课，只有10%是才艺展示。此外，现在面试特别讲究语言的声情并茂，除了注重考生的发音，还对考生的面部表情要求很高。每年考试的形式也会有所不同，记得有一年是从绘画、弹琴、讲故事中抽签选取，后来有一年讲故事变成了必选项，其他项目可以自愿选择。总之，讲故事年年都有考查，只是出现的形式不一样而已。而且无论考查哪一项，每项都是6分钟。

（2）南皮公立幼儿园郑明洋老师的谈话记录总结：我是通过南皮县编考试进入正式教师的行列的。在面试环节我们这儿只有讲课，没有才艺，往年是讲课、才艺展示，从我们那年开始变成了抽题，然后讲课，最后回答考官的问题。我们这边没有说课，就是抽题。抽到之后准备教案，然后开始讲，形式特别简单，而且是十分钟的试讲，里边最好能加一些小才艺最好，如在试讲的时

第一章 "教考赛"模式下我对幼儿教师"讲故事"语言能力的思考

候随手画个画，唱个歌。因为我们这边没有单独的才艺展示环节了，所以试讲的时候最好能表现一下。考试时间是10分钟，有时也没有那么长，大概五六分钟，考官就会喊停。最后一个提问问题环节，主要还是考查考生的心理素质、教态和语言表达，如条理是否清晰，观点是否明确，情感态度、价值观是否向上等。我们面试的时候讲课题目一样、问题一样，每个考生先抽号，抽完后按照顺序去备课，流程一般是两个人一起进去准备，教室两边一边一个，考完后有专人带到别的教室等成绩，考试的教室、备考的教室和最后等成绩的教室都不在一个楼层。

（3）沧州市公立幼儿园王晨老师的访谈记录总结：我是2016年通过沧州市教师招考进入教师行业的。沧州运河区教师招聘考试中，笔试成绩和面试成绩的比例是5∶5。最近几年，只有2016年招考时面试没才艺环节，只有说课，其他几年都有才艺环节。2016年招聘，所有人说课的题目一样，都是同一个绘本故事《小兔走了》。当时三个人一组，到一个教室考试，发材料准备10分钟，然后开始说课。

（4）泊头市公立幼儿园尹姗姗老师的访谈记录总结：我是2012年泊头市招聘的第一批幼师，当时面试的技能是说课、讲故事、唱歌、弹琴、舞蹈、美术（绘画和手工），说课是50分，其他几项各占10分。讲故事这一项是让考生们自备一个故事，没有服装和道具要求，时间在5分钟以内。我认为讲故事很重要，对其他科目不擅长的考生，这一项发挥得好很容易增分。我当时讲的故事是《猴吃西瓜》，讲的过程中加上肢体动作，最后得分还算高：8.6分。

（5）参加过技能大赛的泊头市公立幼儿园的庞雪晴、白双双、张雪梅老师的访谈记录总结：我们都是2017年参加泊头公立教师招考的，自备环节我们都用的是我们在校期间参加技能大赛培训时的内容，如讲故事，庞雪晴用的是当时培训的《卖火柴的小女孩》，张雪梅用的是技能大赛时培训的《狼和小羊》，白双双用的是当时培训的《狐狸和乌鸦》。

3. 访谈总结

通过以上的访谈信息，我们发现沧州地区各个县市在教师就业招考中讲故事、说课、讲课的语言考核比例很大，占的分数也很多。例如，南大港公立幼儿园的刘娟老师提到她们的考试成绩面试占60%，而且面试中的讲故事、说课、讲课占90%，其余10%是才艺展示。在这些项目中每个参考的人员都认为讲故事和说课最重要，而且讲故事讲求声情并茂，讲究精神状态和声音。每年的面试都会有变化，有一年是绘画、弹琴、讲故事三项抽签，还有一年是讲故事是必选项，其他自愿。总之，讲故事年年有，而且很重要，只是出现的形式不太一样。泊头市公立幼儿园的尹姗姗老师提到，当年泊头的就业招考面试环节是说课、讲故事、歌唱、弹琴、舞蹈、美术（绘画和手工）。说课是50分，其他各项各占10分。讲故事一项是让考生们自备故事，没有服装和道具的要求，时间在5分钟以内。尹老师觉得讲故事这一项很重要，对其他科类不擅长的考生，讲故事讲得好很增分，也很容易在短期内通过培训提高。尹老师就是在这一项有着很好的发挥，得了还算高的分数（8.6分）。而且他们所在的幼儿园好多参加过技能大赛的老师技能很突出，表现力很强，语言能力很突出，总之很优秀。如果非要找一些弱点的话，那就是带班能力不像技能那样突出。我还访谈了沧州市公立幼儿园的王晨老师，他也提到了说课，考试时大家是选取故事主题，他抽到的是绘本故事《小兔走了》，考生就是把故事的教法套到说课的模式里。如果进行梳理，简单体现在以下几个方面：

（1）语言类别很多样化：讲课、讲故事和说课，所占比重非常大，所以我们在校期间的语言课程涉及的门类都要包括。

（2）说课占的比重是最大的，所以我们在校期间的培训必须重视说课。

（3）涉及讲故事的也很多，而且对其中的教态和声音要求比较高。

（4）参加技能大赛的同学在就业招考中的优势很大。

（5）技能大赛和就业招考的考核类别和形式非常相似。

（6）就业招考的流程和技能大赛的程序也很相似。

大家不难发现沧州各县市教师招考面试中语言表达越来越重要，各项语言考查中对幼师语言的条理性、表现力和教态要求很高，而且讲故事也是一项重要的考查技能，所以幼师在校期间这方面的语言训练必须加强，而讲故事训练也必须成为重中之重。

（二）沧州市技能大赛考核方案的修订和解析

2017年沧州市第七届学前教育专业技能大赛"幼儿故事"技能考核方案和评分标准

制订人：黄冬冬

1. 比赛方案的改革背景

讲故事是幼儿教师的一项基本功，所以无论市赛、省赛怎样改革，讲故事仍然是一项独立的技能考核项，分值一直很高。但随着职业院校的职业化改革和教育部门的职业方向标的准确化定位，故事的比赛标准在不断地变化，之前在河北省和沧州市的中职比赛中讲幼儿故事都是自备一个故事，但后来河北省的中职比赛难度逐渐增加，改为自备大班、中班、小班三个故事，而且还必须加入导入语、结束语、提问语等教法元素,这就是逐渐往幼师职业和就业上靠近。而现在的高职赛场难度更大了,不自备故事了,要临场讲故事,最多准备七八分钟,比赛标准除了基本的语言素质要求外,还加入了再创作的教法设计等,这和幼儿教师资格证考试面试中故事教学设计的环节已经十分接近了。此前,沧州市学前教育专业技能大赛已经举办了六届,讲故事环节同学们的表现已经逐渐变得与语言考核的要求不符,选手们把重点放在了道具服装和表演等外在元素上,幼师的内在语言素质和教师语言教法元素逐渐淡化。所以,这次力求做一次重大的比赛改革,让幼儿故事的讲述比赛更符合职业化要求,更能发挥技能大赛职业化方向标的引领作用。

2. 比赛的具体程序

(1)为了符合县域中职院校学生的水平,这次沧州市比赛打算在省级中高职比赛的基础上既提升高度又降低难度,提供故事库:30个故事。这些故事都是比较经典的故事,网络上都能搜到,虽然有的版本有细微的不同,但选手可以任意选择。到比赛时,只要故事完整,主题明确,讲述生动,增加教法特点就行,其中具体细节的变化,不在扣分范围内。

(2)在比赛的第一天下午考完手工和理论,参赛学校的选手就开始从工作人员手里的30个故事中抽取两个故事名称(必须让工作人员记录好选取的是哪两个故事),过后自己任选一个比较好驾驭的故事进行准备。同时,不再像往年一样设置拷贝音乐环节了,因为这种比赛形式不再适合选手应用背景音乐了。

(3)第二天讲故事比赛,选手入场时直接交给工作人员自己抽取的故事签,接着向评委点明自己选取的故事是什么,并进行讲述即可。

3. 故事库中的故事名称

小猴吃瓜果、城市老鼠和乡村老鼠、狐狸和乌鸦、狐假虎威、猴吃西瓜、谦虚过度、没有牙齿的大老虎、苍蝇和毛毛虫、狼和小羊(寓言版)、雪孩子、小猪变干净了、三只小猪盖房子、会打喷嚏的帽子、小猫钓鱼、乌鸦喝水(详细版)、聪明的小乌龟、狗熊进城、青蛙卖泥塘、龟兔赛跑、美丽的大公鸡(课文版)、狐狸和小鸡(邻居版)、两只笨狗熊、贪吃的小猪、猴子捞月亮、"咕咚"来了、会动的房子、小马过河、小苹果树找医生、三头公牛和狮子、狮子和老鼠。

4. 比赛评分标准

(1)语音标准,语言表达流畅、清晰,内容完整。(10分)

(2)必须脱稿讲述,而且无论故事长短,再创作故事时间必须控制在2~4分钟。(10分)

（3）恰当、自然地运用语言技巧，感情充沛、情绪饱满、抑扬顿挫，叙述语言和角色语言要分明，符合故事内容和特点。（30分）

（4）必须对故事进行合理的再创作，让故事更生动，形象更突出，而且为了体现幼师讲故事的启发性和引导性，必须为故事设计有吸引力的导入语、有启发性的提问语和意味深长的结束语。（20分）

（5）仪表大方、体态自然，恰当运用态势语言。（20分）

（6）可运用有限的道具，适合故事的话可以酌情加分（比赛现场提供粉笔和黑板，但没有提前准备的时间，只能现场使用）。（10分）

2018年沧州市学前教育专业技能大赛"幼儿故事"考核方案
制订人：黄冬冬

1. 比赛的具体程序

（1）为了符合县域中职院校学生的水平，第八届沧州市比赛计划在省级中高职比赛的基础上既提升高度又降低难度，从自备故事、30个故事库改为提供15个文本故事库，从比赛头一天下午抽取故事改为比赛当天现场抽故事（正式比赛时会由教育局提前按照场次抽取不同的故事，进行档案袋密封，同一场次讲一个故事，每个场次换一个故事，现场拆封）。

（2）正式比赛当天，早晨第一场讲故事的学生需要被带到封闭室等待工作人员通知叫号带领，接着会逐一被带到备考室，在备考室拿到工作人员发的文本故事稿准备五分钟，然后进考场讲述幼儿故事（最开始是两位选手同时备考，当1号选手进入赛场，工作人员需要再带3号选手来封闭式备赛，当1号选手比赛完毕，2号选手从备考室进入赛场，3号继续备赛，4号选手需要从封闭室进入备赛室备赛，依次类推。这样每位选手的准备时间就是两位选手的讲述时间，大约5分钟）。

2. 比赛评分标准

（1）语音标准，语言表达流畅、清晰，内容完整。（10分）

（2）必须脱稿讲述，而且无论故事长短，再创作故事时间必须控制在3分钟以内。（10分）

（3）恰当、自然地运用语言技巧，感情充沛、情绪饱满、抑扬顿挫，叙述语言和角色语言要分明，符合故事内容和特点。（35分）

（4）仪表大方、体态自然，恰当运用态势语言。（25分）

（5）必须对故事进行合理的再创作，让故事更生动，形象更突出，而且为了体现幼师讲故事的启发性和引导性，必须为故事设计有吸引力的导入语、

有启发性的提问语和意味深长的结束语。(20分)

备注：这次比赛考核了学生临场发挥的能力，而且一个场次选手讲同一个故事，更能考查不同学生对故事的再创作和临场驾驭能力，更有对比效果。这样的比赛流程和幼儿园教师资格证、县域公立教师面试环节很相似。因为加入很多临场的元素，所以这次不需要准备音乐和道具，完全考查的是一位幼儿教师对故事稿的再创作能力和临场驾驭语言的能力。

通过阅读国家和河北省学前教育专业技能大赛的文件，分析考核标准，再加上参与制订沧州市的技能大赛考核方案，我发现最开始河北省中职比赛和沧州市同步，但后来调整为自备大班、中班、小班三个故事，设计导入语、提问语和结束语，而河北省高职的比赛语言赛场是临场抽取故事，准备几分钟后进行讲述，也有对故事的再创作等教法元素的要求。所以，技能大赛是随着就业方向在调整，而且对学生的教法能力的要求越来越高，越来越重视学生的临场应变能力，而淡化外在花哨的点缀，如道具、音乐等，对讲故事本人声音、肢体的要求变大了，因此我们的培训方案也得调整，寻找到合适的形式和内容。

总之，结合就业招考的信息和技能大赛的信息，我们找到了幼师语言的职业方向：既有口语技能的要求又有教法元素的要求，口语形式说课对学生要求最高，讲课的设计很重要，而讲故事更加重要。同时对讲故事的能力的要求也越来越高，以前培训自备故事，准备时间长，都是固定的东西，对学生的综合能力和教学能力体现较少，后来现场讲故事，强调对故事的加工，这时候学生讲故事的综合能力体现得比较明显，既体现了其表现力、再创作能力，又反映了其教法互动能力。所以，我们应该朝着对这种综合语言能力的培训进行调整。

第二节　讲故事的职业性再创作技巧策略

童话故事的最大特征是运用丰富的想象力、极度夸张的语言赋予动物、植物等人的感情，故事情节更丰富，更引人入胜，更能引起孩子的好奇心，激发孩子的想象力。恩格斯曾经说过："孩子们喜欢他们周围的猫、狗等动物能像人一样说话有趣。"童话故事为我们展示的就是拟人化的世界，这与幼儿的心理特质极为吻合，所以幼儿故事中童话故事最受幼儿的欢迎，在幼儿园语言教育活动中也是经常使用的。因此，幼儿教师需要重点训练的也是对童话故事的讲述能力。从各年龄段的幼儿心理特征上来看，幼儿的思维水平以形象思维为主，抽象思维还不完善，而且理解能力较差，注意力也不易集中，因此幼师在讲述童话故事时应注重语言表达的形象性、趣味性和通俗性。同时，幼儿的模仿能力很强，可塑性又很高，所以幼师也应注重幼儿童话故事的教育性。这也就决定了幼师选择童话故事和再创作童话故事的标准。

一、童话故事的职业选择性

在网络资源泛滥、图书资料混杂的时代，故事作品数量不计其数，类型风格多姿多彩，篇幅也长短不一，而故事的质量也参差不齐，我们究竟应该选择什么样的童话故事去讲述呢？对故事的选择归根结底离不开对讲故事的对象和讲故事的目的的考虑，一定要做到有针对性地选择。而在幼儿园教育教学活动中，幼儿教师面对的对象是幼儿，讲故事的目的是教育教学，所以选择故事应注意以下几点。

（一）教育性原则

学生年龄段较低，模仿力较强，自制力较差，这就决定了幼儿的可塑性很强，所以应重视这一阶段的教育和引导，要选择思想感情积极健康的，具有"真、善、美"的内涵，对幼儿成长非常有益的故事。例如，在经典的童话故事《白雪公主》中，七个小矮人虽然长得很丑，但很善良，白雪公主长得漂亮也很单纯，皇后虽然外表美丽，但内心恶毒，这样的故事可以让小朋友们从中了解人的美、丑、善、恶。《卖火柴的小女孩》中可爱的小女孩的悲惨遭遇可以教会幼儿珍惜现在的幸福生活。总体来说，童话故事可以教人勇敢、热情、善良、乐观，反对卑鄙、怯懦、邪恶、虚伪。在这种传递正能量的要求下，故事可以选择多种风格的，如欢快明朗的、崇高壮丽的、温馨美好的、幽默诙谐的、忧伤愤怒的，等等。

（二）趣味性原则

幼儿以具体形象思维为主，注意力不易集中，所以选择的故事情节要生动、有趣，这样才能吸引幼儿的注意力。曾经热播的《喜羊羊和灰太狼》以小羊们智斗灰太狼的搞笑情节吸引人，以灰太狼的可笑、喜羊羊的聪明和懒羊羊的可爱让小朋友们十分喜欢。安徒生的童话故事《丑小鸭》则以丑小鸭从丑到美的蜕变和内心的升华来吸引人的眼球。《猪八戒吃西瓜》等小故事也是以神奇的故事情节和夸张可爱的角色形象让人印象深刻。所以，选择有趣好玩的故事十分符合幼儿的阅读兴趣和心理特征。

（三）适宜性原则

汉语言基础知识中涉及的叙事方式、表现手法等都应该遵循适宜性原则。因为幼儿的抽象思维水平还不完善，理解能力还不是很强，所以我们选择的故事中叙事方式和表现手法要符合幼儿阶段的思维特点。

一般叙事方式包括顺叙、倒叙、插叙、补叙，因为幼儿的思维水平限制了他们的理解能力，所以幼儿童话故事顺叙较多，都是按时间先后的次序，依故事起因、开端、发展、高潮、结局的大致脉络谋篇布局。例如《小红帽》的故事，开始介绍小红帽名字的来历，接着故事情节就开始了：妈妈让小红帽给生病的外婆送东西，而后小红帽在大森林里碰到大灰狼，接着高潮出现，大灰狼要把外婆和小红帽吞掉，最后结局是猎人出现，救了小红帽和外婆。《白雪公主》的故事一般也都是按照时间的前后来讲述，先是介绍白雪公主童年经历，接着讲白雪公主经历家庭变故，再后来遭继母皇后忌恨，皇后派猎人去杀害白雪公主，白雪公主逃脱，和小矮人共同生活，紧接着白雪公主被伪装的皇后毒害，最后被王子救活，并幸福地生活在一起。这种发展顺序小朋友们都能理解，容易接受。但叙事方式是多种多样的，有的先讲到故事的结局，然后再按时间发生的先后顺序介绍，这是倒叙。现在这种讲幼儿故事的方式用得不多，偶尔有老师讲故事时，为了引发好奇，设置悬念，先暗示一点结果而已。而补叙一般都是通过回忆方式来对之前的事进行交代。记得之前听过的《白雪公主》的录音故事就对原文本的顺序进行了改变，先是介绍七个小矮人在森林里的快乐生活，然后一个漂亮的小姑娘闯入，互相建立感情后，小姑娘用回忆的方式把自己身为白雪公主的经历和自己的处境讲述出来，后边的情节就是顺叙进行了。这里只用了一个补叙，如果再多用补叙，小朋友们就会迷糊了。跟故事主体内容关系不大的插叙就更少用了。总体来说，建议为幼儿选顺叙的作品，有时对于只有一两种叙事手法的故事，年龄大点的幼儿也能理解，但综合运用太多方式的就应慎重选择了。

表现手法在文学作品中也有很多，如对比、象征、想象、夸张等，也包括起兴、烘托、用典、借景抒情、以小见大等，还有就是我们熟悉的修辞手法，如比喻、拟人、排比、反复等。运用多样的表现手法，使用丰富的表达方式，可以使文学作品更具艺术魅力，但对于年龄段较低的幼儿来说，教师在讲故事时对表现手法应该慎重选择，因为幼儿的理解水平还很低，并不是所有的表现手法都能接受。想象、夸张本身就是童话故事的艺术特色，可以使故事更生动、有趣，而且在童话故事中为了使故事表现得更加通俗、形象、生动，也经常使用一些修辞手法，如拟人、比喻、反复，当然比喻中还是明喻用得多。许多经典的故事都很有趣，也很有教育意义，但文学性太强，表现手法用得很复杂，幼儿理解起来也会感到困难，如《西游记》《牛郎和织女》等经典的古代神话故事。为了让幼儿们也能增加古典文化底蕴，后来就出现了许多改编版本，里边运用的艺术手法就简单多了。现在许多童话故事也适合高年龄段的小学生阅读，所以我们在选取故事材料时，要注意甄选，选择时要注意其中所运用的表现手法要能被幼儿所接受和理解。例如我们为小班孩子选择故事时，为了让幼儿能听明白，选择在语言和情节上使用反复手法的《小兔乖乖》，在这个故事中，大灰狼多次敲门欺骗小兔子，情节反复，语言"小兔乖乖，把门开开"和"不开不开，就不开，妈妈没回来"也反复出现，这就是修辞中的反复手法。小朋友们在重复的语言和情节中更容易明白故事的道理，但对大班的孩子就已经不适合再讲这么简单反复的故事了。

（四）通俗性原则

语言要浅显易懂、生动形象、朗朗上口，适应幼儿语言接受特点。例如经典的名著故事《西游记》中的角色形象可爱、有趣，情节魔幻、奇妙，但语言是半文言的，成人理解起来都有难度，何况幼儿，所以现在出现了许多适合中小学阅读的改编版本。如果想要讲述给幼儿听，幼儿老师们就得好好从这些改编版本中选择语言最通俗，最适合幼儿的。小孩儿对韵律感强的、朗朗上口的文字也会接受得比较快，所以给低年龄段幼儿应该多选择这类故事，如《小红帽》的故事中有这样的语言："小红帽抬起头来，看到阳光在树木间来回跳荡，美丽的鲜花在四周开放。"而在《龟兔赛跑》中兔子笑话乌龟："乌龟乌龟爬爬，一早出门采花；乌龟乌龟走走，傍晚还在门口。"这些语言押韵，节奏感强，读起来朗朗上口，又通俗易懂，容易被幼儿接受。

（五）职业性原则

1.大中小班根据年龄段区分选择

对于从事一线教学的幼儿老师来说，选择故事更要细节化一点，如小班、中班、大班、学前班的幼儿年龄段不同，随着幼儿年龄的增大，其思维水平、接受能力都是在不断发展提高的，所以我们选择的故事无论从道理、语言还是艺术手法上都应该从浅到深、从易到难。现选取两个小班教学故事，欣赏其中的形象性和通俗性，体会其对幼儿的适用性。

例如，大家非常熟悉的童话故事《拔萝卜》，故事情节是这样的：一位老公公种了萝卜，萝卜越长越大，老公公就去拔萝卜，但拔不动，就叫老婆婆来帮忙，还是拔不动，最后依次喊来了小姑娘、小花狗、小花猫、小老鼠，终于拔出了萝卜。故事情节简单、语言通俗，适合小班教学，而且为了更好地让两三岁孩子理解，使用了反复手法，情节不断反复，老公公拔不出喊老婆婆，又拔不出喊小姑娘，还拔不出喊小黄狗，结果仍是拔不出，又喊小花猫，最后喊来小老鼠，才拔出大萝卜，情节到此就结束了。在情节反复中，幼小的孩子比较容易理解故事的内容和道理。语言也在不断地反复，"快来帮我（们）拔萝卜""嗨哟，嗨哟""我来了，我来了"等相同的语句反复出现，人和动物相似的拟声词也出现多次。反复是指为了强调某种意思，突出某种情感，特意重复使用某些词语、句子或段落等是童话中普遍使用的手法，既有加强情感、强化形象的作用，还有加深印象、帮助记忆的作用，因此在给年龄段较低的幼儿讲故事时，使用率较高。幼师在教学时，也应该多为小班选择此类故事。

例如，童话故事《蚂蚁小黑豆》写的是蚂蚁小黑豆出门找吃的，找到一粒面包渣，就往家走，路上一次次遇到障碍，通过动脑筋想办法，一次次克服困难，最后回到家，把面包渣和妈妈一同分享。这个故事同样也是在情节、语言上使用了反复手法，如"小黑豆叼着面包渣，继续往家走"和"走啊走，走啊走"，相同的句子和结构就反复出现了三次，更加通俗易懂。在反复中小朋友们不仅了解了小蚂蚁的坚强乐观，还体会到语言的韵律感，"走、头、沟、狗"等词押"ou"韵，讲起来朗朗上口，听起来也通俗易懂，比较符合幼儿的接受能力，也适合小班幼儿教学。

不过，相似的故事在道理上也有难易之分，如《狼和小羊》的童话故事，有两个版本：一个是幼儿园教学常用的童话故事，讲的是小动物们团结友爱战胜大灰狼的道理，这个一般出现在小班和中班的语言教育中；一个则是被选在大班或小学语文教科书中的伊索寓言童话故事。寓言故事本身具有语言凝练、饱含哲理的特点，现在虽然被用于幼儿园语言教育领域，但都是被用于大班教学中。这两个版本，从篇幅上来说第一个较长，第二个较短，但是第二个故事的寓意比较绕，道理比较深奥，小朋友们理解起来有些困难，所以我们选择故事也不能一味地从篇幅长短去定位。

2. 根据教育情境需要灵活选择

有时在特定的教学环节根据不同的教学目的，也可变更故事内容，如在周围出现很多孩子被拐被偷的社会现象时，多讲点《小兔乖乖》《狼和七只小山羊》《小红帽》之类的安全教育故事，把幼儿不容易理解的社会现实问题，通过孩子们喜欢的拟人化情境去表现，把狼的不怀好意和阴险狡诈刻画得入木三分，让孩子们懂得当大人不在家或身边时，自己一定不要和陌生人说话，不能给陌生人开门，而且要懂得自救等。而当幼儿每天脏兮兮，不爱干净，不讲卫生时，我们可以讲《小猪变干净了》的教育小故事，不洗澡就会像小猪一样交不到朋友，而且小猪没朋友的着急和难受也要重点讲述，这样幼儿才能真正想到自己的处境，感同身受之后，就会在现实中改正这样的毛病。有的小朋友在幼儿园吃饭时不爱惜粮食，骄纵任性，这时候在餐后环节就可以讲讲《卖火柴的小女孩》，教会他们同情小姑娘，从而想到自己，珍惜现在的幸福生活。当有学生自卑、腼腆时，我们也可以用《丑小鸭》故事中丑小鸭变成美丽的白天鹅的经历来鼓励他们，只要不放弃，我们都有自己的优点和亮点，都会是美丽的白天鹅。在春节快要到来时我们应该选择《年兽》之类的节日小故事。总之，幼师们应该遵循生本思想，分析学生适合什么样的故事，再结合具体的教育情境，根据幼儿的需要灵活选择。

3. 根据场合和对象"应景"选择

我们学前教育专业的学生讲的故事也会根据讲故事的目的和面对的对象的变化进行不同的选择。例如，当参加学前教育专业技能大赛，面对园长和领导应聘教师职位，需要展现幼儿教师的气质风采时，幼儿教师就不能按最简单、通俗的原则，选适合小班教学的短小故事了，而应增加难度，在不违背大原则的前提下，选择适合大班和学前班的故事。

以学前教育专业技能大赛为例，为学生选故事也是一个重要环节，它直接关乎比赛结果。我们在坚持"教育性、趣味性、形象性"原则的情况下，还应该考虑选择什么样的故事才可以更好地展示幼儿教师风采，使其获得的分值高点？现在的幼儿故事有的情节很简单，总体风格温馨明快，但如果情节不曲折、不惊险，就难以给人留下深刻的印象。所以，在为学生选故事时，我们倾向于选择适合高年龄段幼儿的，故事情节有冲突、有悬念、曲折离奇的故事。例如故事中有强大和弱小对立双方的，容易形成一种危险关系，就会有惊险的一幕，情节就会有明显的起伏、变化，讲故事者容易讲得生动，听众对故事的情感体验也会比较真切。例如，《小红帽》中大灰狼老奸巨猾、小红帽天真弱小，就有小红帽的不谙世事，被大灰狼欺骗，就会有狼吃小红帽的危险和恐慌，自然也产生了鲜明的道理；在《机智勇敢的小山羊》中狼的伪善狠毒和小山羊的机智勇敢产生对立，就有了狼吃小羊的惊心动魄的故事情节，讲述时听众的情绪就会有明显的起伏；在《狼和七只小山羊》中，一开始小山羊很高兴地在家玩，狼的出现让情节明显开始起伏、紧张起来，一次次敲门，一次次欺骗，让小朋友们替小山羊紧张、担忧，而当大灰狼欺骗成功，推门而入后，情节就更紧张了。为了把狼追小羊、吃小羊的可怕、惊险场面展现出来，使情节明显起伏变化起来，讲的语速也要快起来，声音也要急促起来，使听众随着情节的巨大变化而受到触动，这样评委老师就容易被感染。

在选择故事时，除了要考虑故事的悬念性和曲折性外，还应考虑故事的新颖度。在大部分选手都选择活泼生动的动物故事的情形下，评委一天听那么多故事，容易产生感官疲劳，所以所选故事风格与众不同也能提高获胜率，如为参赛学生选择《卖火柴的小女孩》，让学生采用抒情式的倾诉方式，再加上忧伤的背景音乐，把听众带进一种唯美感伤的童话世界，跟那种活泼有趣的动物故事区分开，能给人耳目一新的感觉。

总之，选好故事是讲好故事的前提。无论如何，我们都不能脱离幼儿教师的身份，不能忘记幼儿教师的责任，一定不能误导幼儿，不能忘记幼儿教师的教育目的，不能失去幼儿教师的风采，我们应该让童话故事在幼儿园中发挥最大的效用。

二、童话故事的职业性再创作

选择好故事后，不要急于张口，急于搬到课堂上，先要熟悉故事内容，再去揣摩如何讲好故事。现在好多初练者，一拿到文本就照念、照读、照背。好多家长给孩子讲故事，有的照着故事书随意读，没有任何语言设计和情感引导，很随意，就是为了哄孩子睡觉，随意讲讲道理。但幼儿老师就不能这样应付，练讲故事始终要注意两点：其一练自己的语言生动力、练教学语言的形象性，其二就是对幼儿进行语言的感染熏陶。所以，对幼儿教师讲故事的要求就比较高。现在的故事质量参差不齐，而且文本较多，视频、音频故事较少，一线教学故事案例更是少之又少，故事的书面倾向、抽象性也很明显，所以要搬到现场讲述，我们必须先熟悉故事，对故事进行剖析，对故事文本进行再创作，让故事更适用于一线幼儿园的教育教学活动。

对故事内容进行再创作，具体来说指的是给学生讲故事可以不受原材料内容的束缚，有的地方可详述，有的地方可概述，有的地方可扩展，有的地方可变序、变角度、变表达方式。这种对原材料的改编、加工就是一种再创作。

（一）熟悉故事的步骤

再创作的前提是要对原文本故事十分熟悉，能对内容进行剖析，做到熟能生巧。

（1）熟悉故事的主题思想，把握故事的中心，万变不离其宗，也就是说无论怎么改动，都不能偏离故事的主题中心。

记得有一次技能大赛中，有个学生讲《骄傲的大公鸡》，在赛前辅导时，为了让故事更形象有趣，我们对原故事进行了彻底换血，如大公鸡和小动物们比美,第一个碰到乌龟,为了凸显公鸡骄傲自大,我们把《龟兔赛跑》中兔子笑话乌龟跑得慢的语言搬过来,"乌龟爬爬,一早出门采花;乌龟走走,傍晚还在家门口"。而且我们还穿插了《小毛驴》的故事,因为觉得小毛驴的叫声挺好玩,小毛驴赶集的小儿歌也很有趣,放在故事中十分生动,所以故事后面设置了一个小毛驴的角色。但是,为了不改变主题,设计了小毛驴"不搭理大公鸡,叫几声,急着去干活了"的情节。这个故事,我为选手改动了许多细节,但没有改动其中所包含的"不能停留在外表上,内心美才是真的美"的道理,没有更改大公鸡骄傲自大的虚荣品性,否则就更改了故事的主题,失去了传统故事经典的教育性。

(2)把握故事的线索、脉络,了解故事的来龙去脉,无论怎么改编、创作,故事的大致框架不能改变。

《乌鸦喝水》和《狐狸和乌鸦》都是《伊索寓言》里的故事,翻译版本很简单,后来出现许多再创作版本。但是无论怎么再创作,都保留了原版的故事框架,如《乌鸦喝水》先是乌鸦口渴,然后发现瓶子,接着喝不到水,着急想办法,最后想到办法喝到水。《狐狸和乌鸦》先是乌鸦找到肉飞上树梢,再是狐狸肚子饿发现乌鸦,接着狐狸想办法让乌鸦张嘴唱歌,最后乌鸦受骗,狐狸接到肉。在原有的脉络下,你就可以放开手脚去再创作了,而故事的来龙去脉仍然很清晰。

(3)故事的灵魂在于角色形象,所以一定要了解故事中各个角色的性格特征和心理情感,通过再创作让这些角色变得更丰满、逼真。

《喜羊羊和灰太狼》的故事如果不是小羊们那么可爱,灰太狼那么有趣,就吸引不了幼儿。现在动画故事《熊出没》为什么有那么多"小粉丝",究其原因,是因为熊大、熊二说话方式很有趣,形象性格引人发笑。所以,要讲好故事,作为讲故事者在讲之前必须把故事中的各个角色进行剖析,了解他们不同的心理情感和个性特征。例如,《乌鸦喝水》的课文精简版本对角色塑造得较少,这就需要老师把乌鸦在不同情境下的心理情感分析明白,用更多的语言把乌鸦的形象栩栩如生、活灵活现地表现出来,让角色有血有肉,更加生动、逼真,而这都需要在熟悉故事的基础上进行再创作。

(二)再创作的技巧

对故事熟悉后,就可以按照描述的方式对故事进行逼真、形象、生动的再创作了。

1.增添形象、逼真的细节描写

汉语言知识中提到的细节描写一般包括环境细节、动作细节、神态细节、语言细节和心理细节等。在幼儿故事中运用最多的是语言细节和动作细节。因为幼儿的形象思维特点使他们对外界的感知主要凭借看得见、摸得着的直观感知，所以老师讲故事时，语言描述必须形象而有动态感。例如，"大摇大摆地走在前面"，把《狐假虎威》中狐狸镇定自若、傲气凌人的姿态表现出来了；"他蹑手蹑脚地走过来"，把《掩耳盗铃》中小偷偷偷摸摸的形象逼真地表现了出来；"急得团团转"，把《乌鸦喝水》中乌鸦喝不到水的急切展露得很真切。而幼儿最喜欢听对话，因为小角色的语言对话比较直观，比较活泼，所以有的故事如果光讲情节，叙述性语言太多，就吸引不了幼儿的兴趣。这就需要老师根据情境需要设置小角色的语言对话了，可以有问有答，可以自言自语，甚至可以用心理语言代替。许多经典的童话故事都是以小角色可爱、有趣的语言而闻名的，许多童话故事的道理都是靠小角色的语言传达的，如《小红帽》中大灰狼和小红帽搭讪的语言："你好呀，小红帽，这么早要到哪里去呀？""小红帽，你看这些花多美呀！为什么不采些给你外婆呢？"这些语言把大灰狼伪善、不怀好意的嘴脸展露无遗。"这小东西细皮嫩肉的，味道肯定比那老太婆要好。我要研究一下策略，让她俩都逃不出我的手心。"这句话把大灰狼的丑恶内心展现出来了。小朋友们也主要靠这些语言和内心独白来感受坏人的嘴脸。《渔夫和金鱼的故事》中反映人的贪婪和无知，也是依靠渔夫的妻子老太婆的语言，如"你这老傻瓜，居然什么都不要，咱们木盆也破了，你要个新木盆也好呀！""你这个老傻瓜，一个新木盆值多少钱，我要住大房子，我要做贵妇人。"多么形象、真切呀！如果故事中没有这些角色的语言和对话，就会变得非常无趣、平淡了。幼儿的形象思维决定了他们对故事的感知，大部分是通过有形有色的小角色声音、气质感觉来把握的，而这主要需要有语言对话才能展示。当然，细节不仅仅指动作细节、语言细节，还有神态细节，如"眼球咕噜一转，想出一个办法"，"眉头一皱，计上心来"，这些神态细节也能把小角色的神情和心理逼真地表现出来。所以，在对故事进行再创作时，融入恰当的细节描写，可以使幼儿故事更有色彩，更有趣味。

2. 善用形象、生动的词句

上文提到的细节描写主要是为了烘托、渲染场面，使角色更逼真、细腻。细节描写离不开丰富生动的形容词、动词、拟声词等词汇。唐朝有个著名诗人叫贾岛，他作诗时喜欢推敲词句，在创作诗句"鸟宿池边树，僧敲月下门"时，对使用"推"还是"敲"反复斟酌的故事被后人传为佳话。朱自清的散文《春》中，为了表现小草破土而出的坚强，用了一个"钻"字，"小草偷偷地从土里钻出来"，而不用"长"，独具匠心，而"偷偷"这个副词也把小草俏皮、可爱的拟人化姿态表现得栩栩如生。故事文本同样需要推敲词句来增强故事情节的感染力。《乌鸦喝水》的故事中，为了表现乌鸦口渴难耐时突然找到水的急切激动的心理，运用的句子是"使劲拍打着翅膀朝瓶子冲去"，"使劲拍打"这个副词和动词，再加上一个"冲"字，把乌鸦急切的内心逼真地展示出来了，如果把"冲"改为"飞"，就体现不出乌鸦迫不及待的情绪了。此外，拟声词也能起到增强故事的形象性的效果，如动物的叫声"呱呱呱""汪汪汪""啊啊啊"等，小角色的叫声、笑声等都让听众有身临其境的感觉。语气词"啊、呀、啦"等也让故事感情更浓，生动性、起伏性更大。总之，不同词汇的使用也考查了讲故事者的语言功底，不过要注意的是不能发展成辞藻的堆砌。

词汇的使用也有一大忌，就是尽量避免使用或少用形容事物某一特征的惯用词语，如"好、美、丑、热、渴、快"等，这些词太概括，太抽象，应该多使用具体、形象的形容词、副词、动词、拟声词等词汇，来描述如何冷，如何渴，怎么快，丑成什么样子等，这样故事才会显得更细腻、更逼真。

如果想把故事讲得生动、引人入胜、起伏跌宕，可以运用某些词语、短语，如"突然""忽然""就在这时""眼看""只听'呼'的一声""不经意的一瞥呀""让大家意想不到的是""一个不留神""谁知道一不小心""你们是不知道""可是""然而""但是"，这些表时间和转折等关系的副词、短语和短句子，在增加故事起伏性上有很好的效果，对故事文本进行再创作时，可以适时地加上，让故事更引人入胜，更具有感染力。

以上内容主要说的是词汇的运用，而在故事再创作时，句子的运用也有一定的要求。试想一下，如果全篇叙述语言都使用没有感情色彩、没有波澜起伏的一般陈述句，那么故事就太平淡无味了！所以，我们需要根据故事角色和情节，把一些陈述句改成感叹句、疑问句，如把《两只笨小熊》的故事开头"今天咱们一起听一个有关狗熊和狐狸的故事。有一天，两只小狗熊去森林里玩，正玩得高兴，突然看见路边有一块黑乎乎的东西，他们不知道那是什么"改成"小朋友们，小朋友们，你们知道吗？有两只小狗熊说呀，森林里有只会变魔术的狐狸，他到底变了什么神奇的魔术呢？你们想不想知道呀？那咱们一起去看看吧！有一天，两只笨小熊去森林里玩，他们跑呀跳呀玩得可开心啦，可就在这时，他们发现路边有一团黑乎乎的东西。小朋友们，那是什么呢？两只小狗熊呀，也不知道"。这样再创作后，故事就显得生动多了，感情色彩也更浓了，而且幼儿好奇心较大，用设问的形式制造悬念，更能调动起幼儿倾听的兴趣，所以故事再创作另一忌就是过多使用一般陈述句。

3. 故事文本的"口语化"创作

虽然我们为幼儿选择的童话故事比较通俗、形象，但有的故事书面语倾向还是比较明显的。例如，《小红帽》是《格林童话》中的经典作品，翻译版本也很多，其中一个版本中有这样的语言片段："小红帽环顾四周，看到周围繁花似锦，仿佛进入了花的海洋中，而且香气扑鼻而来，让人不由得有种神清气爽的感觉，如此美景怎能不吸引小红帽呢？如此提神去病的良药怎能不让小红帽为生病的外婆止步呢？"这样的语言很生动、很有文采，但书面语太多，如"繁花似锦""香气扑鼻""神清气爽""提神去病"，语言太文绉绉，词汇难度大，幼儿根本掌握不了，阻碍了他们对故事的理解。而有的版本是"小红帽抬起头来，看到阳光在树木间来回跳荡，美丽的鲜花在四周开放，便想：'也许我该摘一把鲜花给外婆，让她高兴高兴。'"这个版本的词语就通俗易懂多了，而且语言还很有韵律，小孩儿们读、听都没有问题，但如果老师现场讲述，把有韵律的语言改成生活化的口语更好。例如，《卖火柴的小女孩》的开头有这样的版本："天气非常寒冷，下着雪，夜幕渐渐降临了，这是今年最后的一夜——除夕。"如果换成"天冷极了，下着雪，又快黑了。这是一年的最后一天——大年夜"，口语味就更浓了。

故事文本书面语变成口语的具体方式有以下几种：

（1）少用长句，多用短句。例如，"天气非常寒冷"换成"天冷极了"。

（2）多用单音节词。例如，天气——天，寒冷——冷，夜幕——夜，花朵——花。

（3）语句结构不用太整齐，整句少，散句多。

（4）多用通俗用语，尽量避免专业术语，同时也不要堆积优美词汇。

总之，我们应充分考虑幼儿的年龄特点，考虑他们的理解能力。讲故事是口语化的讲述，所以我们有必要对故事文本进行口语化的再创作。

4. 善用适用于幼儿的修辞

其实前面在选择故事环节提到过，要多选择适合幼儿的表现手法和修辞手法。在童话故事中最常见的是拟人、比喻、反复。童话世界本身就是拟人化的世界，儿童对社会接触相对较少，知识经验不多，思维能力发展也不完善，所以万事万物在儿童眼中是富有与人类相似的生命的，即万物生灵，万物有灵。为了契合儿童的泛灵思想，大部分故事中的动植物都被赋予人的思想感情和语言。无论是日月星辰、风霜雨雪、山谷河流，还是一些观念、概念、品质，无论是有生命的，还是无生命的事物，都可以赋予它们人的思想感情、行为和语言。在故事中，太阳成了公公、爷爷，彩虹可以变成漂亮的姐姐，生硬的文字在幼儿教育活动中全部成为可爱的宝宝们，故事中大灰狼会耍心眼、会骗人，乌鸦会说话，小猪会盖房子，大公鸡都知道臭美。这就是通过拟人手法让童话世界更美妙、更神奇。

比喻也是童话故事语言中比较常用的修辞手法。比喻的恰当使用，能把作品丰富的想象、开阔的意境、奇妙的构思等反映出来，形成作品不同的色彩、风貌和气氛，使抽象事物具体化，使陌生事物熟悉化，使复杂事物浅显化。幼儿生活经验缺乏，对事物的认知能力薄弱，所以适合运用比喻手法给他们讲故事。同时，因为这种年龄特点，比喻中运用较多的是明喻，因为儿童很难发现本体和喻体之间的抽象关系。例如，《白雪公主》的故事再创作时，把小矮人分成不同性格的角色，描述外号叫"害羞"的小矮人时可以说他"一说话就脸红，红得像猴屁股一样"，又搞笑、又有趣、又形象。讲述原故事时描写白雪公主的美丽、与众不同也可以使用比喻，"皮肤很白，像白雪一样，所以叫白雪公主"。描写恶毒皇后变成一个老太婆，可以用"她的脸像树皮一样褶皱"来表现她的无比丑陋。所以，无论我们是编故事，还是讲述原文本故事都可以使用比喻的手法让故事更浅显、更直观。

反复的修辞手法在给低年龄段幼儿讲故事时也被经常使用，反复是指为了强调某种意思、突出某种情感，特意重复使用某些词语、句子或段落等。通过反复不仅能加深情感、强化形象，还能帮助幼儿加深印象、巩固记忆。例如《小兔乖乖》《拔萝卜》都是经典地使用了反复手法的作品。我们讲《乌鸦喝水》的故事时，可以运用反复的词语来描述乌鸦口渴的感觉"啊啊啊，渴死了，渴死了，渴死了"，描述乌鸦找到水瓶喝不到水的焦急时，可以使用反复的词语"怎么办，怎么办，怎么办呢"。这样幼儿容易理解体会，故事角色的情感又非常真切。

当然除了以上修辞手法，有时也会用夸张、对比等其他的修辞手法，但最终目的都是为了让故事更符合幼儿的年龄水平，更容易被他们接受，力求更直观、更形象、更通俗、更有趣味。

5. 增添符合一线教学的互动语

在教学活动中，课堂主体已经从老师转向学生，教学方式从以前的"填鸭式"教学转变为现在的注重学生素质能力发展的新型课堂教学。这在幼儿教育活动也不例外，讲故事作为幼儿教学的一个重要环节，更是如此。所以，在讲故事过程中，幼儿教师不能一味沉浸在故事中主导故事，而要不断地以教师的身份来引导、提示学生，用脱离于故事之外的讲故事者的语言启发幼儿对故事进行主动理解和思考，以此来挖掘这篇故事的实际教育价值和意义，借这种师幼互动状态达到幼儿教育的最佳实际效果。

（1）设计有吸引力的导入语。俗话说得好："好的开头是成功的一半。"故事的开头一定要有吸引力，能够引起幼儿倾听的欲望，所以幼儿教师要根据故事特点和讲故事的目的设计好故事的导入语。设计导入语一般有以下几种方式。

①设置悬念，引发好奇。老师在讲故事之前可以不直入主题，适度设置一些障碍和问题，让幼儿产生好奇，吸引幼儿的注意力，唤起其求知欲，激发其好奇心，以达到使幼儿对所讲故事产生极强兴趣的目的。

例如，学生参加技能大赛讲述《会打喷嚏的帽子》时，设置了这样的开头："小朋友们，特大新闻，特大新闻，耗子窝里炸锅了，炸锅了，这群耗子都聚到一起，在议论一件大事，是什么事闹这么大的动静？让我们一起去瞅瞅吧！"小朋友们一听一定会很好奇，急于想知道发生了什么事。这个开头增加设问，引发悬念，而且故事正文一开始讲述的就是小耗子们在议论去偷魔术团里老爷爷那顶会变出好多好吃的东西的帽子的事，加的开头能让故事更流畅连贯地讲下去。这种悬念开头还经常和设问配合运用。在讲述《卖火柴的小女孩》时可以这样导入："同学们你们过新年开心吗？对，都很开心，有新衣服、新鞋子，还有好多零食呢，而且还会收到好多压岁钱。可是有个小女孩就没有大家那么开心了，这一年的大年夜，天气很寒冷，又飘着大雪，小女孩又冷又饿，可还得赤着脚到大街上卖火柴。那她遭遇了什么？后来又发生了什么？今天老师给小朋友们讲一下《卖火柴的小女孩》这个故事。"这段导入语从交谈问答进行铺垫，设置了两个悬念，即"小女孩为什么大年夜还要到大街上卖火柴？""小女孩的命运怎么样？"小朋友们要想知道答案就得听后面的故事，这样就调动了幼儿的参与性和积极性。在讲述《没有牙齿的大老虎》故事时开头可以这样设置："'哎哟，哎哟，我堂堂百兽之王，牙齿竟然掉光了。我以后吃东西可怎么办呀？'小朋友们，森林里威风凛凛的大老虎为什么没有牙了呀？你们想知道为什么吗？"在这里就是给幼儿设置了悬念，让他们有倾听的欲望，而且通过设置只有听完故事才能找到答案的问题，可以让幼儿产生好奇心，小孩们平时都爱问为什么，在这里老师设置一个为什么，正好符合幼儿的年龄特点。但这种悬念必须符合故事的主题和讲故事的目的，不能为了造势而造势，不能"喧宾夺主"，也不能偏离故事的核心。

②谜语导入，趣味互动。用谜语导入也是教师讲故事常用的方式，它既能很快吸引幼儿的注意力，增加故事的趣味性，也能做到直入主题。谜语一般讲究韵律，说起来朗朗上口，十分符合幼儿语言接受的特点。例如在讲《青蛙

卖泥塘》时，可以直接用一个青蛙的谜面导入，如"白白肚皮大眼睛，身穿绿袍呱呱叫（口技：呱呱呱），夏天田里捉害虫，人称'绿衣小英雄'"，或"大眼睛，宽嘴巴，白肚皮，绿衣裳，地上跳，水里划，唱起歌来呱呱叫，专吃害虫保庄稼"。但是，谜面的设置一定要内容清晰，语言简单，指向明确，让幼儿很容易就能猜到，或者在教师简单的引导下，幼儿能很快想到谜底。这就需要考虑幼儿的年龄段特点，设置难易不同的谜语。例如关于青蛙的谜语，在一个两岁半孩子的小小班讲，设置了两句：白白肚皮大眼睛，捉起害虫顶呱呱。但这么小的孩子根本就猜不到，有的小朋友说蜻蜓、螳螂等，这时候老师及时调整，加一句"叫起来，呱呱呱"，孩子们就会立即猜到青蛙，这样这个谜语指向性就很明确了，因为动物的叫声符合这个年龄段的孩子们的认知范围，他们能够理解。因此，讲故事时一定要依据幼儿的理解水平和智力水平设置谜语导入语。例如在《乌鸦喝水》的故事开头，设置的谜语是"身穿黑袍长得丑，飞在空中'哇哇'叫"，这种谜语非常简单，而且主要靠教师的口技演绎吸引幼儿。这种谜语导入能够激发幼儿思考的欲望，能引发幼儿的好奇，而且猜对谜语还能增强幼儿的成就感，再加上具有节奏感、读起来朗朗上口的语言、教师的口技摹声，以及根据谜语的韵律配上律动的节拍和动作，可以使讲故事的效果变得很好。揭晓谜底之后，幼儿可以直接明白故事的主体角色是什么，而且对角色也有了一定的了解，对熟悉故事内容有很大的帮助。

③交谈诱导，启发主题。讲故事的目的主要是让幼儿了解其中的道理，如果开始直接导入讲述故事的主旨内容，那就像是一个精彩的电视剧被提前剧透，就会失去神秘感，别人也就失去了看的兴趣。但讲故事前，对于那些理解力稍差的幼儿我们还是有必要让他们提前了解一下主题和讲故事的目的的。这就需要我们运用启发诱导的方式提示主题，引导幼儿思考。

比如，《萤火虫找朋友》这个故事最原始的版本是："在一个夏天的夜晚，萤火虫提着绿色的小灯笼，飞来飞去，找朋友。"而经过老师们的再创作后是这样的："夏天的晚上，萤火虫提着小灯笼在草丛里飞来飞去。它们在干吗呢？它们在找朋友。（小朋友们都有朋友吗？回答：有）是啊，大家都有朋友。可是，萤火虫连一个朋友都没有。跟好多朋友在一起玩儿，是不是很快乐呀？所以呀，萤火虫也想要朋友。它就提着小灯笼到处找，我们猜猜它最终能找到自己的好朋友吗？"经过这样的引导和启发，小朋友们就会理解这个故事和萤火虫找朋友有关系，而且潜藏着一个"萤火虫为什么找不到朋友"的主题，最终就会加深对这个主题的把握。再比如，有人在讲述《机智勇敢的小山羊》这个故事时是这样导入的："'别看我只是一只羊，羊儿的聪明难以想象'

为故事的道理很深奥，所以教师有必要把问题设置出来，作为一个专门讨论的环节，让幼儿畅所欲言。我们可以这样设置："小朋友们，你知道乌鸦为什么最终喝到了水吗？它用了什么方法呀？"这个方法有些深奥，涉及水的物理性质问题，但小朋友们可以用自己的语言和自己的理解去回答，如"我觉得是石子占了水的空间，把水给挤压到上面，接近瓶口了"，让孩子们能畅所欲言，他们的小脑子就能不停地转呀转，既能了解一个原理又能锻炼语言表达能力，还能开拓思维，一举多得。

⑤淡化道理，多向引导。其实一个童话故事传达的道理和目的是多方面的，有的故事是为了传达科学常识，如彩虹、下雨等自然现象的故事，也有的是帮助孩子认识事物的，如《小猴吃瓜果》《小壁虎借尾巴》等故事。当然还有一些是具有安全教育、思想教育等意义，如《小兔乖乖》《白雪公主》《卖火柴的小女孩》等故事。但一个故事也并不是只有一个道理，有时也能引发出多条信息，如《没有牙齿的大老虎》既能告诉小朋友们要养成刷牙的好习惯，又能传达给幼儿不能多吃糖，否则会长蛀牙的生活常识。需要注意的是，有时候也会遇到找不出道理的童话故事，这些故事可能只是为了让幼儿们从简单的故事情节中获取快乐和得到一些简单的生活体验。所以，童话故事讲述到最后也不是必须要寻找出一个道理，也可以根据讲故事者的目的和喜好，让故事能进行多向的引导和启发，如可以进行游戏延伸或手工制作延伸等，都能淡化道理，对幼儿进行多向的思维启示，以下便是我国台湾地区的老师在故事结尾延伸手工游戏的经典案例。

我国台湾地区幼儿教育界有一位"蜡笔哥哥"，他认为绘本故事能引发许多精彩的手工制作游戏，我国台湾地区叫作"手作"。再加上他是学设计出身，所以对幼儿进行手工游戏的引导更有优势。一本绘本有好多情境，借用不同的情境，可以延伸出各种让孩子觉得好玩的手作。幼儿教师讲故事时不一定非得把故事道理强加给幼儿，可以从幼儿的喜好兴趣出发，结果反而会达到意想不到的效果，而且绘本丰富的含义可以通过手作表现出来，手作可以让抽象的含义变得更加清晰，变得更加易于理解。比如，蜡笔哥哥讲述《巫婆阿妮和黑猫阿宝》的绘本故事，讲述的是巫婆在自己的别墅里养了一只黑猫，因为巫婆喜欢黑色，房子是黑色的，所以经常会因为看不到猫咪而绊跟头，于是巫婆把猫染成了绿色，但在院子的草地上还会绊跟头，于是巫婆一直在给猫换颜色，但不管怎么换还是会撞色。最后巫婆顿悟了，她把别墅里里外外弄成彩色，给猫恢复成黑色，就再也不会因为看不到猫咪而绊倒了。这是通过绘本传达巫婆为了黑猫最终学会改变自己的道理。在结尾的时候，蜡笔哥哥用延伸活

第一章 "教考赛"模式下我对幼儿教师"讲故事"语言能力的思考

下总结几种结束语类型。

①首尾呼应，设置问答。上边已经提到《萤火虫找朋友》这个故事，开头可以直截了当地问："小朋友们，你们有朋友吗？当你的朋友遇到困难时，你是怎么做的？我们一起来看看萤火虫是怎样找朋友的，最后它找到了没有？"而结尾就可以用这样的问题引起幼儿的思考："萤火虫为什么没有找到朋友呢？如果换了你该怎样去做呢？""谁能告诉我们萤火虫怎样才能找到朋友呢？"比如，在导入语环节讲到的《龟兔赛跑》，开头是这样设置悬念的：两个动物谁更强或赛跑谁会赢？从小朋友们的错误答案开始，到了结尾出人意料，和开头就可以呼应了。结尾可以这样设置问题：为什么更强大的动物却输了？跑得最快的却输了？这样就能引发幼儿思考，最终通过回答问题，找到答案，懂得故事道理，也能训练幼儿的发散性思维。

②直入主题，利索收尾。有的故事道理已经非常明显，所以就没有必要再问问题，画蛇添足了，可以直接点明主题，讲出故事的道理。比如，《没有牙齿的大老虎》的结尾是这样的："小朋友们，你们快看看呀，这只大老虎变成了瘪嘴大老虎，还不忘对狐狸说，'谢谢狐狸弟弟，不仅给我糖吃，还给我拔牙呢，谢谢喽，谢谢喽'。"这时候就可以直接指出故事道理："小朋友，你们可一定要少吃糖呀，而且要经常刷牙，否则你们也会变成没有牙齿的小朋友呦！"还有《机智勇敢的小山羊》是这样收尾的："小朋友们，这只小山羊利用自己的聪明才智打败了可恶的大灰狼，我们一定要向他学习呦！"这样的结尾不啰唆，主题很明确，很简洁。

③无疑而问，回味收尾。有的故事没有太大的悬念，结尾的答案很明显，但讲述故事收尾时也应该让孩子们再回味一下，思考一下，答案虽然很简单，但这样的收尾能让幼儿进一步深入地理解道理。比如，在讲《青蛙卖泥塘》时，前面已经说得很明显了："青蛙说到这里愣住了，这么美丽的泥塘我为什么还要卖掉呢？"这时候就可以很简单地无疑而问："小朋友们，你们说最后青蛙卖掉这个美丽的泥塘了吗？"小朋友们就会得出一个理解性的回答："没有。"故事讲到这里就结尾了，如果这时候老师接着用"为什么"提出问题让小朋友们进一步回味思考，就可以把故事的情节再回顾一遍，故事的道理也就更明确了。

④专设问题，发散讨论。当然有的故事如果开头没有铺垫悬念和问题，结尾就没办法呼应了，而且故事的道理也很复杂，幼儿不好理解，这时候就必须专门把结尾拿出来作为一个讨论互动话题，让幼儿们发散思维回答，最终使幼儿既能懂得道理，又能开拓思维。比如，《乌鸦喝水》这个故事的结尾，因

25

地投入故事中。在讲述《不爱干净的小猪》时，用的是《上学歌》的节奏和歌词结构："太阳当空照，花儿对我笑，小兔子你别走，我想和你一起做朋友。"这样既能产生律动效果又能引出故事的发展：故事的起因就是小猪一直想找小动物们做朋友，开始遇到的就是小兔子。讲述《三只小猪》的故事时，为了吸引听众，有个参赛的选手开头用的是大灰狼的语气和音色唱出故事的角色关系："我是一只大灰狼，我最爱吃肉，我看到两只小胖猪，我要跟上它们。"这个开头的设置除了导入的作用外，还有一个精简故事的目的，这一句歌词律动就把大灰狼追赶小猪想吃小猪的情节展示出来了，后面内容就不用太费口舌了。

⑥道具演示，形象直观。借助实物、玩具、图片、贴绒等道具演示的形式导入故事，直观形象，幼儿既感兴趣，又容易理解，这种方法在幼儿园教育活动中用得最多。一般幼儿老师们经常会先把故事里的主角用布偶或者图片的形式引出来跟小朋友们打招呼，然后再提出一个与故事相关的问题与小朋友们互动，最后才开始讲故事。

比如，《狼和小羊》的故事就可以用两个手偶作为道具辅助幼儿理解，一开始就可以让幼儿们认识这两个手偶角色："嗨，小朋友们，今天老师带来了两个小动物。你们瞧，'咩咩咩'，这是什么？对，小羊。再瞧，'嘿嘿嘿（狼的奸笑口技），你们认识我吗？'"这样把狼和小羊引出来，小朋友们听着小动物的声音，看着老师手中的手偶，自然而然就认识故事角色了。接着说："小朋友们，你们说一下，这两个小动物谁最强大？他们谁能打败谁？"这样再带着悬念引出话题，然后就能在结尾对孩子们说出："既然小羊是弱者，但他为什么能最终战胜大灰狼呢？"从而因势利导启发学生说出"团结力量大"的道理。这里的导入完美地把道具和悬念结合运用，最终的效果很棒。在《龟兔赛跑》中也能运用同样的方式导入，先拿出兔子和乌龟的图片，让小朋友们讨论乌龟和兔子赛跑谁会赢，带着悬念进入故事，最后结尾同样能通过结局的出人意料，向小朋友们揭晓故事的道理：不能骄傲自大，骄傲使人落后。其实这种道具的导入必须有一个前提，那就是故事角色要少，角色的性格对立要明显，才能产生很好的效果。

其实导入语的设计形式还有很多种，而且有的是几种形式的融合运用，但总的原则要讲究引导性、启发性、自然性、新颖性、精练性等，千万不要牵强附会，生搬硬套，让人感到造作、不自然，这样就达不到预期的效果了。

（2）设计意味深长的结束语。每个故事都要根据故事的特点和讲故事的目的设计一个意味深长的结束语，让幼儿有所思索，有所收获。在这个大原则

第一章 "教考赛"模式下我对幼儿教师"讲故事"语言能力的思考

（唱《喜羊羊和灰太狼》的歌词），小朋友们都看过《喜羊羊和灰太狼》吗？小羊们是不是很聪明呀？大灰狼经常说什么？对，'我还会回来的'。今天老师讲的故事就是机智勇敢的小山羊，大家来听一下这个故事中小山羊是怎样智斗凶恶的大灰狼的吧。"这样在和小朋友聊熟悉的动画片和轻松问答的过程中就能提示故事的"智斗"主题，还能启发学生思考：怎样智斗？

④游戏互动，活跃氛围。大家都知道"玩"是孩子们的天性，他们喜欢玩游戏，喜欢参与游戏，喜欢看小游戏。所以在讲故事前可以让幼儿在游戏中热热身，这样会更有劲头听故事。游戏类型主要分为两种：

一是和故事无关的律动热身。律动热身可以是强调听故事纪律的小律动：小手背背后，小眼睛看老师，老师的故事开始了。这种指令性的律动游戏可以保障小朋友们听讲的纪律性（后边会讲到律动对孩子们的作用，在这就不赘述了）。还可以进行讲故事前的游戏律动热身，如和幼儿玩开火车的律动游戏，先跟小朋友们说："大家跟着老师开火车去听故事好不好？"老师放着律动音乐，小朋友们坐在小板凳上，前后排列，老师开火车，嘴里领着唱："咔嚓咔嚓，咔嚓咔嚓，火车开啦。咔嚓咔嚓，火车跑得多么好。火车司机，开着火车，咔嚓咔嚓，咔嚓咔嚓，向前奔跑。"可以配合开火车的手势动作，多做几遍，然后把小板凳转过来，听故事。老师等音乐停下来，喊一句："小朋友们，我们到站了，故事乐园到了，今天来到的是××（这里可以设计和故事相关的站牌名称）。"做着游戏去听故事，学生们会很感兴趣，而且能活跃氛围。

二是和故事的主题及讲故事的目的相关的。比如，在讲《会打喷嚏的帽子》这一故事时，因为故事的开头是："魔术团里有位老爷爷，他有一顶奇怪的帽子，会变出许多好吃的东西来。"在这里老师可以在讲之前设计一个变魔术的环节，可以运用一个有夹层的魔术小帽子，老师有模有样地和幼儿变魔术，当然老师要提前练习好，别太露馅。让幼儿对这顶会变东西的帽子充满兴趣。接着直接引导："魔术团里有位老爷爷，也有一顶这样的帽子，还能变出更多好吃的东西。"然后，再接着讲故事内容。这样以一个简单的魔术小游戏导入，小朋友们会兴趣十足。

⑤儿歌表演，栩栩如生。其实除了谜语导入、游戏导入有律动效果，角色儿歌和编成顺口溜的角色表演，同样能靠律动感吸引幼儿的注意力，而且让角色自己表演入场，让听众身临其境，同时可以拍手或配上动作表演，一开始就能抓住听众的眼球。例如，在讲述《贪吃的小猪》时，同学们在开头加一句顺口溜："小猪吃得饱饱，闭着眼睛睡觉。咕噜噜噜，咕噜噜噜，咕噜咕噜噜！"再加上儿歌的曲调，小朋友会觉得故事小角色非常可爱，从而很感兴趣

23

动让绘本中的"精彩结局"重现,让小朋友们也当一回巫婆来干一件"美事",用蜡笔把黑色的画纸涂成彩色,然后用牙签再刮出来,结果画纸上就是黑色的,有一点点刮不净的彩色亮点,好漂亮。而蜡笔哥哥又讲了一个《狼宝宝》的故事,是用幽默手法描绘家中常见的"手足相争"的绘本,最后让孩子回家和兄弟姐妹一起做从故事中延伸出的手工。其实在这里蜡笔哥哥告诉我们一个道理,故事讲完不一定就要分享故事的含义,因为每个人的想法不一样,而且这个绘本故事最后问了一个问题:你想当狼宝宝还是兔子姐姐?不一定说手足问题,但一起劳作过程就加深了感情。蜡笔哥哥还提到一个《圣诞树撞到天花板》的绘本故事案例,通过这个故事,引导幼儿做会伸缩的圣诞树,用树枝和信封做圣诞树,这些灵感都能锻炼幼儿们的想象、创新能力。这样通过丰富有趣的绘本童话故事可以延伸很多不同的手工游戏活动,既能锻炼幼儿的动手能力,又能使他们生发创作灵感。

(3)设置不同层次的提问语。提问语是指教师根据具体的教学要求以发问的形式促进学生的思维进行主动思考的一种教学语言。提问是幼儿教育活动中最常用的方法,提问语能引起幼儿注意,发展智力。而幼儿听故事的过程也是幼儿思考的过程。在中职、高职的学前教育专业技能大赛幼儿故事比赛要求中也明确提到了提问语:"讲述幼儿故事并设计故事的导语、提问语和结束语,提问语要求一般性、理解性、运用性问题各一个。"其实对于导语和结束语,幼儿教师都已经很重视了,而且"设计有吸引力的开头和意味深长的结尾"在一些幼教教材中也必然会提到,但提问语仍然没有引起大家的重视。现把提问语的类型总结如下:

一是一般性提问语(描述性提问)。这种提问指的是停留在故事层面,引导复述故事的内容,或简单地从故事层面就能立即获知答案的浅层问题。比如,在讲到《青蛙卖泥塘》这个故事的结尾时:"小朋友们,你们瞧,这个泥塘被青蛙一打扮,变成了漂亮的泥塘了,你们想一想,最开始青蛙的泥塘是什么样子的?(都是烂泥巴,什么也没有)而现在你们看,这里有什么呀?(有花有草,有树有水,还修了路)"提问语比较简单,幼儿们能快速得出答案。

二是理解性提问语(思考性提问)。这种提问就有些深度了,必须在理解故事的基础上,思考并解答问题。比一般性提问加深一点难度,对幼儿智力水平的提高有很大帮助。比如,在讲述《龟兔赛跑》的故事时,故事结尾处老师这样提问:"小朋友们,跑得飞快的兔子竟然输了,而慢吞吞的乌龟竟然第一个跑到了终点,这是为什么呢?"这里设置的就是一个理解性提问语,幼儿必须在深入理解故事情节和角色性格的基础上才能回答这个问题。

三是运用性提问语（假设性提问）。这种提问是让幼儿亲身参与，设身处地地投入故事中才可以真正地掌握。比如，在讲《乌鸦喝水》时，讲到乌鸦终于找到水瓶，于是着急地想喝到水，可是水太少，瓶口太小，乌鸦够不到水，这可怎么办呢？这个时候，为了让小朋友们参与进来，可以这么问："小朋友们，假如你碰到这个问题会怎么做呢？"这时候可以展开讨论，让小朋友们畅所欲言，可能有的幼儿会说用吸管、推倒瓶子等，当然老师最后必须及时引领小朋友们回到故事的主题上来。这样的设计既能锻炼他们的语言表达能力，又能让他们积极参与，主动思考，也能开拓他们的思维。在讲《蚂蚁小黑豆》的故事时，讲到小蚂蚁捡到一粒面包渣，没有自己吃掉，而是想回家和妈妈分享，在这里就可以和幼儿进行互动："小朋友们，你们如果有好吃的，是自己吃掉呢，还是喜欢和谁分享呀？（畅所欲言，可以有很多答案，如爸爸妈妈、爷爷奶奶、兄弟姐妹、好朋友等）大家真棒，都是好孩子。"设置这种问题可以让幼儿变成主人公亲身参与，这样幼儿的积极性就会很高。在参与的过程中，小朋友们各抒己见，可以打开他们的思维，也能让幼儿更好地理解故事情节和故事的道理，还能非常自然地达到讲故事的目的。此外，在故事结尾也经常用到这种运用性提问语。比如，在讲《狼和七只小山羊》的故事时，结尾就可以这样提问："小朋友们，如果有陌生人来敲门，你们会怎么做？"这样既能深入理解故事的道理，又能让幼儿提高安全意识。

下面是我结合兼任南京市幼儿语言教研组长的张曼园长在主题为"幼儿早期阅读活动中教师的提问"的讲座内容，为大家总结的一套阅读绘本故事时教师引导提问语的类型。

①观察引导提问语

a.这个故事中有哪些可爱的小动物？（引导孩子去寻找，锻炼幼儿阅读绘本故事的观察能力）b.在这个绘本故事中你看到了什么？（考查孩子们阅读绘本故事的专注力）c.你仔细阅读后发现了什么？（让幼儿观察得更仔细）d.你从哪里看出来的？e.这些图画中哪些地方告诉我们什么？f.这里和那里有什么不一样的地方？（通过细致的观察学会做判断）g.这里有什么？h.这一页里有几幅图？第一幅在哪里？先看哪一幅？再看哪一幅？最后看哪一幅？（引导幼儿阅读绘本故事的顺序和条理）

②引发讲述提问语

a.某某是什么样子的？（小猴子、月亮）b.你看懂了吗？（请你看着画面有顺序地讲述，从头到尾说一说）c.你觉得她想到什么？她说了什么？她又做了什么？d.某某先说了什么？又做了什么？最后做了什么？

③发散想象提问语

a.青蛙的泥塘变成了什么样子？他都做了什么？ b.看了故事后你还想到了什么？ c.他可能会说什么？做什么？怎么说的？怎么做的？ d.如果你是小青蛙，你会卖掉这个泥塘吗？

④思考答惑提问语

a.阅读完绘本故事，你有什么地方看不懂，哪里不懂，翻开那一页，哪个孩子看懂了？（在这里考查幼儿描述性的语言能力）b.为什么呢？ c.你还有什么不懂的地方吗？ d.某某为什么要这样说呢？（引起幼儿的好奇，引发幼儿挖掘问题的实质）e.看了这本书，听了这个故事，你有什么问题要问呢？看了这本书，听了这个故事，你有什么疑惑？ f.看了这本书，你发现了什么？究竟发生了什么？ g.你喜欢故事中的谁？为什么？（《城市老鼠和乡村老鼠》中你喜欢哪只老鼠呀？在这里不仅让幼儿学习阅读知识，具备阅读能力，最终目标是让幼儿得到情感的熏陶）

虽然是在阅读中的提问语类型，但在我们讲故事环节和故事语言活动设计环节都可以作为参考。

（4）点缀郎朗上口的花样律动

律动又称为音乐动作，是在音乐伴奏下，根据音乐的性质、节拍、速度、力度等，有规律地反复地做某一个动作或一组动作。瑞士著名音乐教育家达尔克罗兹认为：人对音乐的情绪体验及人对自身情绪体验的认识反映都是通过自己的身体和动作来进行的，在音乐训练中，只训练耳朵和嗓子是不够的，人的整个身体都必须经受训练。所以，教师尽量用形象的语言，使幼儿能体会生动、形象的舞蹈动作的特点。教师还应将直观道具、夸张动作、形象语言有机结合在一起，这样幼儿就能愉快地投入音乐律动中去。当然，这里的花样律动不仅仅指的是音乐律动，我们扩大了律动的范围，可以是韵律儿歌，也可以是根据情节编写的韵律顺口溜。

故事不像儿歌、童谣那样语句简单、句式整齐、有节奏、有韵律。故事的语言是口语化的，句子参差不齐，幼儿模仿学习有些困难，幼儿的集体参与性不强，所以老师可以根据故事情节的需要穿插自己原创的律动，增强故事的音乐性。比如，在《狐狸和乌鸦》的故事中，狐狸为了骗乌鸦开口，以便自己能得到乌鸦口中的肉，谄媚功夫让人佩服，大多数版本是："亲爱的乌鸦，您的羽毛真漂亮，麻雀比起您来，就差远了。您的嗓子真好，谁都爱听您唱歌，您就唱几句吧。"而老师可以穿插一句顺口溜："乌鸦美，乌鸦俏，乌鸦唱起歌来真美妙。"这样的语言更有韵律和节奏感，老师讲述时更易于用夸张的动作表示，使教学更形象，更生动，而幼儿也易于模仿这种简单的律动，增强课堂的欢快感。比如，在故事《两只笨狗熊》中，开头讲到两只小熊高兴地在森林里玩，这里就可以插入一段《健康歌》的歌词："左三圈，右三圈，脖子扭扭，屁股扭扭，早睡早起，咱们来做运动。"小朋友们在这种乐感中产生共鸣，情绪受到感染，也能手脚动起来一起模仿，在故事熏陶中静动结合，眼、口、手、脚齐锻炼。而在后面狐狸出场时，老师也能加上关于狐狸性格的小律动："我是一只小狐狸，一肚子的坏主意。坑蒙拐骗我都会，要说聪明我第一。"所以教师可以在不违背原故事情节和角色性格的基础上为故事填充这种歌词式、童谣式的语言，用形象夸张的声音和动作展示出来，让幼儿在律动中感受道理，陶冶情操。当然，现在好多原创故事都已经注意到这一点，在语言上已经非常讲究韵律了。比如，《骄傲的大公鸡》的原创作者十分懂得这个道理，所以在介绍大公鸡臭美时说道："大红冠子花外衣，油亮脖子金黄脚，要比漂亮我第一。"还有在《龟兔赛跑》中，为了凸显兔子的骄傲自大也添加了对乌龟嘲讽的律动："乌龟乌龟爬爬，一早出门采花；乌龟乌龟走走，傍晚还在家门口。"这种律动虽然已经脱离开音乐，但其中的节奏感、韵律感，足以让幼儿受到感染，使其身心都参与其中。故事的主题多种多样，一些优秀的传统故事需要传达给幼儿，这时候就需要我们的幼儿教育工作者发挥这种儿歌再创作的能力了。比如，在《没有牙齿的大老虎》中，有一个学前教育专业技能大赛的选手，把老虎吃完狐狸送的糖果后天天吃糖不刷牙的状态编成歌词按照歌曲《小苹果》的音乐曲调进行律动："我就是森林之王，我爱吃糖不愿刷牙，我不愿刷牙就不刷牙，不刷牙不刷牙！"这样小朋友们绝对会受到吸引，也会跟着旋律动起来，参与到故事的情境中，更加有利于理解整个故事。当然，这种律动根据讲故事的需要，可以放在开头，也可以放在故事中。

6. 故事再创作的复述辅助技巧

从再创作的定义和技巧来看，想要在不违背主题、框架和角色形象的基础上把一个故事改造成一个生动、形象和适合现场教育教学讲述的故事，离不开我们汉语言领域的专业理论辅助技巧，最主要的是复述和描述的功底，以上的再创作技巧已经涉及了很多描述的技巧了，如语言生动性、形象性和细节描写的渗透，都属于描述范畴，在这不再重复。而复述虽然和描述相比更简单、更容易，但在讲故事过程中却是贯穿始终的，不仅再创作需要，讲故事者记词也需要，而且讲故事者参加比赛或者应聘，经常会遇到故事稿篇幅不适合、讲述时间不适合的问题，这就需要复述技巧来解决了，如故事太短小，需要丰富和扩充，需要的是扩展复述，一些西方的经典寓言故事和我国传统的汉语文言

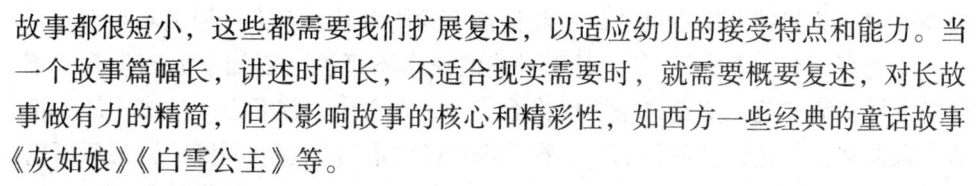

第一章 "教考赛"模式下我对幼儿教师"讲故事"语言能力的思考

故事都很短小,这些都需要我们扩展复述,以适应幼儿的接受特点和能力。当一个故事篇幅长,讲述时间长,不适合现实需要时,就需要概要复述,对长故事做有力的精简,但不影响故事的核心和精彩性,如西方一些经典的童话故事《灰姑娘》《白雪公主》等。

(1)详细复述

这是最一般的复述,是最简单、最基本、最接近原材料的一种复述,就是按照原材料的内容、结构、顺序把故事原原本本地叙述一遍,但它并不是对原故事的背诵和照抄照搬,而需要讲故事者对故事的语言再一次组织和加工。有的同学可能会疑惑,有的故事书里的词已经很经典也很生动有趣了,为什么还要再加工、再组织呢?这是因为讲故事不是读、不是背,是需要讲出来,这就需要变成讲故事者自己的口头语言发自内心地讲述,这样才能最真挚、最亲近。所以虽然讲故事者对故事没有太多改变,但也要按自己的思维和临场能力重新组织和加工故事语言,这种组织和加工可以和故事稿中的词一致,只要能记住而且也能变成自己说话的味道说出来就行,当然这需要在熟练的基础上才能做到,而且和讲故事者记忆力、语言水平、临场应变能力有关。但有些情况确实做不到一字不差的精确性,如在河北省高职学前教育专业技能大赛中,讲故事赛场的要求是不设置故事范围,当场抽签,准备六七分钟的时间就要上场讲述,又要面临比赛极度紧张的压力,这时候如果想靠记忆力做到一字不差绝对不可能,因此必须发挥详细复述的能力,根据自己大致的印象,组织加工故事稿中的语言和情节,但有的人在实践练习时经常会受原稿语言的限制,形成不必要的卡壳,像在讲述《没有牙齿的大老虎》时,课本故事稿中有一句是这样的:"啊哈,好吃极了。"选手凭着对故事的大致把握,讲述时讲的是:"啊哈,太好吃了。"这两句没有区别,使用不同的结构句式体现相同的意思,但有的选手的本能反应是:"啊,不对,是'好吃极了'。"造成了不必要的卡壳,这是因为学生内心觉得讲故事有故事稿,就要一字不差,就要背下来,这已经形成了思维定式。所以,职业院校的老师们经常感到很无奈的一件事就是:很多中高职学生连小孩子听的童话故事都记不住!其实原因不是中高职学生的语言水平差到这种程度,而是学生内心的背词定式造成的,没有认识到讲故事的实质,没有掌握详细复述的要领。

详细复述故事的基本方法有以下几种:

①宏观理解,充分熟悉。必须宏观理解和充分熟悉要讲述的故事内容,不能一段段地记忆,不能记一段忘一段,要宏观阅读,充分熟悉故事的主题、情节发展和角色语言、性格,不能出现故事核心内容和专业名词的改变,在充

分理解记忆的基础上用自己的语言和记忆中的语言对故事进行加工和整理。

②选择记忆，抓取要点。对于讲述的故事不可能全部细节面面俱到，不可能记得一清二楚，要选择重要的内容记忆，在心中抓住要点（故事主题、情节大致框架、角色形象的语言），然后用自己的语言丰富故事细节，最后再精彩地讲述出来。

③从简到繁，由易到难。对于角色关系和情节比较复杂的故事，一定要在心里理清一个最简单的故事线索，记住大脑最容易记住的，再慢慢地往大脑里充填复杂、难记的。

（2）扩展复述

扩展复述是在原材料的基础上，对文中没有明确叙述的内容加以丰富、补充的一种复述形式。因为一些寓言故事、成语故事和文言文故事太短小，需要我们丰富和扩充，这就是扩展复述，从而让听故事的幼儿们更感兴趣，更容易接受，如《狐假虎威》《乌鸦喝水》等童话故事。但在扩展复述故事时，也会出现一些随意增添的现象，导致扩展后的故事主题变得不明确，而且角色形象也不再突出，如学生再创作《狐狸和乌鸦》的故事时，有的加大篇幅去介绍乌鸦为什么去找肉，在哪和什么情况下得到的肉，而且乌鸦遇到狐狸之前就增加到了一半篇幅，这样就有些喧宾夺主了，其实故事的主题是乌鸦的虚荣和狐狸的欺骗，应该把扩展的重心放在这里。所以扩展复述故事有一定的要求。

①不能改变原意和主题。为了让故事更生动、精彩，可以增添细节，可以用渲染、描摹、插叙等方法充实内容，但要合理想象，不能偏离故事的主题、中心。记得在训练《狐狸和乌鸦》再创作时，有的同学直接是续编故事和改编故事，讲述乌鸦丢了肉之后的事，或者乌鸦不是因为虚荣才丢了肉，这些就是偏离中心和主题了，不符合再创作的要求。

②要找准关键点扩充。不是原故事的任何内容都能扩展，扩充的部分必须为主题和中心服务，在扩展复述前要找好需要扩展的重点和关键，一般都是和主题关系最重要的角色和情节需要扩充，故事的高潮部分应该扩充，而且作为幼儿故事，为了符合孩子们的年龄、喜好和形象思维接受能力，一般语言对话和行为动态的环节也可以进行扩充。比如，《乌鸦喝水》重点扩充乌鸦想办法喝水的细节，扩充小朋友最喜欢的小角色乌鸦自己说话等；《狐狸和乌鸦》就要扩充狐狸绞尽脑汁骗乌鸦的细节和乌鸦虚荣的丑态细节等；《狐假虎威》可以扩充狐狸假借老虎威风的形象和语言细节，以及老虎傻乎乎被骗后的状态等。这些都是按照再创作中抓高潮、抓主题、抓幼儿喜好的要求，抓好这些要求，我们扩充的故事才会更生动、更有趣。

(3) 概要复述

概要复述相当于作文中的缩写,它要求抓住中心,突出重点,不遗漏关键,保持原故事的基本内容和结构,删去一些无关紧要的情节内容,用凝练、概括、简洁明了的语言把故事内容讲述清楚。概要复述故事最能锻炼学生们的语言概括能力,因为经常有讲故事者说话啰唆,说半天说不到点上,所以概要复述就是练习保留精华、精简浓缩、减少篇幅的语言概括能力。我们在幼师职业教育活动中和比赛、考试环节经常需要这种能力,如一些经典的童话故事《白雪公主》《海的女儿》《睡美人》《灰姑娘》等,这些故事非常生动有趣,也有教育意义,但我们参赛和面试应聘时,有严格的时间要求,而我们又非常想讲这些故事,这时候就可以运用概要复述进行精简,但在通过概要复述讲故事时,还要在精简的同时不让故事失去它的生动性和形象性,也就是对一些重点环节的生动性要尽量保留,或者在精简后,对一些重要的情节、原故事描写不是太生动的内容,需要运用描述能力扩展一下。这在再创作技巧中已经做了介绍,在此不再重复。

(三)比赛培训原创"再创作"解析稿

我在2010—2018年之间为学院学生参加的沧州市和河北省学前教育专业技能大赛进行讲故事培训时,和学生在培训过程中产生了很多灵感和经验,最终为了符合赛场的时间要求和满足竞技效果的营造,根据以上再创作技巧,经过师生的共同努力,创作和积累了下面几十个故事再创作文本,虽然大部分保持了原故事的框架,但文本的叙述语言和角色语言都已经做了明显的修改,已经完全从书面语的文字稿变成了适合现场讲述的口语稿,甚至有的故事原版本根本没有任何对话,但经过我们的改动后,故事变生动了,再创作稿已经看不到原故事的语言痕迹了,职业性变得更强了,虽然不是很完美,但希望通过分享,达到互相交流的目的,也希望能为有需要的学生和幼儿教师们提供有效的参考和帮助。

苍蝇和毛毛虫

"蝴蝶,蝴蝶,你最美丽,头戴着金丝身穿花衣,你用坚持胜过自己,世上没人跟你比。"(唱着歌走上台)

小朋友们,刚才老师唱的是一只小蝴蝶,大家都知道蝴蝶是很漂亮的昆虫,可是他在变成蝴蝶之前,长得很丑,还经常被嘲笑呢!快来瞧!又有一只大苍蝇来嘲笑他了。

"嘿嘿,嘻嘻(笑拖长,夸张些,捂着嘴)!我说大块头,你长得也太丑了吧!"毛毛虫听到苍蝇在嘲笑自己,他可委屈了:"我不叫大块头,我叫毛毛虫(用憨声憨气、粗粗的声音说)!""什么?毛毛虫?你听听你的名字,和你太相配了,连声音也那么难听!"

这时候,一只美丽的蝴蝶从他们身边飞过,苍蝇吧嗒着嘴说:"啧啧啧,太漂亮了,你看人家那身材,你看人家那翅膀,什么时候我要是变成这样,我死也愿意。"毛毛虫听了可不服气了:"这有什么难的,我长大了也能变成美丽的蝴蝶。""嗬!别逗了大块头!你要是能变成蝴蝶,我就能变成老鹰,去去去,哪凉快哪待着去!"毛毛虫听到苍蝇不相信自己,可着急了:"我们来打赌,要是我真的变成蝴蝶,你就不要到花丛里来了。""嗬!那我去哪?""你去,你去阴暗肮脏的阴沟里生活呗!""好,一言为定,谁输了谁就去那阴暗肮脏的阴沟里生活!"小朋友们,你们猜一猜他俩谁会赢呀?

苍蝇认为自己绝对能赢,可得意了!在接下来的几天里,他便和毛毛虫寸步不离地生活在一起。一天夜里,苍蝇发现毛毛虫把自己包裹在一个大茧里,几天几夜都不出来,他开心地说:"我就说你是吹牛的吧!你还真想变成蝴蝶?别逗了。"这时,苍蝇的话音刚落,只见这个蛹裂开了,一只漂亮的蝴蝶抖动着他的翅膀飞了出来,苍蝇见了惊讶地说:"你,你真的是毛毛虫变的吗?"蝴蝶笑着说:"对呀!我就是毛毛虫变的啊!你看我不仅变漂亮了,声音也变得好听了呢,现在你可以履行你的诺言了吧?"苍蝇现在才明白自己错了,他红着脸,低着头喃喃地说:"我怎么忘了我也经过了蛆虫的阶段,笨笨的身子,长长的尾巴,难看死了,我真不应该嘲笑别人。"

小朋友们,老师的故事讲到这里就结束了,大家知道毛毛虫和蝴蝶的关系了吧?它们是同一种昆虫,只是在不同的阶段身体发生了变化而已,而且大家一定要记住:不要像苍蝇一样去嘲笑别人噢!

解析:这个故事已经数届被选作技能大赛备赛故事,第一次学生讲述,模仿苍蝇嘲笑毛毛虫时,加入了一个口技:嘲笑声,奸奸猾猾的拟声词模拟,再加上捂嘴的动作,也是一个亮点;这个故事稿的价值还在对原创故事的再创作上,如导入语运用儿歌律动的形式导入,其实这首儿歌是学生自己结合蝴蝶的特征,加上押韵的形式编辑创作的。幼儿喜欢儿歌,也会跟着律动,也能顺势引到故事的主人公毛毛虫上。当毛毛虫和苍蝇打赌时,讲述者又顺势问了一句:"小朋友们,你们猜一猜他们俩谁会赢呀?"这个提问语也让孩子们不再是旁观者,而是故事中的见证人,也能进一步吸引孩子们的注意力。当孩子们大胆猜测时,讲述者可以不告诉答案,绕绕弯子,告诉孩子们:"咱们接着听,答案在后边。"也能引起孩子们的好奇心。最后的结束语,老师用通俗的语言

第一章 "教考赛"模式下我对幼儿教师"讲故事"语言能力的思考

简单概括了这个故事的道理,就是告诉孩子们蝴蝶就是毛毛虫变的,苍蝇嘲笑毛毛虫是不对的。当然这样的点题收尾是运用在应聘、面试和比赛中的,这些场合没有真正的幼儿环境,也不是真正的讲课,还是比较适合的,但如果在课堂中讲述,就可以延伸到科学实验的观察课,了解毛毛虫变成蝴蝶的过程,也可以延伸到手工、美术课,画毛毛虫、蝴蝶、蛹、苍蝇等。这个故事的第三个精彩之处是在讲故事时可以加入道具的点缀,如在两次的技能大赛中,我们都让学生自制一个蛹:一个圆柱的盒子,上边的盖子能掀开,而且周围都用乳黄色的毛线缠绕,盖子如果不是圆的,可以用铁丝穿起来,毛线一绕,盖子的顶端就是圆弧形了,而且盒子里放一只手工自制的蝴蝶或者网上买的那种漂亮的蝴蝶道具。在讲到"毛毛虫把自己包裹在一个大茧里"时,就可以把毛毛虫的小手偶或玩偶放到这个盒子里,当讲到"只见这个蛹裂开了",就可以把里边的蝴蝶道具拿出来,这样讲述非常形象、直观,也能吸引幼儿的注意力。

聪明的小松鼠

"我是一只小松鼠,咿呀咿呀哟,我有一条大尾巴,咿呀咿呀哟。"(蹦蹦跳跳唱着儿歌入场)嗨,小朋友们大家好,你们看,小松鼠来了。今天,老师给大家带来的故事名字就叫《聪明的小松鼠》。

在茂密的大森林里,住着一只大老虎,他呀已经很老很老了,再也没有力气去捕捉其他的小动物了,于是他想出一个好办法。小朋友们猜猜看,他能想出什么好办法啊?瞧,他呀正在洞口装病呢,"哎哟,哎哟,我的牙呀,可疼死我了,你们快来看看我吧。"路过的小动物都很同情他,但是谁也不敢靠近,一只善良的小白兔听到大老虎的呼救声,便提着他那刚采的胡萝卜来到了大老虎的洞口,"虎大哥,虎大哥,你怎么了?我这里有胡萝卜,你吃吗?"大老虎一听高兴坏了:"哈哈,我吃,我吃。你快进来吧。"这只善良的小白兔哪里知道大老虎有阴谋啊,便小心翼翼地来到大老虎身边,"咦,你的牙齿不是好好的吗,你该不会要把我给吃掉吧?""哈哈,小东西,我的牙当然是好好的,不然怎么把你给吃掉啊?"于是老虎张开血盆大口,"啊呜"一口,就把小白兔给吞进了肚子里。

第二天、第三天,有很多小动物都被大老虎的这个阴谋给欺骗了,他们一个一个地被大老虎给吃掉了。(唱着悲凉的调子)"我的朋友你在哪里,孤零零只剩下我自己。(改表演说)呜呜,姐姐去森林里看大老虎再也没有回来,她会不会被大老虎给吃掉了啊?"有小动物在很难过地哭诉着。

这时候,在一旁的小松鼠早就看不下去了,他就想着去看看怎么回事,于是便来到大老虎的洞口,"虎大哥,虎大哥,你怎么了?听说你生病了。"老虎一听又有小动物可以吃了,就高兴地说"哎哟!原来是松鼠老弟啊,我快不行了,你能进来陪我聊聊天吗?"小松鼠听出老虎不像生病呀,心里有了打算:"不行不行,我生病了,要是传染给你那可就不好了,要不,我去找其他小动物来,让他们陪你说说话,聊聊天,你看行吗?"大老虎一听可高兴坏了:"哈哈,你快去吧,你快去吧。"

小松鼠回到森林里把大老虎的阴谋告诉了大家,大家都很生气,一定要为被吃掉的小动物们报仇。小朋友们,你们说小动物们会怎么惩罚这只坏坏的老虎呢?嘘!咱们接着听。第二天,小动物们便在小松鼠的带领下来到了大老虎的洞口,用石头一块一块地把大老虎的洞口堵得严严实实的。大老虎听见小动物们说话的声音可高兴坏了,心想来了这么多小动物终于可以饱餐一顿了,于是他来到了洞口。这时候,洞口已经被堵得严严实实的,"哎哟,哎哟,快放我出去,放我出去!"刚开始大家还可以听到大老虎的声音,后来呀,就再也听不到了。森林里又恢复了以前的平静。

小朋友们,老师的故事到这里就结束了,我们也要像小松鼠一样既聪明又勇敢哟!

解析:这个故事再创作的特色是两段小儿歌,第一段是在故事开头创作了一首小松鼠的儿歌,可以跳着律动着入场,或者和小朋友一起拍手做动作导入故事主人公小松鼠。第二段是在故事的中间,穿插一句悲伤调子的儿歌,用小角色的声音唱着表达自己的姐姐进入大森林没有回来,不知怎么办好。这个故事的道理很明确,就是要告诉小朋友大老虎非常狠毒以及小松鼠很聪明,所以我们在表现角色时要把老虎干坏事的心理表现出来,因为这是一只年老的老虎,所以声音要沙哑一点,表现的是老奸巨猾的感觉,而小松鼠则要用铿锵有力的声音表现勇敢、自信和机敏;而且这个故事情节也是很生动的,我们在讲述老虎欺骗小白兔时,先是从老虎不怀好意的状态慢慢地进入最危险的时刻,当讲完"哈哈,小东西,我的牙当然是好好的,不然怎么把你给吃掉啊"时,讲故事者的状态要有个悬念式的转变,从道貌岸然的奸笑转到凶残的本性,讲述的声音变得紧张起来:"于是老虎张开血盆大口,'啊呜'一口,就把小白兔给吞进了肚子里",把幼儿带入一种令人害怕的情境中。

狗熊进城

"我是一只大狗熊,咿呀咿呀哟,我要进城要进城,我要进城喽!"小朋友们,快来看看呀,这是谁要进城啦(指一指熊的道具)?接下来听完老师讲

第一章 "教考赛"模式下我对幼儿教师"讲故事"语言能力的思考

的这个故事你们就都知道了。

在茂密的大森林里,住着一只大狗熊,今天这只狗熊决定进城一次。他穿着最漂亮的外套,戴着最漂亮的礼帽,靴子锃亮锃亮的,直晃眼。"我这身气派的打扮,要是进城准能给人留下深刻的印象,哈哈哈哈!"(狗熊粗笨的声音表现)这时,蹲在树枝上的乌鸦可看不惯狗熊这个得意劲儿,就决定捉弄他一回。于是,她便清了清嗓子说道(用瞧不起的语气和成熟劝诫口吻表达):"啊—啊—啊!不过我可不同意你这个说法啊。按照你的身材,你可不应该穿这样的衣服。我刚从城里回来,你愿意听我告诉你城里气派人物都是怎么打扮的吗?""愿意,愿意!我当然愿意了,请快告诉我吧。""今年城里人嘛,早就不戴帽子了,他们都是用平底锅当帽子。衣服嘛,也早就不穿了,他们都是用床单裹在身上当外套。至于你这靴子嘛,也早就过时了,城里人都是拿纸袋套在脚上当靴子。"小朋友们,你们觉得乌鸦说得对吗?这样打扮会漂亮吗?但狗熊却相信了呢,你们听——"什么,我这身气派的打扮过时了吗?这可太糟糕了,亏得你提醒我(傻傻的、感激的表情和语气),要不然我这身打扮进城还不得让人家笑话死呀!"

说完狗熊就急忙跑回了家,一回家就甩掉了外套,摘掉了帽子,两只靴子呀都甩飞了,他照着乌鸦说的那样打扮起来。先拿床单上上下下把自己裹了起来。又往脚上套了两只纸袋,他在镜子面前戴好了平底锅,狗熊看了看镜子里的自己(得意状),说道:"城里人可真是想得出,真会玩新鲜的。"

小朋友们,快瞧瞧这只狗熊吧,还真就这样大摇大摆地进了城,他来到了大街上,刚开始人们就对他指指点点,先是捂着嘴偷笑,后来就放声大笑起来,"哈哈哈哈,今天这狗熊准是疯了!"狗熊左看看右看看,真是恨不得找个地缝钻进去:"这只臭乌鸦竟然敢骗我,可气死我了!"说完,狗熊便不见了踪影。

小朋友们,你们看这只狗熊自己不动脑筋,相信了乌鸦的话,我们在生活中可不能这样哟!

解析:这个故事本身就很有趣味性,故事里面狗熊的憨笨很可爱,也很搞笑,第一次听这个故事的人都会被逗笑,所以在比赛、面试等重要场合,选择这个故事还是很挣分的。导入语是以狗熊的角色感用憨憨的声音唱着入场,在讲故事的过程中好几处的拟声词口技模拟也是点缀和色彩,如乌鸦的出场用"啊—啊—啊!",狗熊的得意声用"哈哈哈哈",把狗熊的傻笨表现得栩栩如生,还有最后大家笑话狗熊做捂嘴笑状的口技。这个故事还很适合运用道具,道具也能增加笑感,特别是在讲到狗熊回到家,把帽子扔掉,戴上平底锅的时候，可以戴上自制的手工平底锅帽子，这时候观众们也会觉得很搞笑，加强了故事的吸引力。

狐狸和乌鸦（再创作第一版）

（开始唱着上场）"我的名字叫乌鸦，意外得到了一块肉。我要飞到树枝上，痛痛快快吃一顿！"

嗨！小朋友们，这只乌鸦不知道从哪里得到了一块香喷喷的肉，正想飞到树枝上美美地吃上一顿呢。就在这个时候啊，出现了一只狐狸，他正向乌鸦这边走来。"我的名字叫狐狸，一肚子的坏主意。装模作样我都会，坑蒙拐骗我第一。"小朋友们，你们说小狐狸这次又会干什么坏事呢？

这个时候，小狐狸的肚子早就饿得咕噜咕噜地叫了，他一抬头，正好看到乌鸦嘴里的那块肉，馋得直流口水："（吧唧嘴）我要是能把乌鸦嘴里那块肉给弄到手，那我可就有美餐了，哈哈哈。"于是啊，狐狸就卷起尾巴，跷起脚，伸直了身子跟乌鸦打招呼："你好呀，美丽的乌鸦。"乌鸦听了之后没有理他，狐狸转了转眼珠子又说："你是多么美丽呀，那脖子，啧啧啧，那眼睛，哎哟，比孔雀不知道要漂亮多少倍呢。"乌鸦听了之后，心里美滋滋的，但还是没有搭理他。狐狸急得直跳脚："乌鸦美，乌鸦俏，乌鸦唱起歌来真美妙！"

小朋友们，你们说这次乌鸦还会不理他吗？乌鸦被狐狸夸得尾巴都要翘到天上去了，这时候她张开了大嘴，发出嘶哑的声音："啊—啊—啊—"，就在这个时候啊，那块肉从乌鸦的嘴里掉了下来。狐狸接过肉，转身就跑，一边跑着一边对乌鸦说："乌鸦你个大笨鸟，下次谁要再夸你，可要闭紧嘴巴呀，啊哈哈哈！"

好了，小朋友们，故事到这里就结束了，这只乌鸦因为受到了狡猾的狐狸虚假的赞美让自己吃了大亏，我们一定要提醒她下次可不能这样做了呀！（或：小朋友们，故事到这里就结束了，那让我们一起想想办法，帮助乌鸦把肉夺回来吧！）

狐狸和乌鸦（再创作第二版）

导入语：（狐狸变音）我的名字叫狐狸，一肚子的坏主意。今天偷来（闻肉）一块肉，你们猜猜它的主人会是谁？那就让老师来给你们讲一讲狐狸和乌鸦的故事吧！

老师：BlingBling变变变！嗨，小朋友们，老师来啦！

第一章 "教考赛"模式下我对幼儿教师"讲故事"语言能力的思考

森林里有棵好大好大的树,树上住着乌鸦。树下有个洞,洞里住着一只狐狸。

一天,乌鸦叼来一块肉,站在树上休息,被狐狸看到了。狐狸看着肉直流口水,很想从乌鸦嘴里得到那块肉。可是乌鸦嘴里叼着肉站在树枝上,狐狸在树下没有办法得到。于是他眼珠一转,说:"亲爱的乌鸦,您好吗?"乌鸦没有回答。狐狸只好赔着笑脸又说:"亲爱的乌鸦,您的孩子好吗?"乌鸦看了狐狸一眼,还是没有回答。狐狸摇摇尾巴,第三次说话了:"亲爱的乌鸦,您的羽毛真漂亮,麻雀比起您来,就差远了。您的嗓子真好,谁都爱听您唱歌,您就唱几句吧!"乌鸦听了非常得意,心里想:"说我嗓子好,爱听我唱歌的只有狐狸呢。"于是就高兴地唱了起来:"啊—啊—啊—啊—"可是,这乌鸦刚一张嘴,肉就"啪嗒"一下掉了下去。狐狸叼起肉就钻到洞里去了,只留下乌鸦在那里"歌唱"。

结束语:哎,小朋友们,这下你们知道狐狸这块香喷喷的肉是从哪里来的了吧?

解析:任何比赛都必须注意开头的吸引力,这两个故事版本也是如此。第一个版本开头就是以乌鸦的角色状态入场,把乌鸦找到肉以后的馋劲表现得淋漓尽致。当狐狸出场时,用狐狸自己的语气加入一句关于狐狸性格的顺口溜描述,更加形象、生动。而且第一个改编故事中间也有一处细节的改动,那就是在狐狸夸赞乌鸦两次乌鸦没有反应后,又接着夸赞乌鸦歌声动听时,加入了一处儿歌律动:"乌鸦美,乌鸦俏,乌鸦唱起歌来真美妙!"这样郎朗上口的语言,更加符合幼儿的认知水平,也容易引起互动。第一个版本在结束语的设计上也很讲究,最开始设计的是:"乌鸦笨不笨呀?我们可不能向她学习呀",这个结束语太普通,并且故事的目的性存在问题。记得一次沧州市技能大赛的一线评委幼儿园园长就提到这个问题:这个故事不是乌鸦聪明不聪明、笨不笨的问题,而是乌鸦虚荣的问题,如果怕"虚荣"这个词语幼儿不好理解,可以设计为:"这只乌鸦因为受到了狡猾狐狸虚假的赞美让自己吃了大亏,我们可要提醒她下次可不能这样做了呀!"这样既能让幼儿参与进来,也能把乌鸦虚荣的问题明确地表达出来。而故事的第二个版本的结尾就是一个简单的问题,一位专业老师说过,故事结尾不一定非要拐到主题上,可以是一个头尾的呼应,也可以是一个简单的互动,只要幼儿能理解即可。在讲述时,狐狸馋得流口水的口技和乌鸦禁不住夸赞张开大嘴发出"嘶哑"声音的口技,都是这个故事的亮点。讲故事时还可以运用道具,因为故事中狐狸语言较多,所以以狐狸角色的状态打扮,乌鸦的手工道具可以贴到自己一边肩上,以乌鸦的角色表演入场，讲到乌鸦飞到树梢上想美餐一顿时，就可以把乌鸦道具挂到旁边的树道具上，而且肉就可以在脖子里挂着，最后，乌鸦唱完歌，肉"啪嗒"一声掉下来，这时候就可以把肉的道具弄断，掉在地上，最后狐狸角色拿起肉跑掉时，就可以真的捡起来，这一系列的讲述和道具的配合，让这个故事的情节更形象、更直观。

会变魔术的狐狸

"我的名字叫狐狸，一肚子的坏主意。装模作样我都会，坑蒙拐骗我第一。我还会用魔术去骗人呢！瞧瞧瞧，见证奇迹的时刻到了（刘谦手势）。"小朋友们，今天老师给大家带来的故事就是——《会变魔术的狐狸》，这只狐狸到底变了一个怎样的魔术呢？那我们就一起听故事吧！

有一天，阳光特别好，两只小狗熊去森林里玩，他们一边玩一边唱着："今天天气好晴朗，处处好风光，好风光。"他们俩玩得正高兴呢，突然看到路那边有一团黑乎乎的东西，还很香呢。咦？小朋友们，你们猜猜看那是什么呀？两只小狗熊也不知道呀。于是他们就手牵着手一步一步地朝那团黑乎乎的东西走去。哎哟哟！原来呀是一块儿香喷喷的肉啊！他们捡起来闻闻，"嗯，可真香，我们分了吃，我要吃大的，我一定要吃大的。"小朋友们快瞧瞧吧，这肉还没分，两只狗熊就要打起来了，这个事啊，让一只小狐狸给看见了。狐狸的肚子正饿得咕噜咕噜叫呢，她呀又打起了鬼主意。"啊，狗熊弟弟你们是想把这块肉分开吧？就让我美丽的狐狸姐姐用魔术帮你们吧。""啊！好吧好吧，就让美丽的狐狸姐姐帮我们吧。"狐狸一听赶紧接过这块肉，一下给分成了两块。熊大看了看这块肉说："狐狸姐姐，狐狸姐姐，一块大一块小，这怎么分啊？"狐狸一听又接过这块肉，咬了一口。熊二看了看这块肉说："还是不一样大，这怎么分啊？"狐狸就左一口右一口，不一会儿，这么大一块香喷喷的肉就剩下这么一小点儿了。两只小狗熊你看看我我看看你，什么话也说不出来了。狐狸马上笑眯眯地摆摆尾巴说："啊，吃吧吃吧，吃得饱饱的，等改天姐姐再给你们变魔术。"

小朋友们，你们现在知道狐狸变了怎样的魔术了吧？

解析：这个故事和经典的《两只笨狗熊》是同一个故事，当时为了让这个故事开头更有吸引力，就加入了一个狐狸自夸和变魔术的开场，而且这个故事狐狸"变魔术"骗狗熊的主题贯穿始终，所以顺势就改成了《会变魔术的狐狸》，这在应聘、比赛的自备故事环节是可以这样处理的。故事的结束语也就正好和题目以及开头的"变魔术"呼应上了。这个故事为了符合应聘、比赛的时间要求，一些细节也做了修改，甚至有些地方省略了，当然前提是不能影响故事的核心内涵。而且在故事的开头狗熊在森林里玩的环节加入了歌唱，其实只要唱的词符合狗熊们开心的情境就行。狐狸出场性格自夸的顺口溜可以用到很多故事中，用在这里也很合适，把狐狸的狡猾、自负表现得栩栩如生。导入语的悬念性和结束语意味深长的设问式都设计得很精致，也能达到预期的效果。而且狗熊的玩偶可以放在肩的一边，肉可以做个手工道具，有的学生设计成能拆分的纸质道具，当讲到狐狸欺骗狗熊"咬了一口"时，让纸肉的道具越来越小，这样就会更加形象、有趣。

会打喷嚏的帽子

（伴随音乐，身披披风，头戴帽子，戴着黑墨镜出场）。小朋友们，今天老师变成了一位魔术师，要给大家带来一个神奇的魔术。小朋友们，你们瞧瞧，帽子里可是什么都没有呢（展示魔术高帽的里边，然后帽子一转一抓）。瞧，糖果有了，老师还能变出来一个呢。这个呀可是真的糖果呢，小朋友们可以尝一尝（给小朋友们发几块）。

魔术团的老爷爷也有一顶和老师一样的帽子呢，他的帽子还可以变出更多的好吃的。小朋友们听到这里肯定嘴馋了吧？有一群小耗子也知道了这个消息呢。（小耗子的馋劲和可爱劲）"吱吱吱，要是能把这顶帽子偷来，变出许多好吃的，那该有多好啊，嘿嘿嘿。"

晚上啊，它们就偷偷地溜到老爷爷家里，老爷爷正在睡觉呢。这个时候老耗子站出来说："我、我、我、我看啊，还是让小耗子去偷最最最合适了，它个子小，脚步又轻。""吱吱吱，我不去，我不去，帽子里藏着一个大呼噜，它响起来地板和窗户都会动，太吓人了，我不去，我不去。"可不是嘛，老爷爷啊，正在打呼噜呢，（装老爷爷打呼噜）吓得所有的耗子都不敢去偷。那小朋友们，你们说谁会去偷这顶帽子呢？最后还是老耗子摸摸长胡子生气地说："你们不去，我去，等会儿我把帽子偷出来变出许多的好、好、好吃的，你们可别嘴馋，哼！"

其实呀，老耗子心里也挺害怕的，它走一步一回头，走一步一回头，就怕帽子里的呼噜突然钻出来咬它。也真巧，老耗子刚走到老爷爷床前，呼噜不响了，这下可把老耗子得意坏了："哈哈哈，原来呼噜怕我啊！哈哈哈！"老耗子轻轻一跳，跳上了老爷爷的床，用鼻子闻了闻那顶帽子，想用自己的尾巴把帽子顶起来，它不知道啊，它的尾巴伸进老爷爷的鼻孔里去了呢。

41

"啊、啊、啊、啊嚏"老爷爷打了一个大大的喷嚏，吓得老耗子连滚带爬地跑出了好远，其他的耗子也弄不清是怎么回事就跟着一起跑出了好远。"吱吱吱，你偷来的帽子呢？""哎哟哟，你们可不知道啊，帽子里藏着一个大大的喷嚏，它可比呼噜厉害多了，要不是我跑得快，早就被炸死了！"

小朋友们，故事到这里就结束了，你们会怕这顶会打喷嚏的帽子吗？

解析：这个故事很经典，也有好多学生选用，故事的生动、有趣可见一斑。故事的亮点是在导入语部分的精心设计，根据故事开头："魔术团里有位老爷爷，有一顶奇怪的帽子，能变出好多好吃的"，设置了老师给小朋友们变魔术的环节，变出小朋友爱吃的糖果等（得选小一些的零食，这样的魔术好操作），接着正好用一句"魔术团里有位老爷爷也有一顶和老师一样的帽子，他的帽子还可以变出更多好吃的"，这样就进入了故事。这样的导入很自然，也很新颖，还有一些好吃的东西吸引幼儿。如果是比赛，还能"贿赂"一下评委，也能让观众一起跟着进入故事。而且在讲述时角色语言一定要区分出小耗子和老耗子的声音，小耗子的口技"吱吱吱"也一定模仿一下，声音尖细，而且是害怕的语气，老耗子其实在原版故事中是大耗子，因为想着戴着眼镜，往下一摘，卡到鼻子上就能转换角色，所以在技能大赛培训时就再创作为老耗子了，大耗子的声音是强壮有力，如果改成老耗子就得变成沙哑的声音了。结束语最初我们设计的是："小朋友们，你们说这群耗子傻不傻呀？"而最终我们调整为："小朋友们，故事到这里就结束了，你们会怕这顶会打喷嚏的帽子吗？"第一个结束语的问题没有任何启发性，就是一个简单的总结，而第二个结束语，则让幼儿和耗子们一样进入故事，让他们听完故事，自己去思考理解这顶帽子。这个故事的目的就是告诉小朋友"会打喷嚏的帽子"其实就是老爷爷的喷嚏造成的。

机智勇敢的小山羊

唱："别看我只是一只羊，羊儿的聪明难以想象。"（放着《喜羊羊与灰太狼》音乐入场）

小朋友们，今天老师给大家带来的故事就是——《机智勇敢的小山羊》，他和我们爱看的动画片中的"喜羊羊"一样聪明。

有一天，羊妈妈要去一个很远很远的地方，不放心小山羊一个人在家，小黄狗却说："汪汪汪，羊妈妈，你去吧，我会看好小山羊的。"于是羊妈妈才放心出了远门。小山羊自己留在家里可无聊了，（出示手偶）"我好想出去玩一玩啊！"他就趁着小黄狗打瞌睡的时候偷偷地溜出了家门。

第一章 "教考赛"模式下我对幼儿教师"讲故事"语言能力的思考

小山羊看到外面的世界，高兴地唱起来："我是一只小山羊，今天妈妈出门不在家，我偷偷地跑出去，去那森林里愉快地玩耍。"（用《甩葱歌》的旋律，表现冲出家门的欣喜、自由感）小山羊唱着歌来到了茂密的大森林里，他玩着玩着就玩到了太阳快要下山的时候。（手偶）"呜呜，我好想回家啊。"忽然小山羊看到前面有一个黑色影子，他的心里非常害怕，（两手偶）问道："你是谁啊，你在那里干什么？"狼："哈哈，难道你不知道我是谁吗？你的爸爸妈妈难道没有告诉你我是谁吗？"小山羊："呜呜呜呜呜，难道你就是爱吃羊的大灰狼吗？"狼："哈哈，对了，我就是爱吃羊的大灰狼，快来填饱我的肚子吧！"说着就向小山羊扑了过去。

小朋友们，你们说小山羊会不会被吃掉呀？不要担心，小山羊可聪明了，他呀想出了一个好办法。小山羊着急地说："你、你、你别吃我啊，我的家里还有爸爸妈妈和兄弟姐妹呢，你让我回家看他们一眼吧。"大灰狼一想：哈哈，今天我可是有口福了，遇到这么一大家子的羊，于是说："好吧，你就在我的前面带路吧，我保证送你回到家（坏坏的眼神）。"不一会儿他们就来到了小山羊的家里，小山羊趁大灰狼不注意，冲到家里大喊："阿黄，阿黄。"在家的小黄狗看到小山羊被抓了起来，急忙把全村的狗都叫来了，"汪汪汪"（口技逼真些：群狗叫的声音），阿黄撕一块肉，阿黑啃骨头，这只大灰狼不但没有吃到小山羊，反而还丢掉了自己的性命。

好了，今天的故事就到这里了。老师想问一下大家：如果我们在生活中遇到这样的危险，该怎么办呢？

解析：这个故事在网络上搜索不容易查找，我们最早技能大赛选用的这个故事是从一盒磁带故事音频中找到的。当时选取这个故事是因为其中小山羊和大灰狼之间智斗的情节很生动、很精彩。我们在培训学生时，最后的群狗共同打败大灰狼的环节，我们加入了狗叫的口技，而且这个口技是群狗的声音，也就是把不同的狗的声音用远近、快慢、粗细集中迸发，显得场面很激烈。第一届使用这个故事的同学音色很好听，口技的模拟也很精彩，当时成为一大亮点。后来为了增加这个故事的教法效果，我们比赛时运用的道具是狼和小羊的手偶，讲故事者就能理性平稳地处理叙述语言，可以平稳地体现教态，而大灰狼和小羊之间语言对峙时可以运用手偶夸张地表现。随着比赛越来越激烈，我们的道具也越来越精致和完善，又加入了小狗和小房子道具，最后我们又把森林的场景也点缀上了。而且这个故事在开头部分，加入了两段儿歌，首先导入语加入的是《喜羊羊与灰太狼》歌曲中的一句词"别看我只是一只羊，羊儿的聪明难以想象"，正好引出小羊的机智勇敢。小羊偷偷跑出家之后看到外面的世界很开心，这时候为了体现高兴的心情，加入了《甩葱歌》的节奏和改编的情境歌词。

骄傲的小孔雀

"花冠头上戴，锦袍真不赖，尾巴像扇子，展开人人爱。"（表演者上台）嗨，小朋友们，今天老师给你们带来了一只可爱的小孔雀，可是这只孔雀呀，整天什么都不做，只知道呀，和小动物们比美。快看，快看呀，她又去找小动物们比美了。

这一天，小孔雀来到小河边，对着清澈的河水梳妆打扮起来。她呀，越看越觉得自己是最漂亮的了，"哦！我可真漂亮呀！"唱（配着舞蹈）："在那山的那边海的那边，有只小孔雀，我就是那只小孔雀，一只美丽的小孔雀。"这事呀，让一只大狗熊给看见了，狗熊就情不自禁地说："哈哈，孔雀美、孔雀俏，孔雀唱起歌来真美妙，哈哈。"孔雀听了这话呀，这尾巴都要翘到天上去了。就在这个时候，她又看到一只慢吞吞的小乌龟迎面走来，于是就拦住乌龟的去路笑话他："乌龟乌龟爬爬，一早出门采花；乌龟乌龟走走，傍晚还在家门口（拉长声笑话语气，捂嘴笑话），嘿嘻嘻，乌龟乌龟快快来，快来看看姐姐我漂亮吗？"乌龟生气地瞅了一眼孔雀，头也不回地说道："我还要去储存粮食，才没工夫搭理你呢。"孔雀听了这话，可不高兴了。这个时候，她又看见一只青蛙正在那里捉害虫呢，她呀又跑到青蛙面前说："青蛙，青蛙，快别捉害虫了，看看我，看看我，漂亮吗？"青蛙看了孔雀一眼说道："呱呱呱！你当然漂亮了。可是，你一天天什么也不做，这样下去，到了冬天，你会被饿死的。"可是孔雀哪里听得进去这话呀，她呀，一心只想着比美呢，于是她就又飞着去比美了。小朋友们，你们说孔雀到了冬天是会储备粮食冬眠呢，还是会飞到南方过冬呢？她什么都没做，又会怎么样呢？

冬天很快就到了，小动物们有的储存好吃的开始冬眠了，有的提前飞去了南方，只剩下小孔雀自己被冻死、饿死在这里了。

小朋友们，故事到这里就结束了。你们喜欢这只小孔雀吗？为什么呀？

解析：这个故事最早是学生自己选取的，当时听着觉得学生讲得不生动，没意思，所以就根据学生的表现风格进行了一下再创作，我们做了很多改动，其中为了体现孔雀的骄傲自大，当和乌龟比美的时候，加入了《龟兔赛跑》中兔子笑话乌龟的儿歌："乌龟乌龟爬爬，一早出门采花；乌龟乌龟走走，傍晚还在家门口。"这样的语言郎朗上口，而且让孔雀的骄傲心理更形象，同时我们在故事开头孔雀夸耀自己的时候也加入了一句这种律动儿歌："在那山的那

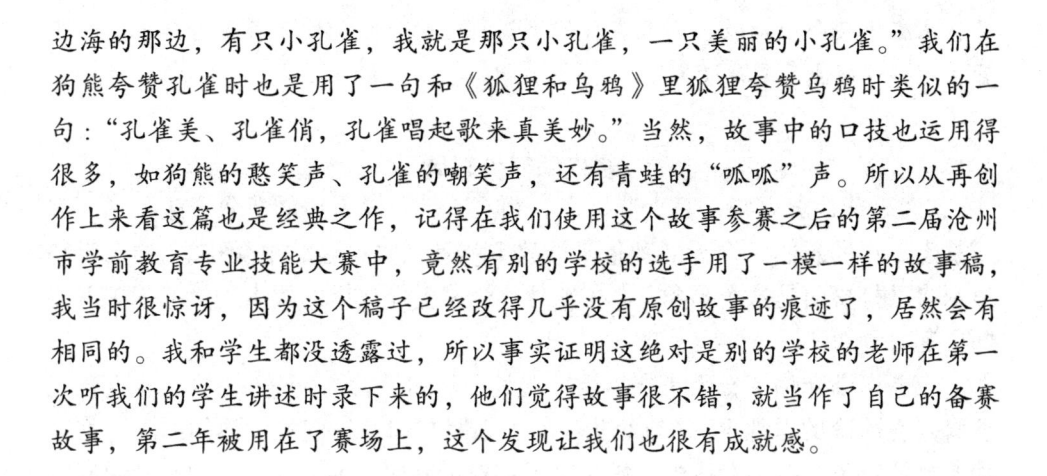

第一章 "教考赛"模式下我对幼儿教师"讲故事"语言能力的思考

边海的那边,有只小孔雀,我就是那只小孔雀,一只美丽的小孔雀。"我们在狗熊夸赞孔雀时也是用了一句和《狐狸和乌鸦》里狐狸夸赞乌鸦时类似的一句:"孔雀美、孔雀俏,孔雀唱起歌来真美妙。"当然,故事中的口技也运用得很多,如狗熊的憨笑声、孔雀的嘲笑声,还有青蛙的"呱呱"声。所以从再创作上来看这篇也是经典之作,记得在我们使用这个故事参赛之后的第二届沧州市学前教育专业技能大赛中,竟然有别的学校的选手用了一模一样的故事稿,我当时很惊讶,因为这个稿子已经改得几乎没有原创故事的痕迹了,居然会有相同的。我和学生都没透露过,所以事实证明这绝对是别的学校的老师在第一次听我们的学生讲述时录下来的,他们觉得故事很不错,就当作了自己的备赛故事,第二年被用在了赛场上,这个发现让我们也很有成就感。

狼和小羊(大班寓言版)

小朋友们,今天老师带来的故事中有一只小羊,今天他遇到了一只大灰狼,会发生什么故事呢?那小眼睛看老师小耳朵听故事,老师的故事马上开始了。

有一天,天气特别好,一只小羊正蹲在河边喝着甜甜的溪水,"太阳光金亮亮,小羊出来了,天气真晴朗,河水甜又香。"(《劳动最光荣》改编)小羊心里可高兴了,可他不知道一只老狼正在一步步地向他靠近呢!"这河里的水是我的,你把我的水弄脏了,我可怎么喝?"小羊吃了一惊,着急地解释说:"这河里的水是从山上流下来的,大家都可以喝,我没有弄脏你的水呀。"老狼一听气冲冲地说道:"就算这样吧,你总是个坏家伙,我听说你去年还在背地里说我坏话呢,是不是?"小羊更加着急了:"咩咩,不不不,我亲爱的狼先生,那是不可能的事呀,因为去年我还没有出生呢。"老狼才不管呢,"算了算了,都是你的错,反正都一样,说我坏话的不是你,就是你的爸爸。"说完,老狼就一口把小羊给吃掉了,小羊的生命就这样没有了。

小朋友们,你们看呀,坏人总是要找许多借口来伤害我们,那我们遇到坏人该怎样做呢?

解析:这个故事有两个版本,第一个版本讲的是简单的团结的道理,主要在小班、中班讲述。而第二个版本的道理就比较深奥,是个寓言故事,讲的道理是碰到坏人是没有道理可讲的,要善于保护自己。这个道理就有些绕了,所以适合在大班和学前班讲述。道理简单的故事篇幅却很长,当时为了让学生们精简故事节约时间,这样评委听着不疲惫,我们根据再创作的基本原则,在不影响故事的主题、框架、角色性格的前提下,把中间帮助小羊的小动物们简化了，省略了几个小动物，而且在技能大赛讲述时，我们配了背景音乐，也配了背景图，这样更形象、直观。

卖火柴的小女孩

"卖火柴，卖火柴，卖火柴，卖火柴。"（带着风雪声的背景音乐入场，表演状态）小朋友们，今天老师带来的故事就是《卖火柴的小女孩》（指示手势显示自己打扮的是这个形象）。在她身上会发生什么样的故事呢？那就跟着老师一起去看看吧。

夜幕渐渐降临了，天正在下雪，这是一年的最后一夜——除夕，小女孩光着脚走在冰冷的雪地上。（与幼儿互动）小朋友们，你们看，你们的脚上都穿着漂亮的鞋子，而小女孩呢，她只穿了一双拖鞋啊，那么大，一向是她妈妈穿的，可就这一双拖鞋，当富人的马车路过的时候都给跑丢了，现在啊小女孩只得光着脚走在冰冷的雪地上，一双小脚丫冻得又红又肿，（伴随背景音乐悲惨地唱）"我想回家，我想回家。"（情绪起来，痛心状）可是她哪还敢回家呀！她的爸爸一定会打她的，她的妈妈也会训斥她的。

她只能无奈地蹲在墙角把自己缩成一团，突然她想到围兜里还有一些火柴，就拿出一根在墙上使劲一擦。火柴点燃了，这根火柴就像一根小小的蜡烛，小女孩感觉自己坐在一个火炉旁，身上暖暖的，可她刚想走近火炉，咦！火炉不见了，她又接着点燃了第二根火柴，这根火柴发出了明亮的光芒，她看到那边的窗户变得透明了，透过窗户还看到美味的烤鹅呢，更神奇的是啊，这只烤鹅居然变活了，她的背上插着刀叉蹒跚地走向小女孩，可是突然火柴又熄灭了，她什么也没有了。（与幼儿互动，引起共鸣）小朋友们，你们说，小女孩是不是非常的可怜啊？她只是想吃上一口美味的烤鹅啊，可是她什么也没有了。她又接着点燃了第三根、第四根火柴，直到第七根的时候，她的奶奶出现了（眼中欣喜可怜），小女孩高兴地叫了起来（声音既急切又楚楚可怜）："奶奶，奶奶，快把我带走吧，我不想在这里受苦了。"奶奶什么也没有说，只是慈祥地把小女孩抱在了怀里。

第二天清晨，天气和除夕夜一样的冷，小女孩一动不动地蹲在墙角里，她已经死了，在新年即将来临的除夕夜冻死了（痛心地控诉语气），（转为悲伤）小女孩就这样离开了这个世界。小朋友们，你们说我们和小女孩相比是不是很幸福呀？我们有爸爸妈妈疼爱，还有好多好吃的，穿的也很暖和，所以我们一定要珍惜现在的生活呀！

第一章 "教考赛"模式下我对幼儿教师"讲故事"语言能力的思考

解析：这个故事在我校学前教育专业技能大赛参赛培训中运用了多次，而且在众多清新活泼、激烈惊险的主题风格中，突然换一下口味，变成悲伤感人的风格，绝对会让评委眼前一亮。但这个故事又是很难驾驭的，悲伤感人的文本对重音和基调的把握要求很高。而且学生们对悲伤的作品，容易从头到尾都是低沉的语气，顿挫和重音把握得不好，就不会触及听众感动和共鸣的那根弦，所以在指导上难度还是很大的。这个版本的故事的亮点也是很多的，如我们后来在导入语开始部分的背景音乐中加入了风的声音，让小女孩的悲惨雪上加霜，环境氛围更浓烈，而且在上半部分我们还加入一句歌词，用歌声表述小女孩的可怜，在讲故事的过程中我们加入两次互动语言："小朋友们，你们看，你们的脚上都穿着漂亮的鞋子，而小女孩呢，她只穿了一双拖鞋啊，那么大，一向是她妈妈穿的。""小朋友们，你们说，小女孩是不是非常的可怜啊？她只是想吃上一口美味的烤鹅啊，可是她什么也没有了。"这样的语言让幼儿们更同情小女孩，更容易引起共鸣。在道具的使用上，我们觉得悲伤的故事，画面感很重要，所以我们的背景图片用得很多，把故事的几个场景表现出来了。但有一次幼儿园一线园长评委提出了一个意见，那就是有了背景图后，讲故事的学生表演性就要少一些，多些指引手势，教态就能更平稳，我们也是朝着这个方向改进的。但讲故事真正的效果还是要从感情的真挚和语气、重音的运用上下功夫。

没有牙齿的大老虎

"哎哟，哎哟，我堂堂百兽之王，牙齿竟然掉光了。我以后吃东西可怎么办呀？"小朋友们，森林里威风凛凛的大老虎为什么没有牙了呀？你们想知道吗？那我们就一起来听《没有牙齿的大老虎》这个故事吧。

最开始，森林里的小动物们跟我们一样，都认为老虎的牙齿锋利无比，小猴子跳出来说："我知道，我知道，老虎的牙齿可厉害啦，这么粗的树，他用牙一口就咬断啦。"小兔子也说："是啊是啊，老虎吃起铁链来就跟吃面条一样哧溜哧溜的，啊，想想就害怕。"可这时候小狐狸不服气地说："就你们这群小东西怕大老虎的牙齿，我可不怕，我还能把他的牙齿全拔掉呢！"

小动物们都不相信，小朋友们，你们相信吗？老师也有些不信，但小狐狸才不管呢，她早就大摇大摆地走了。小朋友们，你们快来看看这只小狐狸吧，她还真的去找大老虎了！"咚咚咚！啊，亲爱的虎大哥，在家吗？我是你的狐狸妹妹啊，你出来看看我给你带来了世界上最好吃的东西——糖果。"大老虎走出来一瞧:"咦,这是什么东西?"大老虎从来没有吃过糖,于是他就拿了一粒放进了嘴里,"哈哈哈哈,好吃极了,好吃极了!"从此以后,小狐狸每天都给大老虎送糖吃,这下可把老虎给高兴坏了:"我就是森林之王,我爱吃糖不愿刷牙,我不愿刷牙就不刷牙不刷牙不刷牙!"(《小苹果》的歌曲和舞蹈)小朋友们,你们想一想,大老虎光吃糖不刷牙,会怎么样呢?

大老虎美了一段时间之后,终于有一天牙疼了起来,"哎哟哎哟,我的牙啊,疼死我啦。"大老虎就去找马大夫,马大夫一听是大老虎吓得连门都不敢开,大老虎又去找牛大夫,牛大夫一听是大老虎连忙说:"哞,你快走吧,我是不会给你开门滴(的)。"(泊头方言搞笑)大老虎的牙越来越疼,越来越疼,这时候小狐狸穿着白大褂走了出来,"啊,虎大哥让我来帮你看病吧。""好好好,只要牙不疼就行!"就这样,小狐狸把大老虎嘴里的牙一颗一颗全给拔掉了,以前在森林里威风凛凛的大老虎,现在呀却成了一只瘪嘴的大老虎了,就这样他还不忘谢谢狐狸:"狐狸妹妹,你真好,你真好,你真好!不光给我糖吃,还帮我拔牙呢,谢谢,谢谢!"(用嘴包着牙说话)

好了,小朋友们,老师的故事讲到这里就结束了。你们以后吃糖一定要记住刷牙,否则你们就会成为一个没有牙齿的小朋友啦!

解析:这个故事在幼儿园教育活动中讲得比较多,又名《老虎拔牙》,故事的主题和道理也适用于幼儿,既能表现小动物们的不同个性,又能告诉幼儿少吃糖、常刷牙的道理。这个故事稿也曾被小学生使用去参加学校讲故事比赛,当时老师们就对这个与众不同的故事稿赞叹有加。那这个故事的再创作稿的特色在哪呢?首先是导入语、提问语和结束语的添加。导入语就是以老虎没有了牙齿的失落感入场,引起悬念:一只威风凛凛的大老虎怎么没牙了呢?引发幼儿的好奇心。而且提问语也能让故事的情节更顺畅,能时时地将幼儿带入故事中,又能起到启发和引导的作用,一举三得。结束语直接点题总结,以幼儿自己的参与感来结束,提醒小朋友们如果吃糖不刷牙,也会像大老虎一样变成没有牙齿的小朋友,让幼儿听后直观和深切地体会到这个故事的道理。第二个亮点是为了表现大老虎吃到糖后的高兴劲儿和不听劝不刷牙的得意状态,学生添加了自己编写的一句《小苹果》歌曲旋律的歌词:"我就是森林之王,我爱吃糖不愿刷牙,我不愿刷牙就不刷牙不刷牙不刷牙",唱出来后,把老虎的可笑和丑态表现得栩栩如生,而且这种节奏感会逗得听众哈哈大笑,如果是评委听,绝对会增加印象分、新颖分的。当然故事的效果还需要用声音和肢体表现出来,这就要记住一定要区分狐狸和老虎的声音:一个尖尖的、猾猾的,一个粗粗的、憨憨的。还要记住老师叙述语言的讲述一定要稳和柔,娓娓道来,

第一章 "教考赛"模式下我对幼儿教师"讲故事"语言能力的思考

理清故事的来龙去脉。需要注意的是，这个故事在作为技能大赛备赛故事时，我们在再创作的环节把老虎的朋友狮子劝说老虎刷牙的情节去掉了，因为比赛时间要求是五分钟以内，而且每次评委都听不完故事就喊停，这么多选手这么多故事，评委会有疲惫感，一个故事其实三分钟或四分钟以内最合适，我们为了篇幅精练就把最不重要的角色狮子省略了，就用一句《小苹果》歌词来表现老虎不听劝不刷牙的状态，这样恰到好处。

美丽的巫婆

"沙罗罗，沙罗罗，我来了！"小朋友们，你们看老师穿得像谁呀？（老师穿着披风入场）对了，就是巫婆，可是今天啊，老师给大家带来的却是一位美丽的巫婆（戴着小皇冠，穿着小裙子）。

从前在一座城堡里，住着一位国王，他呀有两个孩子，姐姐蒙蒂和妹妹蒙娜，和你们一样的乖巧可爱，他们一起过着幸福的生活。可是这个国家啊有一个可怕的规定，每位国王最小的孩子满十岁的时候，他的所有孩子就要去接受巫婆的测试，如果哪个孩子测试不过关，他就要当巫婆一辈子的奴隶！而这一天正好是蒙娜十岁的生日，突然一阵黑风刮过，蒙蒂和蒙娜不见了。当她们睁开蒙眬的睡眼时，眼前是一座黑色的房子，上面写着"巫婆之家"。"这，这，是哪里呀？"小朋友们，你们说接下来会发生什么？对，巫婆出现了。"嘿，亲爱的宝贝们，你们要是过不了我老巫婆今天的测试，可是要在'巫婆之家'当一辈子的奴隶啊！"这个老巫婆长得十分丑陋（语速逐渐加快，制造点紧张气氛），她穿着黑色的大长袍，正一步一步地向她们走来，突然她变出一根魔棒，对她们下了咒语。她向姐姐蒙蒂问道："沙罗罗，沙罗罗，蒙蒂你相信我是好人吗？"蒙蒂害怕得大哭起来，"你走，你走，你是坏人，我不相信你。"还没等蒙蒂说完她就消失了。这时巫婆狰狞的面孔里竟然闪过了一丝失望，于是她又来到蒙娜身边，"沙罗罗，蒙娜你相信我是好人吗？"这次蒙娜并没有害怕，她看到了老巫婆可怜的眼神，只是静静地说："是的，婆婆，我相信您是好人！"

蒙娜刚说完，老巫婆居然变成了一位漂亮无比的小姑娘，她有着大大的眼睛，白白的皮肤，小蒙娜都看呆了。小女孩激动地抱着蒙娜说（会唱歌的可以把这段编成唱的调子，跳着舞蹈，表现巫婆变成漂亮小姑娘后的喜悦和高兴）："谢谢你，谢谢你对我的信任，我的名字叫信童，因为历代巫婆的诅咒，我才变成这个样子，只有碰到信任我的人，我才能变回原来的样子！"小蒙娜这才明白过来。"哦，原来是这样啊。我真希望我的姐姐也可以找到帮助她的

49

人,这样她就不用给巫婆当一辈子的奴隶了。"

故事讲到这里就结束了,小朋友们,你们说信任是不是世界上最美好的一件事呢?

解析:这个故事是经典的短篇童话故事,相比《睡美人》《白雪公主》《灰姑娘》等童话故事篇幅短一些。这样的传统经典故事确实不适合参加比赛,内容很丰富,但时间太有限,无法充分地传达,当时学生找到这个故事是被其中巫婆的形象特点和故事情节的新颖独特吸引,无法舍弃,所以我们充分发挥了一下再创作的能力,在不违背故事道理、小角色性格和大致框架的原则下,我们把一些作用不大的情节省略,将一些经典的对话,如对角色性格的塑造细节和有重要作用的细节描写加以保留,才有了这个比赛故事。讲故事过程中,学生们在塑造巫婆时的口技声成为一大亮点。第一届使用这个故事的学生声音条件很突出,音色很好听,在模拟巫婆的角色声音时,确实让人印象深刻,而且在讲到惊险的情节时,感情语气能够自然地变化,让这个故事非常引人入胜。后来有的学生声音条件不太突出,我们培训时就用道具和背景音乐来弥补,当然感情语气也要到位。我们用的道具也很新颖独特,不是大家了解的手偶,而是使用的指偶,这种道具比赛时使用得很少,几乎没有,但它又是幼儿园小朋友们比较喜欢的小玩具,我们实验了一届,效果确实很不错。而且每届都配有魔棒的道具,当讲述到巫婆"她穿着黑色的大长袍,正一步一步地向她们走来"的时候,突然拿出道具,确实能给人惊险的感觉。

青蛙卖泥塘

"白白肚皮大眼睛,捉起害虫顶呱呱,人称绿衣小英雄,它的叫声呱呱呱。"嗨!小朋友们,你们猜这是什么小动物呀?对了,是青蛙。

有一只青蛙最开始住在一个脏兮兮的泥塘里,他觉得这儿不怎么样,想把泥塘卖掉,换几个钱搬到城里去住。于是青蛙在泥塘边竖起一块牌子,写上"卖泥塘"。小朋友们,你们听,青蛙开始卖力地吆喝上了:"卖泥塘,卖泥塘!这里的泥塘大又宽,泥塘,泥塘,卖泥塘!"(卖汤圆的调子),青蛙刚吆喝完,从远方就飞来了一只野鸭子,她想在这安家落户,要找一个舒舒服服的地方居住,她听到青蛙的吆喝声,就来到泥塘边瞅了瞅,这一瞅可把她气得大叫起来:"嘎嘎嘎嘎!这个泥塘是什么烂地方呀,连点水都没有,啊啊,渴死我啦,渴死我啦,我才不买呢。"青蛙听了之后便引来了些水到泥塘中。过了几天他又开始吆喝起来:"卖泥塘,卖泥塘,卖泥塘呀!卖泥塘!"(卖大米的搞笑调),这时走来了一头老黄牛瞅了瞅泥塘说:"这个泥塘嘛在里面打个滚儿

第一章 "教考赛"模式下我对幼儿教师"讲故事"语言能力的思考

倒是很舒服的，不过周围要是有些草就更好喽！"于是，青蛙又采了些草籽种上，等到了来年春天长出了绿茵茵的小草地，他又开始吆喝起来了。小鸟飞过来说："咕咕咕，咕咕咕，这里缺棵树。"蝴蝶飞过来说："这里缺朵花。"小白兔一蹦一跳地说："要是开条路就更好了。"青蛙想："对呀，要是那样泥塘一准能卖出去。"于是他便栽了花、种了树、修了路。这天他又开始吆喝起来："卖泥塘，卖泥塘，呱呱，在这里你可以看蝴蝶飞舞，听小鸟唱歌，还可以在水里游泳，或者躺在草地上晒太阳呢！"说到这儿，青蛙突然愣住了，他想：这么美丽的地方为什么要卖掉呢？

好了，小朋友们，你们说，青蛙最后卖掉这个美丽的泥塘了吗？

解析：这个故事比较短小，但道理却很深刻，也是比赛时很不错的故事选择。其中一个亮点是对吆喝声的塑造，最开始想着吆喝声不等于唱歌，所以让我想起了电视上一些经典的吆喝声，如卖汤圆的声音，成为我们这代人的经典回忆，所以我为学生加上了这个卖汤圆的调子，但好几次学生都唱得有些跑调，这个费了一些力气。有一届技能大赛我为学生调整了思路，主要以教师教态的形象展示作为亮点，那就是把青蛙每次听到别人的意见后引水、种树、修路等环节用道具的形式直观表现，如果在幼儿园环节，会很有教育效果。我曾经也在幼儿园实践环节给小班的幼儿讲过这个故事，备赛的元素确实能很好地吸引幼儿，但在导入部分的谜语环节有些问题，最早的谜语就两句："白白肚皮大眼睛，捉起害虫顶呱呱"，但幼儿不容易猜到，这种特征不明显，好多幼儿猜的是螳螂，所以我及时调整加了一句："叫起来，呱呱呱"，小朋友们立即就能猜到青蛙。所以现在技能大赛的备赛稿上我做了调整，又加了一句"人称绿衣小英雄"，让这个谜底更合理也更符合幼儿的理解力。

雪孩子

"雪绒花，雪绒花，每天清晨欢迎我。"小朋友们，你们快看外面下雪啦，（可以唱《雪绒花》入场，也可以唱着《铃儿响叮当》入场："叮叮当，叮叮当，铃儿响叮当，我们滑雪多快乐，我们坐在雪橇上。"）兔妈妈呀今天要出远门，可是她怕小白兔一个人在家太孤单了，于是就给他堆了个小雪人。

小朋友们，下雪天你们也堆过雪人吧？你们看这个小雪人还缺什么啊？对了，他还缺两个圆溜溜的小眼睛，兔妈妈正好从厨房里拿来两颗小黑豆，用它们来作小雪人的眼睛不是正好嘛，（把黑豆给雪人安上）你们看他还缺什么啊？对了，还缺一个小鼻子。小白兔啊调皮地从厨房里拿了一小块胡萝卜安在了小雪人的脸上，就这样一个漂亮又可爱的小雪人就出来了，兔妈妈就放心地出门去了。

兔妈妈一走啊，小白兔和雪孩子就高兴坏了，你们听他们唱起了歌，跳起了舞（歌曲《七色光》的调："我有一个可爱的朋友，名字叫雪孩子。"也可以是《新年好》的曲调："雪人你好，雪人你好，今天我们来玩耍。我们唱歌，我们跳舞，今天我们多欢乐。"）就这样，他们玩了很久很久，小白兔玩累了，雪孩子就让小白兔回屋去休息，小白兔添了柴把火烧得旺旺的，屋子里暖暖的，不一会儿小白兔就睡着了，雪孩子就静静地趴在窗口看着小白兔。

（气氛紧张）可就在这时，炉子里的火越烧越旺，越烧越旺，一不小心把旁边的柴堆给引着了，雪孩子见了着急地大喊："不好啦，不好啦，小白兔家里着火了。"可是小动物们都离得太远了根本就赶不过来，雪孩子就奋不顾身地冲进了屋子里，他在大火的一角找到了小白兔，可是他去哪找水啊，雪孩子就用自己的身体扑向了火堆（缓缓起身），火熄灭了，小白兔也得救了，可是雪孩子却融化了。不，雪孩子他还在，你们快看，他化成了一团水汽，飞呀飞呀，飞到了天空上变成了一朵洁白美丽的云。

小朋友们，故事结束了，你们是不是也很喜欢雪孩子呀？那让我们也一起去堆雪人吧！

解析：这个故事和《卖火柴的小女孩》一样感人，从故事风格上看，在众多的参赛故事中也算是很新颖的。为了怕学生讲得太柔和，又没有惊险的引人入胜的故事情节，所以我们把这个故事设置成教态的形象教学讲述，把其中堆雪人的场景设置成互动的参与场景，就是用一个自制的雪人道具，让小朋友们跟着老师的指引一起把这个雪人完成，即贴好眼睛、鼻子等。当时学前教育的几位同事都很喜欢这种讲故事状态，这种作为老师的身份一点点地引导、互动、讲述，可以让讲故事的学生更平稳，速度不会紧张地加快，便于故事的娓娓道来，而且道具的充分使用，可以使故事更加形象、直观。当然这些设置并不能掩盖故事的生动起伏，当讲完温馨的互动情节，到了小白兔的房子着火时，讲故事者也一定要通过声音语气把这种紧张和危险描述出来，所以这个故事的感人情愫必须通过重音和顿挫以及真挚的情感投入来表现，相对于清新活泼和惊险的小故事，这个故事还是很有难度的。

聪明的小乌龟

"锥子尾橄榄头，最爱头往壳里收，走起路来慢悠悠，有谁比他更长寿？"小朋友们，这是什么小动物啊？对了，就是小乌龟。今天老师给大家带来了一个新故事，故事的名字叫作《聪明的小乌龟》。但最先上场的不是乌

第一章 "教考赛"模式下我对幼儿教师"讲故事"语言能力的思考

龟,你看是谁?(狐狸动作,伴随着音乐)

一只狐狸,已经好几天都没吃东西了,肚子饿得咕噜咕噜地叫。就在这个时候,他看到一只青蛙正在捉害虫。于是,这只臭狐狸想了一个馊主意,他想:"啊哈哈,要是捉只青蛙来填填我的肚子就太好啦。"小朋友们,你们说这只青蛙会成为狐狸的点心吗?不用担心,不用担心。就在这个时候呀,小青蛙的好朋友小乌龟刚好路过这里,他趁狐狸不注意便一口咬住了狐狸的尾巴,狐狸大叫起来:"啊,啊,谁咬我的尾巴啦?疼死我啦,疼死我啦。"乌龟没有说话,乌龟张口说话不就等于放了狐狸了吗?狐狸转过身来张口就去咬乌龟,聪明的小乌龟呀,便把头和四条腿藏到了自己的硬壳里,乌龟说:"哦,你咬不到我,咬不到我,哦,气死你,气死你。"狐狸气坏了:"乌龟,乌龟,我要把你扔到那天上去,那样就能摔死你。"乌龟高兴地说:"哦,我还真想去那天上找小鸟姐姐玩一玩呢,这回飞机票都省了。"狐狸说:"美死你,美死你。我要把你扔到那河里去。"乌龟听到这就哭了起来,说:"求求你,求求你,不要把我扔到那河里去,我会被淹死的。"那小朋友们,乌龟是真的害怕水吗?对,不怕水,他是故意的。狐狸这回没有听乌龟的话,便捡起乌龟壳,扔到了河里。聪明的小乌龟便伸出自己的四条腿,他游啊游,游到了自己的小伙伴小青蛙的身后,这下可把狐狸气坏了,他脱掉自己的衣服也跳了下去,最后淹死了。

好了,小朋友们,故事结束了。你们看这只小乌龟通过自己的聪明,既帮助了朋友又救了自己,我们也要向他学习呦!

解析:这个故事很经典,其中小乌龟的可爱和聪明、狐狸的奸猾很形象,故事的情节也很有趣。而且再创作的导入、提问和结束语都精心设计了一下,如导入的谜语运用,其中一个提问语也很必要:"那小朋友们,乌龟是真的害怕水吗?对,不怕水,他是故意的。"因为乌龟一直表现得很害怕狐狸,而实际上乌龟是故意的,是在欺骗狐狸,在想办法逃脱。在这里怕幼儿年龄段低,无法理解,所以有必要通过这个提问语进行引导和启发,其实不要以为提问语就这么一句话很简单,但真正讲故事时,这样简单的一句就是理解故事的钥匙。如果讲故事者自己无法理解这个提问语,也就不能很自然地运用。记得在一次技能大赛备赛时,我帮学生加入这个提问语,结果学生自己没理解,在再次讲述时,这块成了卡壳"滑铁卢"了。这个故事的亮点还有对乌龟把头一缩躲过狐狸攻击的态势语的设置,当时想到幼教学生舞蹈应该都不错,所以就想到把印度舞中移颈摆脖子动作运用进来,这么一扭,正好和一缩对应,而且也有了美感和专业含金量。另一个使人印象深刻的是对乌龟语言的再创作:"哦,

53

我还真想去那天上找小鸟姐姐玩一玩呢,这回飞机票都省了。"后边的小鸟姐姐和飞机票的细节是学生自己加的,用乌龟的粗粗憨憨的声音,配着故意的自信感觉,加上这样的词,让听众感觉很有趣、很好玩。

不听劝告的小公鸡

"小公鸡,喔喔叫,外面的世界真美好。"小朋友们,今天老师给大家讲的故事是《不听劝告的小公鸡》。

有一天,小公鸡穿上自己最喜欢的衣服,到小河边散步。他走着走着,突然听见了愉快的笑声。(鸭子叫:嘎嘎嘎,嘎嘎嘎)小朋友们,听听是谁呀?只见小鸭子在水里游泳呢,玩得可开心了,还不时地抓着鱼呢!小公鸡连忙说:"小鸭哥哥,小鸭哥哥,我也想下水玩一玩。"小鸭连忙说:"别别,你可千万别下来,你是不会游泳的。"小公鸡听了非常生气,以为小鸭不想和它玩,嘲笑它不会游泳。于是它就找了一条没有人的小河,心想:"哼!臭鸭子,说我不会游泳,我就要游给你看看。"小朋友们,你们觉得小公鸡会游泳吗?小公鸡"扑通"一声跳了下去,马上就沉入了水中。他痛苦地喊着:"救命啊!救命啊!快来救救我。"但是附近根本就没有人。这只小公鸡就这样被淹死了。

这个故事告诉我们要学会听从别人的劝告,千万不要去尝试危险的活动。小朋友们,如果别人劝告你不要去做危险的事情,你会怎么做呢?

解析:这个故事是在河北省幼师技能大赛临场讲故事的形式下才搜罗的小故事,当时学生们再创作得还不错,开头有个小鸭子的儿歌,而且用了小动物的口技声。提问语的运用也很到位,也很有层次感,如:"(鸭子叫:嘎嘎嘎,嘎嘎嘎)小朋友们,听听是谁呀?""小朋友们,你们觉得小公鸡会游泳吗?""小朋友们,如果别人劝告你不要去做危险的事情,你会怎么做呢?"第一个是简单的一般性提问;第二个就是知识性的提问,这个需要根据生活阅历和平时的了解学习获得,需要思考一下,问题有一定的难度;第三个就是运用性的问题,需要在理解故事的基础上,再引到自己身上换位思考一下自己会怎么做,这是更高层次的提问。这样,幼儿在听故事的过程中既能容易地理解故事,又能在故事中受到启发。

城市老鼠和乡村老鼠

"眼睛圆溜溜,贼头又贼脑。一头钻进洞,小猫叫不出。"小朋友们这是什么动物?(对了,是小老鼠)

第一章 "教考赛"模式下我对幼儿教师"讲故事"语言能力的思考

从前,有两只老鼠,他们是好朋友。一只老鼠住在乡下,而另外一只居住在城里。

几年过去了,乡下老鼠遇见城里老鼠,他说:(变声)"鼠大哥,鼠大哥你必须要来我乡下的家里看一下。"

于是,城里老鼠去了乡下老鼠的家里。乡下老鼠把所有的最精美的食物都找出来给城里老鼠吃。城里老鼠却说:(变声)"这东西不好吃,你的家也不好,你为何要住在这里?你应该到我城里的家看看。"

过了几天,乡下老鼠就到城里老鼠的家去了。推开门时,乡下老鼠惊呆了:(变声)"哇,看看这房子,这么漂亮,看看这好吃的东西,(闻闻)真香啊!"可是正当他们要开始吃的时候,听见很大的一阵响声,"喵,喵,喵",小朋友们,这是什么动物来了啊?对了,跑来一只小花猫。他们飞快地跑开躲藏起来,过了一会儿没动静了,他们才敢出来。当他们出来时,乡下老鼠说:(变声)"我不喜欢住在城里,我还是喜欢住在乡下,因为这样虽然贫穷但是快乐自在,比起虽然富有却要过着提心吊胆的生活来说要好些。"

好了,小朋友们,故事到这里就结束了。你们看啊,虽然城市里很好,但是乡下老鼠一点都不喜欢呢,小朋友们,你们喜欢吗?(或者说:"小朋友们,乡下老鼠和城市老鼠有着不一样的生活,你们喜欢哪一种呢?")

解析:以老鼠的谜语开场,引发幼儿的好奇心,而且可以加入律动配合。中间当猫出场时,可以使用口技,增加悬念惊险的氛围,也可以唱一句歌词增加律动出场,这都是亮点。最后结尾一句:"你们看啊,虽然城市里很好,但是乡下老鼠一点都不喜欢呢,小朋友们,你们喜欢吗?"或者说:"小朋友们,乡下老鼠和城市老鼠有着不一样的生活,你们喜欢哪一种呢?"这两种结束语都是运用性提问语结尾,让幼儿在理解故事的基础上换位思考,最后回答问题。

美丽的大公鸡

"喔喔喔,喔喔喔"(公鸡打鸣口技),小朋友们,听啊这是谁在打鸣啊?对了,就是大公鸡,可老师今天带来的公鸡呀,他不打鸣,而是整天穿得漂漂亮亮地去比美呢!

公鸡以为自己很漂亮,整天得意扬扬地唱着:"公鸡公鸡真美丽,大红冠子花外衣,油亮脖子金黄脚,要比漂亮我第一。"

有一天,公鸡吃得饱饱的,挺着胸脯唱着歌,来到森林小路上。他看见一头小毛驴唱着歌跑来:"我是一头小毛驴,人人把我骑,有一天主人心血来潮奔跑去赶集。他脚上蹬着小皮靴，心里正得意，一不小心被我摔他一身泥。"大公鸡赶紧跑上去说："尖嘴大眼的小毛驴，你先别走，咱们俩比一比，到底谁美。"小毛驴冷冷地说："对不起，我要去赶集，主人等着我驮东西呢。"大公鸡一听，只好继续唱着歌，大摇大摆地走了。公鸡来到果园里，看见一只蜜蜂，就说："鼓眼睛的小蜜蜂，咱们俩比一比，到底谁美。"蜜蜂也没时间搭理她，对她冷冷地说："嗡嗡，对不起，果树开花了，我要去采蜜。"公鸡听了，又唱着歌，大摇大摆地走了。公鸡又来到一块稻田边，看见一只青蛙，就说："大肚皮的青蛙，咱们俩比一比，到底谁美。"青蛙冷冷地说："呱呱呱，对不起，稻田里有害虫，我要捉虫去。"公鸡见谁也不跟他比美，很生气。小朋友，你们说为什么小动物们都不和他比美呢？公鸡啊，也想知道，就问了黄牛伯伯。黄牛伯伯说："因为他们懂得，美不美不光看外表，得看能不能帮助人们做事。"公鸡听了很惭愧，再也不去跟谁比美了，从此他每天天不亮就喔喔喔地打鸣，一遍又一遍地催人们早起。

小朋友们，现在这只公鸡还用去比美吗？他是不是比原来更漂亮呢？

解析：这个故事是一篇小学语文课文，故事中大公鸡的形象很生动很有趣，而且对幼儿也有很好的教育作用。讲故事时，大公鸡的口技"喔喔喔"、青蛙的口技"呱呱呱"也是亮点。在模拟角色声音时，公鸡的尖细表现骄傲自大，牛伯伯当然还是用一贯的厚厚的、和蔼的声音来传达，这样通过角色声音模拟也能表现故事的生动形象。而且在故事中间增加师幼互动语："小朋友，你们说为什么小动物们都不和他比美呢？公鸡啊，也想知道，就问了黄牛伯伯。"这样既能启发幼儿，又能起到承上启下的作用。结束语也是经过精心设计的："小朋友们，现在这只公鸡还用去比美吗？他是不是比原来更漂亮呢？"这里一语双关，既能前后呼应，回归"漂亮"的重点，也暗含着大公鸡的内心已经变美，这样才是真正的漂亮，更加深化了主题。当时辅导比赛时，为了让这个故事更有趣，把啄木鸟的角色换成了小毛驴，因为当时小毛驴的儿歌特别火，小朋友们都能唱上几句，另外小毛驴的叫声如果能够模仿一下，就更能锦上添花。

龟兔赛跑

"我是一只小乌龟，今天要比赛，都说兔子跑得快，我来比比看。"（儿歌表演入场）

嗨！小朋友们，今天乌龟和兔子要比赛跑步，你们猜他们谁会获胜啊？哎，小动物们都以为小兔子会获胜，可是结果到底如何呢？下面我们一起来听

第一章 "教考赛"模式下我对幼儿教师"讲故事"语言能力的思考

《龟兔赛跑》的故事吧。

一天,小乌龟出门采花,半路碰到了小兔子,只听小兔子对小乌龟说道:"乌龟乌龟,我们来比赛吧。"乌龟听了,没有搭理小兔子,小兔子见了便嘲笑道:"乌龟乌龟爬爬,一早出门采花;乌龟乌龟走走,傍晚还在家门口。"这次啊,小乌龟生气了:"你别神气,我们就来比赛,看看到底谁会赢。"就这样比赛开始了,他们请来山羊大叔作裁判,山羊大叔一声枪响后,小兔子冲出了起跑线,不一会儿就将乌龟落下好远,他回头一看,乌龟还在慢慢地爬,心想:"这只乌龟真是不自量力,还敢和我比赛,一会儿输了看他去哪儿哭。"不一会儿,这只小兔子跑累了便靠在大树边睡起了大觉。哎,小朋友们你们猜小乌龟现在在干什么呢?小乌龟也已经很累了,但是他却不敢休息,还在一步一步地往前爬。最终,小乌龟爬到了终点,成了这场比赛的冠军。而这时小兔子也睡醒了,他想到自己还有比赛没有完成,便急忙跑到终点,可是一切都晚了。就这样,自大的小白兔输掉了这场比赛。

小朋友们,这两只小动物你们更喜欢谁呀?为什么呀?

解析:这个故事的原版故事稿本身就很生动,其中一句兔子笑话乌龟的儿歌就很形象:"乌龟乌龟爬爬,一早出门采花;乌龟乌龟走走,傍晚还在家门口。"但我们仍然把书面语版本变成适合现场对话的口语版本,而且故事再创作时导入语的歌曲、开头的理解性提问、中间的一般性提问语以及结尾运用性提问,都运用得很到位,引导和启发也很有层次感。

猴吃西瓜

"我是森林新猴王,今天找到一个大西瓜。"(《甩葱歌》表演)小朋友们,今天老师给你们带来的新故事是《猴吃西瓜》。

今天这只猴王找到了一个大西瓜,可是他却不知道西瓜的吃法。他心想:"我身为猴王却不知道西瓜的吃法,这要是让我的猴子猴孙们知道了,那该多丢人呀!不行,我得想个办法!有了!"忽然,他想出了一条妙计,于是把所有的猴子猴孙都召集了过来。

他清了清嗓子说:"今天,我找到了一个大西瓜,至于这西瓜的吃法嘛,我当然……(犹豫然后故装镇定)当然是知道的,不过,我要考验一下大伙的智慧,看看谁能说出这西瓜的吃法。如果说对了,我可以多赏他一块,如果说错了,我可要惩罚他!"

大伙你看看我,我看看你,可是谁也没有吃过西瓜呀,他们也不知道。

小毛猴眨巴眨巴眼睛,挠了挠腮说:"我知道,我知道,吃西瓜是吃瓤!"

"不对！小毛猴说得不对！"短尾巴猴羞涩（扭扭捏捏又很倔强傻萌）地站起来，"我小的时候跟我妈去我姑妈家，吃过甜瓜，吃甜瓜就是吃皮。我想，这甜瓜是瓜，西瓜也是瓜，吃西瓜嘛，当然也是吃皮喽。"

这时候，大伙争执起来，有的说吃西瓜吃皮，有的说吃西瓜吃瓤。可争了半天，也没争出个结果。小朋友们，你们说吃西瓜到底吃什么呢？嘘——我们不要告诉他们，看看接下来发生了什么！这时大家都不由自主地把目光集中到一只老猴的身上……

这老猴看到大家的目光都集中到了他的身上，于是颤颤巍巍站起来说："这个……这个……吃西瓜嘛，当然……当然是吃皮喽，我之所以老而不死，就是因为吃了这西瓜皮的缘故啊……"

大伙都欢呼起来："对！吃西瓜吃皮！""吃西瓜吃皮！"……

猴王认为找到了正确答案，他心里更有底气了，就站起身来，上前一步，说道："对！大伙说得对！吃西瓜是吃皮，哼！就小毛猴崽子一个人说吃西瓜吃瓤，那就让他一个人吃瓤吧！咱们大伙，共吃西瓜皮！"

西瓜"扑嗤"一声被切成了两半，大家都吃皮，只有小毛猴自己吃瓤！

有个小猴吃了两口，就捅了捅旁边的猴子说："哎，我说这可不是滋味啊！"

"咳，老弟，我常吃西瓜，西瓜嘛，就是这味，就这味……"

小朋友们，故事到这里就结束了，你们知道这些猴子错在哪里了吗？

解析：这个故事也是众多故事中最能逗听众哈哈笑的故事之一，很适合参加比赛。故事中小猴子们的可爱、憨笨都很有趣，能吸引幼儿，而且故事中角色很多，声音的模拟也是一大亮点。猴王的铿锵有力、小毛猴的机敏口快、短尾巴猴的倔强固执（这里我们再创作时又改为羞涩和倔强，这样既能让猴子性格丰满变化，又能从音色变声上区分开），以及老猴子的倚老卖老，都是我们讲故事者发挥的细节，就连结尾"打酱油"的两只猴子的对话也很有趣，"就是这味，就这味"，这一句表现出很认真、很投入的傻笨状态，听众一定会被逗笑。开头部分大家都一直认为吃西瓜是吃皮之后，猴王宣布结果时，我们一定要在猴王说"就小毛猴崽子一个人说吃西瓜吃瓤，那就让他一个人吃瓤吧"这句之后，加强那种得意和憨傻的感觉。"咱们大伙，共吃西瓜皮"，这样一喊，听众才能被逗笑。所以对于搞笑的故事，我们一定要像小品台词一样，找准笑点，通过语气、顿连和重音把笑点发挥出来。

第一章 "教考赛"模式下我对幼儿教师"讲故事"语言能力的思考

小猴子掰玉米

"我是一只小猴子,今天出去玩,不知怎么最后却空手回了家。"(用儿歌《小毛驴》的调子唱)

有一天,小猴子肚子饿得咕噜咕噜地叫,于是就下山去找食物。他走到一块玉米地里,看见玉米结得又大又多,于是非常高兴地说:"嘿嘿,我一定要把玉米带回家。"于是它就掰了一个扛着往前走。他走着走着,走到一片西瓜地里,看见满地的西瓜又大又圆,高兴坏了:"哈哈,我一定要把西瓜抱回家。"于是,就扔了玉米去摘西瓜。小朋友们,这只小猴子一开始很喜欢玉米的呀,怎么看见大西瓜,又把玉米扔了呢?小猴子抱着一个大西瓜往回走,嘴里还说着:"我一定要把它抱回家,这个大西瓜能让我吃上好几天呢。"走着走着,小猴子又看见一只小兔子蹦蹦跳跳的,他非常高兴,就又扔了西瓜去追小兔子,小兔子跑进树林里不见了。小朋友们,你们想一下,这时候小猴子手里还有什么呀?什么都没有了,他只好空手回到家。

小朋友们,你们想一想,为什么小猴子最后什么也没有了?我们以后做事情呀,一定要想好自己最想要的以及最喜欢的是什么,然后一定要坚持下来,不能三心二意哦!

解析:这个故事虽然很简单,但简单的故事也有深刻的道理。为了让幼儿能够理解故事情节和故事的道理,其中设置了两个提问语:"小朋友们,这只小猴子一开始很喜欢玉米的呀,怎么看见大西瓜,又把玉米扔了呢?""小朋友们,你们想一下,这时候小猴子手里还有什么呀?"通过这样的提问语,幼儿才能跟着老师的提问理解故事,这也是我们拿到故事后进行再创作处理的一个必要环节。

小猫钓鱼

"小眼睛看老师,小耳朵听故事,老师的故事开始了。"喵,小朋友们,你们看,小花猫咪咪来了,她今天要和她的妈妈一起去钓鱼,你们猜她最后钓到鱼了吗?快和老师一起来听故事吧。

小花猫咪咪呀,和妈妈一起去钓鱼,走到河边,发现河边长着青青的小草,河里的鱼儿欢快地游着呢,高兴极了,于是她便拿出鱼竿,开始钓鱼了。等了一会儿,还没有钓上鱼来,她便有些着急了。这时飞来一只小蜻蜓,小蜻蜓对她唱道:"小花猫,小花猫,我们一起去玩耍,快来啊,你快来啊,我们一起去玩耍。"(歌曲《小杜鹃》的曲调)小花猫看到了,放下竹竿便去捉蜻蜓,可是啊蜻蜓越飞越远,越飞越远,她没有追到小蜻蜓,便只能回来了。回

59

来以后，看到妈妈已经钓到了一条大鱼，她便开始着急了。她正准备要钓鱼的时候，又飞过来一只小蝴蝶。小朋友们，这只小花猫第一次没有钓到鱼，那你们觉得第二次她能钓到吗？这只小蝴蝶对她唱道："小花猫，小花猫，我们一起去玩耍，快来啊，你快来啊，我们一起去玩耍。"（歌曲《小杜鹃》的曲调）小花猫一看到小蝴蝶，想道："要是能送给妈妈一只小蝴蝶那该多好呀！"于是她就去捉小蝴蝶了，可是这只小蝴蝶也是越飞越远，越飞越远，小花猫没有捉到蝴蝶，只能回来了。回来以后，她看到妈妈又钓了一条大鱼，便很奇怪地问妈妈："妈妈，妈妈，为什么你能钓到很多鱼，而我却一条也钓不到呢？"妈妈一听这话便说道："咪咪呀，钓鱼是需要耐心的，你这一会儿捉蜻蜓，一会儿捉蝴蝶的，到天黑也钓不到鱼呀。"小花猫听到这话呀，便开始一心一意地钓鱼，虽然蝴蝶和小蜻蜓依旧在她的身边飞来飞去，可她装作什么都看不见。过了一会儿，她真的钓起来一条大鱼，于是高兴地又唱又跳："太阳光闪闪亮，我来钓鱼了。钓鱼要有耐心，我钓到鱼了！"小朋友们，你们看，小花猫咪咪多棒呀！

小朋友们，小花猫为什么一开始没有钓到鱼，后来能钓到鱼了呢？所以呀，你们一定要记住，以后做事情的时候一定要一心一意，这样才能把事情做好哦！

解析：这个故事再创作的亮点也很多，首先就是当蜻蜓和蝴蝶让小猫和自己去玩时，编了几句小儿歌："小花猫，小花猫，我们一起去玩耍，快来啊，你快来啊，我们一起去玩耍。"这样既能达到律动效果，又很适合故事情境。第二个亮点就是提问语的设置："小朋友们，这只小花猫第一次没有钓到鱼，那你们觉得第二次她能钓到吗？""小花猫为什么一开始没有钓到鱼，后来能钓到鱼了呢？"这样的提问语既能让老师讲述的情节前后更连贯，又能让故事的道理更加明确。

小猪变干净了

"太阳当空照，花儿对我笑。小兔子你别走，我想和你一起做朋友。"（《上学歌》的曲调）小朋友们，这是谁想和小兔子做朋友啊？那就一起听听老师这个《小猪变干净了》的故事吧，故事会告诉我们答案的。

有一只小猪，长着圆圆的脑袋、大大的耳朵、小小的眼睛、翘翘的鼻子，小猪呀很可爱，就是有一个缺点，不爱干净，常常到垃圾堆旁找东西吃，吃饱了就在泥坑里滚来滚去，滚得浑身都是泥浆。小猪想去找朋友，可是，小猪脏兮兮的，有人愿意和他做朋友吗？他一边走一边唱着："找啊找啊找朋友，找到一个好朋友。"小猪走着走着，看见前面有只小白兔，说："小白兔，我想和

第一章 "教考赛"模式下我对幼儿教师"讲故事"语言能力的思考

你一块儿玩,好吗?"小白兔回头一看,原来是小猪,就说:"哟!是小猪,看你多脏啊!快去洗洗吧,洗干净了我再和你玩。"小猪不愿意洗澡,只好走开了。他走着走着,又唱起来了:"找啊找啊找朋友,找到一个好朋友。"走着走着,又碰到一只小白鹅。小猪高兴地说:"小白鹅,我和你一块儿玩,好吗?"小白鹅说:"哟!是小猪,看你多脏啊!快去洗洗吧,洗干净了我再和你玩。"小猪看了看自己的身上,可不,满身是泥浆,泥水还在"滴答、滴答"地往下滴呢!小白鹅又说:"走,我带你到河边去洗个澡吧!"小猪跟着小白鹅来到小河边,小白鹅"扑通"跳进河里,用清清的水泼呀泼,泼在小猪的脸上和身上。小猪用清清的水洗呀洗,洗得干干净净的。小白鹅高兴地说:"小猪变干净了,我们一起玩吧!"小白兔看见小猪变干净了,也过来跟他玩了。小猪跟朋友们玩得可高兴啦!

小朋友们,如果你们像小猪一样脏的话,别的小朋友就不喜欢和你玩了。这个故事告诉我们一定要讲卫生,爱清洁。

解析:这个故事的主人公是一只不讲卫生的小猪,所以表现得会很可爱,特别是如果在讲故事时配上猪抽鼻子的"哈呼"声,就会把猪的懒惰形象表现得栩栩如生。开头小儿歌的导入也很精彩,唱的时候模仿着猪的粗声粗气会更形象。在中间小猪继续找朋友的时候又加一句《找朋友》的歌词:"找啊找啊找朋友,找到一个好朋友",正好自然地过渡到下面的故事情节,使故事显得既生动有趣又严谨自然。

三只小猪的故事

"我是一只大野狼,我最爱吃肉,我看到两只小胖猪,我要跟上他们。"(取自歌曲《萨瓦迪卡》开头部分)哎,小朋友们,这只大野狼又在打坏主意呢,你们想不想知道发生了什么事啊?那就和老师一起来听故事吧。

猪妈妈生了三只可爱的小猪,三只小猪彼此友爱,一家人一直过着幸福快乐的日子。

有一天,猪妈妈对三只小猪说:"你们都长大了,应该自己出去盖一间属于自己的房子了。"

然后啊,三只小猪向猪妈妈告别后,就真的出去盖了一间属于自己的房子。

老大和老二很懒,就分别简单地盖了一间草房子和一间木房子。而老三最勤快、最聪明,他用砖块盖了一间最坚固的砖头房子,也是三间房子中最安全的。

有一天,老大和老二出门去玩耍,结果在路途中遇到了大野狼,大野狼一看到两只小猪就说:"啊!我是大野狼,你们长得胖乎乎的,看起来好像很好吃的样子哦!"老大和老二一见到大野狼,马上跑回自己的家中躲起来,不过,大野狼也跟在他们的后面,找到了他们住的地方。

大野狼"砰"的一声,就轻松地把老大和老二的房子分别撞倒了。小朋友们,你们快看啊,老大和老二会不会被大野狼吃掉啊?不用担心,这时候老三远远看到两个哥哥遇到了危险,赶紧对他们说:"哼哼,(学猪叫)快!快!快点躲到我这里来!"于是,两只小猪又躲到了老三的房子里。

大野狼很快追到了老三的房子前面,本以为这间砖头房子跟之前两栋房子一样,很容易就撞倒了,但是他撞了好几次,不但撞不倒这栋房子,反而把自己撞得满头都是包。

大野狼想了很多方法都没能进去,正生气的时候,突然发现房子上面有一个烟囱,于是就爬到屋顶,准备从烟囱进去。小朋友们,如果大野狼从烟囱爬进去,会发生什么事呢?哎,不用担心,三只小猪啊早就发现了,他们在烟囱下面用柴烧水,等大野狼从烟囱下来的时候,水也烧开了,大野狼一下来就落入了开水里,屁股被烫得红通通,疼得"嗷嗷"叫,夹着尾巴逃走了。三只小猪终于松了一口气。

小朋友们,故事到这里就结束了。三个小猪的房子,你们喜欢谁的房子啊?为什么呢?对,所以我们要做一个勤快的好宝宝。

解析:这个故事是经典的童话故事,是幼儿园教学和技能大赛中出现频率比较高的故事,但根据比赛限时5分钟,3~4分钟最佳的要求,这个故事的篇幅还是太长,所以在开头部分,我们的学生做了精简故事的再创作,有些直入主题,但现场讲述会更清晰利索,而且把三只小猪的语言对话也精简了很多,把最出彩的大野狼的语言保留得很完整,这也是讲故事者发挥的地方。故事情节本身就是敌对双方在交锋,所以比较精彩激烈,这也给了讲故事者发挥的空间。小猪们用粗粗憨憨的声音表现,为了体现最后一只小猪的聪明,声音可以有力度一些,加上猪抽气"哈呼"的声音,就更加形象生动了;而大野狼的语言是亮点,用沙哑和粗壮的声音表现他的老奸巨猾。其中,导入语也设计得很精心,以大野狼自己的歌唱表演入场,也更能吸引幼儿。

小壁虎借尾巴

小眼睛看老师,小耳朵听故事,老师的故事课又开始了。

小朋友们,你们想知道什么小动物没有了尾巴以后还能再长出来吗?那就和老师一起来听故事吧!

第一章 "教考赛"模式下我对幼儿教师"讲故事"语言能力的思考

一只小壁虎在墙角捉蚊子,可他不知道自己的身后有一条蛇,这条蛇一口把它的尾巴咬断了。小壁虎回头一看,便大哭着说道:"我的尾巴没有了,没有尾巴多难看啊!我要向谁去借一条尾巴呢?"

小壁虎爬呀爬,爬到小河边。他看见小鱼在河里摇着尾巴游来游去,小壁虎说:"小鱼姐姐,您的尾巴借给我行吗?"小鱼说:"不行啊,我要用尾巴拨水呢。"

小壁虎爬呀爬,爬到大树上。他看见老黄牛甩着尾巴在树下吃草,小壁虎说:"牛伯伯,您把尾巴借给我行吗?"老黄牛说:"不行啊,我要用尾巴赶蚊蝇呢。"

小壁虎爬呀爬,爬到屋檐下。他看见燕子摆着尾巴在空中飞来飞去,小壁虎说:"燕子阿姨,您的尾巴借给我行吗?"燕子说:"不行啊,我要用尾巴掌握方向呢。"

小壁虎借不到尾巴,心里很难过。他爬呀爬,爬回家里找妈妈。小朋友们,你们说小壁虎尾巴断了这么长时间,会不会有危险呀?以后是不是就成了短尾巴的小壁虎了呢?不要着急,接着听。

小壁虎回到家把借尾巴的事告诉了妈妈。妈妈笑着说:"傻孩子,你转过身子看看。"小壁虎转身一看,高兴得又唱又跳,(《小毛驴》的曲调唱)"我的尾巴没有了,我虽然没借到,但是我又长出一条新的尾巴!"小朋友们,你们看,小壁虎的尾巴长出来了。你们知道故事当中的小动物的尾巴都有什么功能吗?它们的尾巴是不是很神奇呀?

解析:这个故事是小学课本中的课文故事,有很好的科学常识教育意义。以前技能大赛讲故事是自备环节,我们喜欢为学生选择道理教育性故事,科学和知识性的故事我们涉及比较少,但教师资格证面试中的故事素材有很多选择性,所以我们的备赛环节就扩大了故事的题材范围。这样的故事情节起伏不大,道理表现得也很含蓄深刻,需要讲故事者重点注意导入语、提问语和结束语的引导设置。比如,导入语:"小朋友们,你们想知道什么小动物没有了尾巴以后还能再长出来吗?那就和老师一起来听故事吧!"提问语:"小朋友们,你们说小壁虎尾巴断了这么长时间,会不会有危险呀?以后是不是就成了短尾巴的小壁虎了呢?不要着急,接着听。"结束语:"小朋友们,你们看小壁虎的尾巴长出来了。你们知道故事当中的小动物的尾巴都有什么功能吗?它们的尾巴是不是很神奇呀?"这样从头至尾,教师都会跳出来用问题引导幼儿理解抽象的科学常识,对于启发幼儿的思维有很大的帮助作用。

谦虚过度

森林里面啊出现了一只怪狐狸,它说自己长着一条比老鼠还小的尾巴,而且呀只有三条腿呢。小朋友们,大家想不想认识一下这只狐狸呀?那就听听老师的故事吧。

水牛爷爷是公认的谦虚人,很受大家的尊重。小松鼠夸他:"水牛爷爷的劲是最最最大的!"但水牛爷爷谦虚地说:"唉,过奖过奖了,犀牛、野牛劲儿都比我大。"小喜鹊也叽叽喳喳地说:"水牛爷爷贡献是最最最多的!"水牛爷爷又谦虚地说:"唉,不能这样说,奶牛吃下的是草,挤出来的是奶,他的贡献比我多。"

狐狸艾克很羡慕水牛爷爷谦虚的美名。他想:"我也要来学习一下水牛爷爷的谦虚。哎,不就是这两点吗?这第一嘛,就是把自己的什么都说小点儿;这第二呀,就是把自己的什么都说少点。对,没错没错,就是这样。"小朋友们,你们觉得狐狸这样学水牛爷爷的谦虚对吗?又会有什么好玩的事发生呢?咱们接着听。

一天呀,艾克遇到了一只小老鼠。小老鼠看到艾克有一条火红蓬松的大尾巴,不禁发出了由衷的赞美:"哎呀,艾克大叔,您的尾巴可真大呀!"艾克学着之前水牛爷爷谦虚的样子,歪歪嘴巴说:"唉,过奖了,你们老鼠的尾巴可比我大多了。""啊?什么?"小老鼠被艾克的话吓到了:"你长那么长的四条腿,却拖着一根比我还小的尾巴?"小朋友们,老师讲到这里就要问问你们了,你们知道老鼠的尾巴是什么样子的吗?狐狸的尾巴又是什么样子呀?(出示图片)艾克又谦虚地说:"哎,不能这么讲了,我哪有四条腿,三条,三条了。"那狐狸到底几条腿呀?(出示狐狸的图片)所以小老鼠听了之后,以为艾克得了精神病,吓跑了。艾克的谦虚并没有换来美名,反而换来了一大堆谣言,大家都说艾克是一只怪狐狸呢。

小朋友们,谦虚可不是这样学的,学对了那是谦虚,可如果学过了头可就不好了呀!

解析:这个故事的情节生动,角色有趣,而且故事的道理也很适合教育幼儿。但在这个故事道理上,我们的学生在再创作时却遇到了问题,那就是在导入语和结束语时,我们的学生总想对"谦虚"一词进行解释。其实就像我们成人有时候一样,如果对一个词进行解释的话,一时找不到太精确的语言,但我们又非常熟悉它的意思,也能灵活运用到我们的交谈情境和语言表达中。所以,我们给幼儿讲这个故事时也不能解释,否则就有些小学化的倾向,只要幼儿理解"谦虚"并会运用到情境中,就达到了语言教育的目的。比如,在开头

第一章 "教考赛"模式下我对幼儿教师"讲故事"语言能力的思考

有的同学最初这样设置："小朋友们都知道谦虚是什么意思吗？谦虚就是不夸大自己的优点和能力，故事中的狐狸虽然也学习谦虚了，但他的谦虚却是不一样的，到底是怎么回事呢？"这位同学过后和我交流的时候还说谦虚这个词自己也怕解释错误，不知道用什么字眼形容。大年龄段的中职生和高职生都有这样的感受，何况是低年龄段的幼儿了，幼儿们听到这样去解词，不但不会轻松地明白谦虚的真正意义，还会运用得更加混乱。所以在这儿我引导学生淡化解词的习惯，学着用含蓄而形象的语言启发幼儿。开头的导入语我们运用的是悬念设疑，激发幼儿的兴趣，如"森林里面啊出现了一只怪狐狸，它说自己长着一条比老鼠还小的尾巴，而且呀只有三条腿呢。小朋友们，大家想不想认识一下这只狐狸呀？"结尾我们也没有抽象地去解词，而是这样："小朋友们，谦虚可不是这样学的，学对了那是谦虚，可如果学过了头可就不好了呀！"因为幼儿通过水牛爷爷正确的谦虚行为和狐狸错误的谦虚行为已经理解了真正的谦虚，所以就不用再多此一举去进行解词。这个故事另一大亮点是中间提问语的设置，中间是过渡式提问语："小朋友们，你们觉得狐狸这样学水牛爷爷的谦虚对吗？又会有什么好玩的事发生呢？咱们接着听。"而到了第三段结尾用了这样一句："小朋友们，老师讲到这里就要问问你们了，你们知道老鼠的尾巴是什么样子的吗？狐狸的尾巴又是什么样子呀？（出示图片）"这样是怕低年龄段的幼儿会因为"狐狸的过度谦虚"的语言混淆狐狸和小老鼠的物性特征，这样一问就能把幼儿往正确的常识上引导，而且顺势出示道具，就会更加形象直观。

狐狸和小鸡

"嘴巴尖尖，花毛衣，爱吃小虫和小米，浑身上下毛茸茸，说起话来叽叽叽。"小朋友们，猜一猜这是什么动物啊？对了，是小鸡。接下来，老师要给大家讲的就是有关一只聪明的小鸡的故事，故事的名字是《狐狸和小鸡》。

小鸡和小狗是一对好邻居。小鸡个子小，便经常被狐狸这样的坏人欺负。于是，小狗便经常来帮助他，小鸡为了报答他，便每天帮小狗清扫房间。从此小鸡不再被欺负了，小狗也不再邋里邋遢了。

有一天，小狗出了门，小鸡在家里帮小狗打扫卫生。狐狸不知道在哪里知道了这个消息，便偷偷地来到小狗的家门口。"我的名字叫狐狸，一肚子的坏主意。装模作样我都会，坑蒙拐骗我第一。小鸡啊小鸡，今天可落到了我的手里了，就快来填饱我的肚子吧。"小朋友们，你们猜猜小鸡会成为狐狸的美餐吗？小朋友们别担心，小鸡啊可聪明了！

看见狐狸正向自己扑过来，小鸡一边尖叫着满屋子躲避，一边上气不接下气地说："狐狸小姐！狐狸小姐！我家有一把漂亮的梳子，可以梳理你那美丽的皮毛，请让我回家拿来送给你吧！""哼，你当我傻呀，你不就是想逃跑吗？"狐狸一边拍拍胸脯，一边说道，"我，狐狸小姐，今天是不会让你得逞的！"

小鸡又说："狐狸小姐，您心肠最好了，在我死之前您能答应我一件事吗？请允许我在临死之前为您献歌一曲吧？"狐狸心想："反正她也是插翅难逃了，唱就唱吧！"于是她说道："这主意不错，难得今天本小姐高兴，你唱吧！"小鸡大声地唱了起来："我的名字叫小鸡，今天遇到了小狐狸。朋友朋友你在哪里？叽叽叽叽叽叽！"（唱歌）

小鸡的歌声传得很远、很远，等小鸡唱完歌，狐狸正要下口吞下小鸡的时候，只听见一声大喝："住手，你这只坏狐狸！"狐狸扭头一看，只见小狗朝自己扑来，吓得她夹着尾巴一溜烟儿地逃跑了。

好了，小朋友们，故事到这里就结束了。故事中的小鸡为什么会得救呀？对了，及时向好朋友求助，而且会想办法拖住狐狸。

解析：这个故事再创作的亮点有两个，一个是导入语的谜语设置，加上肢体辅助，既能引发幼儿的好奇，又能增加律动效果；第二个亮点就是当小鸡遇到危险想通过唱歌呼叫小狗来救自己时，增加了歌词，讲故事者需要把它唱出来，这也是一个生动形象的亮点。在进行这里的歌词创作时，刚开始学生是这样唱的："我的名字叫小鸡，今天遇到了小狐狸。小狗小狗你在哪里？快来救我救救我！"感觉这样设置有些不合理，这么近距离在狐狸的面前唱歌，狐狸不可能听不懂这么明显的求救歌词，早就把小鸡吃掉了。所以我建议学生改成："我的名字叫小鸡，今天遇到了小狐狸。朋友朋友你在哪里？叽叽叽叽叽叽！"这样改动后就显得很自然、合理了。所以我们再创作增加歌曲、儿歌时，不能哗众取宠失去故事的意义和目的，必须立足于故事情节，做到合情合理。

猴子捞月亮

小朋友们，你们知道月亮是挂在哪里的吗？对了，月亮啊是挂在天上的。可是今天啊，老师要给你们带来一个掉到井里的月亮的故事，让我们一起来看看到底是怎么一回事吧！

在一座山上呀，住着一群猴子。

一天晚上，有只猴子在井边玩，它往井里一看，发现里边有个月亮。于是小猴子大叫了起来："不好了，月亮掉进井里了！"（声音细）。

大猴子听见了，跑过来一看，也跟着叫了起来："不好了，月亮掉进井里

第一章 "教考赛"模式下我对幼儿教师"讲故事"语言能力的思考

了！"（声音粗壮些）这个时候啊，被正在一旁吃香蕉的老猴子听见了，他呀不紧不慢地走了过来说道："吵什么吵，真是的，人家吃个香蕉都不得安宁。"小猴子着急地说："你快看看吧！月亮啊，掉到井里了。"于是老猴子凑上前去，这一看啊，也跟着叫了起来："不好了，月亮掉进井里了！"（颤颤巍巍的声音，着急状）这时啊，猴子们都过来了。都一起大声喊道："不好了不好了，不好了不好了，不好了不好了。我们得想办法把它捞起来！"（变换三种角色声音）

哎，小朋友们，你们说他们能把月亮捞起来吗？嘘，让我们接着听。

猴子们爬上了井边的大树，老猴子倒挂在树上，拉住大猴子的脚，大猴子也倒挂着，拉住另一只猴子的脚，猴子们就这样一只接一只，倒挂到井里头，小猴子挂在最下面。小猴子伸手去捞月亮，手刚碰到水，月亮就碎成一片一片。小猴子着急地喊道："糟了，月亮被我抓破了。"

大家都埋怨小猴子，过了一会儿，水面恢复了平静，井里又出现了一个又圆又亮的月亮，小猴子伸出手又去捞月亮，但是刚一碰到月亮，立刻就又碎成一片一片。猴子们捞了几次都没有成功。大家嚷嚷着："捞得累死了，月亮还是捞不上来，不捞了。"

这时候，老猴子一抬头，看见月亮还在天上，它喘着气说："不用捞了，不用捞了，月亮好好地挂在天上呢，井里的月亮是它的倒影。"

猴子们抬头看着月亮，都笑了。

小朋友，你们认为月亮真的会掉到井里吗？

解析：这个故事也是一个很经典的童话故事，情节内容很有趣，这群猴子们的语言和行为也很可爱。为了便于听故事的幼儿理解故事的情节，了解故事的主题，我们根据故事的情节设置了几个提问语。比如，开头问了一个常识性的问题，"小朋友们，你们知道月亮是挂在哪里的吗？"这样让幼儿有一个思考，然后通过故事再明确答案，故事中间又问了一句："小朋友们，你们说他们能把月亮捞起来吗？"在这里其实是为了让小朋友们猜测结果，明确主题和故事的目的：猴子们不能把月亮从水里捞起来，是因为月亮一直挂在天上。

小苹果树找医生

"哎哟，我的身体好难受啊！"原来是老苹果树生病了，那么小苹果树是怎样帮助老苹果树找医生的呢？我们现在就听听这个故事：《小苹果树找医生》。

小苹果树正在担心老苹果树病情的时候，一只喜鹊飞过来了，小苹果树恳求地说："喜鹊阿姨，您能不能帮我婆婆治病呢？"喜鹊摇了摇头，说："好孩子，我只会捉树叶上的虫子，不会捉树干里的虫子，我不会动手术啊！"说完喜鹊就飞走了。

夜里，一只猫头鹰从这里飞过，小苹果树连忙高声喊："猫头鹰爷爷，您能不能帮我婆婆治病呢？"猫头鹰摇摇头，说："好孩子，我只会捉田鼠，不会捉树干里的虫子。"猫头鹰说完就飞走了。

老苹果树现在病得更严重了，小朋友们，你们想一想，到底谁能给老苹果树治病呢？

这时飞来一只啄木鸟，他在老苹果树上啄来啄去，小苹果树看了很着急，生气地说道："你在干什么呢，我婆婆会更疼的，快走开。"啄木鸟笑着说："孩子，别担心，我看出来你婆婆有病，是来给她治病的！"小苹果树高兴极了。小朋友们，你们知道啄木鸟是怎样给老苹果树治病的吗？啄木鸟在老苹果树身上啄来啄去，当听到空空的声音时，那就表示里面已经被虫子吃空了，啄木鸟就把坏了的树皮啄掉，找出有虫子的洞口，从里边一下子钩出几条大虫子来。啄木鸟说："手术做完了。"小苹果树很感激地对啄木鸟说："谢谢您，您快坐下歇歇吧。"啄木鸟笑着回答："不用了，只要你们身体健康，我就高兴啦！"说完啄木鸟就飞走了。

老师的故事讲到这里就结束了，小朋友们，你们现在知道谁可以给老苹果树治病了吗？

解析：这个故事通过小苹果树找医生这个线索向小朋友们传达的是一个常识，即什么动物能给树治病，也让小朋友了解了啄木鸟是怎样给树治病的。所以我们在故事中间设置的提问语就是为了明确主题的："小朋友们，你们想一想，到底谁能给老苹果树治病呢？""小朋友们，你们知道啄木鸟是怎样给老苹果树治病的吗？"结束语落脚点也是重申主题："小朋友们，你们现在知道谁可以给老苹果树治病了吗？"记得最开始选择这个故事让参加技能大赛的同学练讲时，同学们都记不住词，觉得这个故事的情节比较混杂，后来经过对主题的明确和对情节层次的划分，他们逐渐理清了线索，而且这时候对故事的提问语设置就更加明确，大家围绕着讲故事的目的和故事的主题，设置了贯穿整个故事的提问语，这样不仅讲故事者记住了词，也能使听故事的人更加明白和清晰整个故事的发展。

三头公牛和狮子

哞哞哞！小朋友们，你们听谁来啦？对！没错就是牛，今天老师的故事里有三头公牛，他们今天遇到了大狮子，会不会被吃掉呢？那小朋友们快听老师讲这个《三头公牛和狮子》的故事吧。

第一章　"教考赛"模式下我对幼儿教师"讲故事"语言能力的思考

在广阔的大森林里，生活着红牛、黑牛、黄牛三头公牛，他们经常在一起游戏、休息。可是有一天，草原上来了一只狮子。狮子已经好久没吃过肉了，看见三头公牛就向他们猛冲过去。公牛们一看狮子跑了过来就围成了一个大圈，围住了冲上来的狮子。红牛用角把大狮子挑出老远，狮子重重地摔在了地上，只好灰溜溜地走了。三头公牛松了一口气说："咱们三兄弟只要团结，再凶的狮子也不怕！"

狮子没吃到牛肉，小朋友们，你们猜他会放弃么？狮子当然很不甘心，但又斗不过三兄弟，于是这只狡猾的狮子想出了一个办法。这一天，他看三头公牛没在一起，觉得机会来了，就跑到黑牛身边："我不是来伤害你的，你的力量这么大，我怎么斗得过你？可是我想问你，你们三兄弟中，哪个力量最大呢？"

黑牛连想都没想，说："当然是我！"

"那就奇怪了，刚才我听红牛说，他力量才是最大的！要是没有他，你们早都成为我的美餐了。""他胡说！要不是我在，他才会被吃掉呢！"黑牛气得直喘粗气，他决心不理红牛了。

狮子见黑牛上当了，他又跑向红牛。小朋友们，如果狮子也想让红牛对黑牛生气的话，他又会怎么说呢？对，你们听，"红牛兄弟，我看你们三兄弟中你的力气是最大的。"

红牛一听高兴极了："我们是三兄弟吗，我当然得保护他们啦！"

狮子说："可我听黑牛说，他的力量才是最大的。他说没有你他也能对付我。"

红牛心想："这家伙，真是忘恩负义！我就不该救他。"

狮子又找到了黄牛："黄牛，你个胆小鬼，听红牛他们说就你最胆小了，乖乖被我吃了吧！"

黄牛气急了："哼，他们才胆小呢，太不像话了！我要找他们算账去！"说着就直奔红牛而去。

黄牛冲到红牛面前，一句话也不说，一头就把红牛撞了个跟头。

黑牛看见了，跑过去拉架，结果也被黄牛狠狠地顶了一下。就这样三头公牛打成一团，直打得筋疲力尽，躺在地上直喘粗气。

躲在一边的狮子见机会终于到了，猛冲过去，没费多大劲儿，就把公牛兄弟三个全部咬死了。

好了！故事到这里就讲完了。小朋友们，你们知道为什么开始三头公牛能打败大狮子，而最后一次却都被咬死了吗？

69

解析：这个故事原文篇幅比较长，故事情节比较复杂，角色关系很多，对话也很多，但经过同学们的再创作，既能符合比赛的时间要求，又精简了情节，让人听着更加简单明白。开头悬念入场，中间问题设置得也很到位，通过问题的设置把中间复杂的角色关系和情节梳理得很明白。比如："狮子没吃到牛肉，小朋友们，你们猜他会放弃么？"这样就把狮子再一次想办法吃掉公牛的情节引出来了，起到过渡的作用。而第二个提问语："小朋友们，如果狮子也想让红牛对黑牛生气的话，他又会怎么说呢？"一个"也"和一个"又"，也提示着听众这里是相似的情节，相似的角色，是狮子第二次的挑拨离间，情节的发展也很明确。最后一句"小朋友们，你们知道为什么开始三头公牛能打败大狮子，而最后一次却都被咬死了吗？"把故事的目的和道理一语道破，也能引发幼儿的思考，更加明确主题。

"咕咚"来了

嗨，小朋友们，你们听说了吗？森林里啊来了一只可怕的"咕咚"，小动物们都怕它呢。小朋友们，你们想知道它是谁吗？那我们一起来听故事吧。

"今天天气好晴朗，处处好风光好风光。"（歌曲跳唱）三只小兔正在快活地扑蝴蝶，忽然湖中传来"咕咚"一声，这奇怪的声音把小兔们吓了一大跳，刚想去看个究竟，又听到"咕咚"一声，这可把小兔们吓坏了，"快跑，'咕咚'来了，快逃呀！"他们转身就跑。小朋友们，你们觉得这只"咕咚"可怕吗？嘘，听老师接着讲。

狐狸正在同小鸟跳舞，与跑来的兔子碰了个满怀，"哎哟喂，你可撞死我了，你看看我这胳膊，都动不了了，你要送我去医院。""去什么医院啊，你不知道吗，'咕咚'来了。可以吃掉你呢。"狐狸一听"'咕咚'来了"，也紧张起来，跟着就跑。他们又惊醒了睡觉的小熊和树上的小猴，小熊和小猴也不问青红皂白，跟着它们跑起来。水牛伯伯感到惊讶，拉住狐狸问："出了什么事？"狐狸气喘吁吁地说："'咕咚'来了，那是个三个脑袋、八条腿的怪物……"于是一路上跟着跑的动物越来越多，还有河马、老虎、野猪……岸上这阵骚乱，使湖中的青蛙感到十分惊奇，它拦住了这群吓蒙了的伙伴们，问："出了什么事？"大家七嘴八舌地形容"咕咚"是个多么可怕的怪物，青蛙问："谁见到了？"小熊推小猴，小猴推狐狸，狐狸推小兔，结果谁也没有亲眼看见。大家决定回去看看再说。回到湖边，又听见"咕咚"一声，仔细一看，原来是木瓜掉进水里发出的声音，小动物们不禁大笑起来。

第一章　"教考赛"模式下我对幼儿教师"讲故事"语言能力的思考

好了，小朋友们，故事到这里就结束了，你们觉得这只"咕咚"还可怕吗？

解析：这个故事很简单，原稿篇幅长一些，不符合赛场 3～4 分钟左右的最佳时间长度，所以在不破坏原故事精彩性的同时，同学们做了再创作的改动，原来故事中，开头的木瓜描写以及中间碰到的每个动物的对话描写都很多，但经过同学们概要复述的再创作，再加上生动的声音和肢体表现，故事也变得既精炼又丰富有趣。而且因为是为幼师职业性教育故事活动准备，所以又加入了很精彩的职业性再创作成分，既能引发氛围的悬念感又能引起幼儿的好奇，还能把这个故事的主题点明，其实这个故事就是因为一个"可怕的'咕咚'"引起的，也就是一个解决"'咕咚'是什么"的故事，所以故事中间用了一个提问语："你们觉得这只'咕咚'可怕吗？"最后了解了真正的"咕咚"后用了一个问句收尾："小朋友们，故事到这里就结束了，你们觉得这只'咕咚'还可怕吗？"所以讲故事的导入语、提问语和结束语是串连着故事的线索、主题和讲故事目的的，幼儿教师参赛、应聘也需要重点从这些方面入手。

乌鸦喝水

小朋友们，故事课又开始了。今天老师先让大家猜个谜语：身穿黑袍长得丑，飞在空中"哇哇"叫——啊啊啊（加口技），这是什么呀？对了，就是黑黑的丑丑的乌鸦，今天老师带来的乌鸦虽然又黑又丑，但是很聪明。你们听，《乌鸦喝水》的故事开始了。

有一年夏天，天气特别炎热，有一只乌鸦在天空中飞了很久很久，又累又渴，"啊啊啊，渴死了，渴死了"，于是他到处去找水喝。突然，他看到前边有一个装了水的瓶子，乌鸦高兴极了："啊哈，有水喝了。"于是他使劲拍打着翅膀朝着瓶子冲过去，可是飞近这么一看，呀！乌鸦傻了眼，闹了半天瓶子里水很少，瓶口又小，乌鸦根本喝不到水。乌鸦急得团团转，怎么办呢，怎么办呢？小朋友们，乌鸦实在太渴了，你们也快替乌鸦想想办法吧（让小朋友们畅所欲言）。咱们接着看看乌鸦想的是什么办法吧。只见乌鸦搂住水瓶，用力地摇晃，水瓶仍然没动，乌鸦仍然不死心，开始用头使劲顶，水瓶还是不动，这只乌鸦怎么这么笨呢？最后累得他更渴了。就在这时，乌鸦看到不远处有一堆小石子，他眼珠一转，啊，有了，他想到一个好主意。乌鸦用嘴使劲叼起石子，不停地飞到瓶子边投进瓶子里，一颗、两颗、三颗……只见瓶子里的水越升越高，越升越高，最后升到了瓶口。啊！乌鸦终于喝到水了，乌鸦这个高兴呀！心想：我可真聪明呀！小朋友们，你们觉得乌鸦是不是很聪明呢？

解析：这个故事的原版是《伊索寓言》中的一则寓言故事，被选进科教版《小学语文》第二册中。这个课文版本如果让小学生当成课文学习，训练阅读理解能力并掌握字词还是比较适合的，但在幼儿园中如果讲给幼儿听，就太过简短，语言对话少，角色形象动作也不多，不够生动。网络上也有第二个版本，语言比较形象生动，里边已经填充了很多关于乌鸦的心理描写，把乌鸦找到水的得意通过心理语言表演出来，而且还加入了许多动作的描写，把乌鸦着急喝水的状态描写得栩栩如生；又加上一些形象字词的点缀，完全符合幼儿的接受水平。但是幼儿只有到了大班才开始自己独立阅读故事作品，在小班和中班的讲故事环节，第二个版本的语言就有点书面性了，口语化不浓，缺少了互动语的点拨，不符合一线教育的环节。而这个口语稿的版本，无论是师幼的互动，还是语句的生动性，都很适合幼儿园语言教学；导入语、提问语的设置十分合理，动作和语言的细节描述也很充分，就连动词、拟声词的运用也非常的丰富，完全符合幼儿故事再创作的要求。

第三节 讲故事的职业"绘声"技巧策略

人们一般都会用"绘声绘色"来形容讲故事，即把人物的声音和神色都描绘出来，最开始多指文本描写，后来就主要针对有声艺术，这也正好符合讲故事的定义。美国心理学家艾伯特给情感表达定的公式是情感的表达＝7%的语言＋38%的声音＋55%的表情和动作。在讲故事中这7%的语言指的是上一部分的再创作，而38%的声音就是我们在这部分的"绘声"技巧策略，而55%的表情和动作当然指的就是"绘色"了。"绘声"虽然在公式中体现的比例不是最大，但讲故事最基本的也是最重要的还是声音对故事的演绎。比如，我们最早的公众媒体传播的故事就是录音故事，因为是幕后讲述，所以无论讲故事者还是听故事者，都很关注声音，"鞠萍姐姐讲故事"就是堪称经典的录音故事或网络媒体的音频故事。那怎样才能做到"绘声"地去讲故事，真正让听众有身临其境、感同身受的现场体会呢？

一、叙述语言的"生动性"

故事本身就是叙述文学体裁的一种，它和小说的最大的区别就是小说强调的是形象的突出，而故事侧重的是整个情节过程的描述。故事的这个描述过程就是叙述故事的过程，它最忌讳的就是平淡，强调的是故事的生动性，而童话故事更是如此。童话故事的生动性指的是情节在发展过程中,以新奇有趣、惊险曲折、温暖动情等特点所营造的动人心魄、引人入胜的效果,而这些都需要讲故事的人用起伏变化的声音语气表达出来,但这个起伏变化的声音应该根据什么准确定位呢?我们又应该怎样去实现呢?

(一)叙述语言的"情节性"

叙事语言的情节性,指的是讲故事者的声音必须随着情节的发展而起伏变化,包括讲故事者的语气、语速、节奏和音量等声音形式的变化。

比如,在讲再创作版的童话故事《白雪公主》时,我们的情绪要有以下四种变化:

(1)开头部分交代的是七个小矮人快乐地生活在森林中,"他们每天早上都会拿着工具去干活,晚上又一起唱着'唉吼'的歌曲高高兴兴地回到家中,生活得非常开心快乐",讲这一段时,讲故事的人必须用轻松欢快的语速和语调来处理,让这种轻松愉悦的感觉传达进听故事人的耳朵中。

(2)当讲到这些小矮人像往常一样回到家门口时,情节就有了变化和起伏,那就是"七个小矮人像往常一样高高兴兴地回到家,可是刚走到家门口,他们全都愣住了,呀!门怎么开着?难道有妖怪吗?"从"可是"开始,特别是"愣住了""呀"等关键地方,讲故事的人的声音必须收紧,气息提上来,讲出一种紧张和害怕的情绪,让听众能感受到情节已经有了明显的变化,给人一种身临其境的感觉,增加悬念,使听众们立即有一种"不知道发生了什么事"的好奇感。

(3)"他们你瞧瞧我,我看看你,都不敢进去,最后由大哥带头,几个兄弟在后边喊了一声:一、二、三!他们一下子冲进了屋子",在讲这句时,除了一种紧张情绪之外,还会有细微的声音区别,其中"一、二、三"这几个数字的处理也必须根据实际情景来变化:几个小矮人非常害怕,跟着"一、二、三"的口号,开始"一、二"的两步是慢慢地迈着步子,轻轻地抬,轻轻地放,最后一步"三",应该是强打着精神和胆量,冲进屋子,所以我们讲的时候是"一^二^"慢慢地顿开,而且拉长声音、提着气息轻轻地读出,而读"三"时,则是加大声音的强度使劲急促地读出来,体现当时强装着劲头和胆量冲进屋子的快速和使劲状态。这些声音的变化就是根据这些细微情节的发展来定位的,而且必须细致准确地把握,这样听众们听到的就是真实的故事场景了,才会有身临其境的感觉。

(4)当然故事讲到这儿,大家的紧张情绪又开始变化了,因为小矮人们看到屋子里有了很大的变化:"桌子被擦得干干净净的了,盘子也被擦洗得闪闪发光，炉子上还有香喷喷的汤。"这些表达的是小矮人们惊喜的情绪，所以气息开始放松，情绪高涨，语调应该变高，偶尔变快。

通观《白雪公主》开头的这一段，情节有四次大的起伏，而每个小的情节也会有细微的不同，这些必须都需要通过讲故事的人变换不同的声音语气，运用不同的语速、语调、音量和节奏来区分，这样才能真正做到使故事听起来生动而有感染力。

又比如《卖火柴的小女孩》大部分是叙述语言，角色对话几乎没有，很多人都爱用一个情绪语调来表现，那就是认为小女孩很惨，同情小女孩的命运，所以声音都是轻轻弱弱的，而且语速都慢下来。整体都这样讲下来，故事就显得平淡没有起伏了，其中丰富的情节和复杂的情感反而被淡化了，所以我们在讲述时也必须有四种情绪的起伏变化：

（1）比如，"夜幕渐渐降临了，天正在下雪，这是一年的最后一夜——除夕，有一个小女孩光着脚走在冰冷的雪地上。"这一句开始是景色铺垫，教师必须要用客观中带点沉重感的声音开篇。

（2）而讲到最后一句"小女孩光着脚走在冰冷的雪地上"时，抓住关键词"光着脚"和"冰冷"，为了凸显小女孩悲惨的境遇，便于引起听众共鸣，声音就明显收紧，语速放慢，气息可以弱一点。

（3）当讲到小女孩从擦亮的火柴中产生幸福的幻想的场景："她拿出一根在墙上使劲一擦，火柴点燃了，这根火柴就像一根小小的蜡烛，小女孩感觉自己坐在一个火炉旁，身上暖暖的，可她刚想走近火炉，咦！火炉不见了。"这时候要及时让声音提高，带着欣喜的语调，但这语调又不能完全放松，在气息上不能太高，因为欣喜中还带着一种感伤。

（4）讲到"可她刚想走近"时，语气立即降下来，语调也要变低，让听众听出一种欣喜后的失望和无奈。

所以，任何童话故事的生动感都是这么跟着情节起伏变化的，生动性自然而然就表现出来了。

（二）叙述语言的"角色感"

其实情节性本身就带着角色感，因为故事的情节是由角色的行为和感情关系谱写而成的，所以大的情节起伏也会受角色的情感变化的控制。

比如前一部分刚提到的《白雪公主》事例，小矮人们的心情和感觉就决定着情节总的走向。但这部分的生动性受角色感左右，专门针对的是对角色情绪进行描述的叙述语言。

比如《乌鸦喝水》，"于是他使劲拍打着翅膀朝着瓶子冲过去，可是飞近

第一章 "教考赛"模式下我对幼儿教师"讲故事"语言能力的思考

这么一看，呀！乌鸦傻了眼，闹了半天瓶子里水很少，瓶口又小，乌鸦根本喝不到水。乌鸦急得团团转，怎么办呢，怎么办呢？"这几句都是叙述语言，但角色的情绪化表现很强烈，这时候讲故事的人必须抓住关键字眼用声音描摹出乌鸦情感的状态：

（1）在讲到"使劲拍打着翅膀"时，需要提点气息和加点语速，表示乌鸦有些着急。

（2）到"傻了眼"需要气息往下降，语速慢点，表现一种无奈感。

（3）再从"乌鸦急得团团转"开始，语速又加快，到"怎么办"虽然还是叙述语言部分，但已经有角色语言风格了，所以角色情绪更浓烈了，把乌鸦很渴但喝不到水的着急状态直接表达了出来。

叙述语言虽然有一定的客观性，但这些地方是推动情节的关键之处，需要投入地表达。在故事中经常会出现"她得意地说""她气得直跺脚""大声呵斥"，这些语言对话前的铺垫描述，同样需要讲故事者加上一些角色的情绪来体现，让后边角色语言的夸张不至于太突兀。当然，这些叙述语言虽然具有角色感，但毕竟是讲述情节部分，必须稍微有些控制，内收一下动态，不能发展成太强烈的表演，否则就会失去故事的客观性，影响故事情节的清晰、自然和教师大方的教态，甚至会让幼儿本就顽皮的内心更加躁乱。

（三）叙述语言的声音"教态"

讲故事者还必须跳出角色情绪，叙述语言要体现作为旁观者的客观态度和感性评价，声音要自然、平稳。如果是学前教育专业的幼儿教师讲故事，就需要加上教师讲述的甜美和作为教师引领幼儿的态度，这些我们称之为叙述语言的声音"教态"。

但是现在许多学前教育专业的学生讲故事，叙事语言发展成表演式讲解，一个错误倾向体现为教师的娃娃腔。但是，请不要忘记，作为幼儿教师讲故事，你不是幼儿，而是作为和蔼可亲的老师给孩子们讲，除了带着一点甜美，是不能用孩子们奶声奶气的腔调去讲述故事的。另一个错误倾向是角色夸张的声音贯穿始终，整个故事就显得像是一出儿童剧了，这也是在历届沧州市学前教育专业技能大赛中，讲故事赛场一线幼儿园评委一直重点强调的一个问题。因为幼儿本身调皮好动，需要幼儿教师教化引导，这时候如果老师讲得太躁太乱，对幼儿就变成了一种错误的引导了，所以必须把握分寸。记得在讲故事比赛中，一名学生讲述《鸭妈妈找蛋》时，其他方面的表现都很棒，唯有讲述教态的稳定性有些弱，"鸭妈妈，生鸭蛋，那鸭蛋像大姑娘的脸蛋""可是，鸭妈妈有个毛病：不在窝里生蛋，她走到哪里，要生蛋了，就生在哪里"，讲这些叙述语言时，声音感觉太夸张、太尖，语调偏高，有表演的状态。当然，这位同学处理得不是那么严重，但如果从头至尾这样讲下去，故事情节的清晰顺畅就会受到影响，听众感受到的是一惊一乍的表演，这会淡化情节的连贯性，只会让听众了解角色很好玩，很有趣，但角色是在什么样的情境中、在什么样的情节发展中表现出来的，就会模糊，失去了故事的核心效果。

所以说，叙述语言既要有教师教态的平稳自然，表现情节的起伏和发展，还需带有角色的情感。这两种情绪贯穿叙述语言讲述的始终，就构成了童话故事的生动性。当然，叙述语言也必须根据故事的内容、风格不同，运用与之相适应的基本语气，但和其他文体故事相比，童话故事叙述语言的讲述确实会多一些夸张和表演，但幼儿教师的教态必须要保持平稳，这些都需要在故事训练中慢慢摸索和把握。

二、角色语言的"形象感"

和叙述语言相比，角色语言在童话故事的讲述中确实是善于表演的幼儿教师们能施展的空间。童话故事本身最大的特点就是夸张和想象，所以有趣的角色形象既能吸引幼儿又便于他们理解。因此，在稳定了讲述教态的前提下，把角色语言的形象感用声音演绎出来，确实很必要。那么怎样做到"声如其人""栩栩如生"呢？这离不开对角色形象、性格和思想感情的把握，同时还要抓住人物的言行和心理活动。为此幼儿教师需要学会对自己的声音进行处理。

（一）角色的语调处理

语气语调的处理是非常重要的。比如，谦虚的人物说话平静、真诚，音量适中，语气平缓；骄傲的人物说话盛气凌人，语调偏高，气息往上冲；自尊自爱的人物说话不卑不亢，声音有些力度，一顿一挫，音长较短，收尾利索；奉承拍马的人物说话低声下气，音量偏低，但声音尖细，气息一股一股的，而且弱一些；性格刚强的人物说话铿锵有力，音量高，声音有力，气息高涨；性格懦弱的人物说话有气无力，气息是弱的，声音偏小，等等。这些在凸显角色形象时是最根本的要求。

比如在《渔夫和金鱼的故事》里，小金鱼是弱者，当被老渔夫抓进渔网时，它是用乞求的声音说话："好心的老爷爷，求求您，放了我吧。"这里语气语调就必须是真诚中带着一些低声乞求的状态，所以声音小，气息比较弱，由于紧张害怕，气息还会有些短促。而后边老渔夫不满老太婆要变成女皇的贪婪时，他无力地请求："老太婆，您会被人笑话的。"这里也是用无力的、短促的语气去说话，是害怕的哀求。而老太婆的霸道贪婪则是另一种语气："我想做统治整个大海的女皇！"这种声音应该是沙哑着嗓子，大声狂妄地表达，声音还有些拉长，语调要尖高，气息冲。

再比如《小马过河》故事中，主要有老马、小马、老黄牛和小松鼠四个角色。老马慈祥和蔼，对小马说话是声音轻柔，语气亲切；小马幼稚胆小，所以语气天真，当高兴地替妈妈送粮食时声音轻快，当不敢过河犹豫不决时声音舒缓，吞吞吐吐；老牛经验老到，声音低沉，语速慢；而小松鼠着急担心，声音尖，语速快。当然，童话故事里的小角色是千差万别的，他们的感情也是丰富多变的。那么怎样才能让讲故事者的语气语调描摹得精准到位呢？这就需要讲故事的人把自己当成这些小角色，设身处地地换位揣摩，把自己的情感变成角色的情感，就能做到"声如其人"。

（二）角色的变声处理

对于变声的处理，许多人比较忽视，而且变声也是一个难度很大的口技问题。讲故事的人在描摹小角色声音语气的同时，如果学着动画片中小角色的声音感觉，也能有趣地变换声带的外部共鸣条件，那么讲述的小角色一定会更有趣、更吸引幼儿。

比如讲《狐假虎威》时，狐狸被老虎抓住险些被吃掉，狐狸急中生智说出这样一句："你怎么敢吃我，我可是上帝任命来管理所有野兽的，你要是吃了我，就是违抗天帝的命令。"这一句如果从声音的语气语调进行处理，就是趾高气扬，强装镇定自信，所以语速要适中，不能急躁，声调偏高，气息也是比较冲的。当然为了表现狐狸的自信镇定，声音要有力度，但是如果教师还用讲故事时惯用的音色效果，那整个故事的小角色是不完美的，所以在处理的时候，学生可以把声带挤压，用嗓子后腔处理，从咽腔、喉腔往上提，再尖一点，最终出来的感觉是既有狐狸当时的心理，又有动画片里一贯对狐狸的定位——狡猾，而且和叙述语言的教态讲述有了明显区分，更加便于小朋友们区分把握情节和角色，也更加突出了故事的生动性。

其实这种变声也是有一定的规律：

（1）根据角色年龄定位。比如，老人声音粗重、低厚，小孩的声音则是轻快、尖细。我们在处理《小马过河》时就可以按照年龄区分，老牛年龄最大，我们可以模仿老头浑厚、低沉的声音状态，往胸腔压一压，而小松鼠则是小孩子的声音，尖细、清脆。

（2）根据角色的性别定位。如果小马和小松鼠不好区分，可以根据角色性别进行区分。比如，女性的声音细、薄，男性则低、厚。可以让小马是男孩子粗壮点、清脆的哥哥的感觉，小松鼠则可以是爱着急的小女生状态，尖尖的、细细的。

（3）根据角色性格特征定位。比如，狐狸的特征是瘦瘦的、狡猾敏捷的，所以一般会用尖尖的、狡猾的音色处理；大灰狼一般是老奸巨猾的形象，所以可以用沙哑拖长的嗓音处理，只要把声音压在嗓子口，往下压一点，别往上提就可以了；而弱小的小白兔给人的感觉是白白嫩嫩，可爱天真，那么声音应处理为轻柔细小，如果模仿小白兔露着两颗大门牙，那变音会更有意思，可以把两颗门牙挤到唇外，很幼稚可爱的；小猴子给人的感觉是好动的，在处理它的变声时，口腔嘴唇两边的脸部肌肉要不停地动，语速偏快些，嘴里会不时地发出"吱吱"的声音。

（4）根据角色物性特征定位。有的小动物的性格特征不明显，教师可以直接抓住它们的物性特征进行判断。比如乌鸦，有时聪明有时愚笨，这在音色上怎么处理呢？教师可以根据乌鸦的音色去定位，乌鸦叫起来是"啊，啊，啊"，很沙哑，后嗓子使劲出音，出来的效果和乌鸦叫声相似就可以了。这样大家一听，觉得乌鸦仿佛真的就在面前，达到了"声如其人"的效果。

比如我和学生在"喜马拉雅"声临其境中趣配音，有一个主题为："一禅小和尚：怎样才能和喜欢的人永远在一起呢"的对话，就综合运用了以上的变声技巧，效果不错。对话是这样的：一禅小和尚说："师父，你说我们两个能永远都在一起玩吗？"师父说："人生无常，世事沧桑，三年五年还能尽力，说到永远，总觉得有些勉强。"小和尚又说："若是，若是我偏要勉强呢？"师父说："那你就对她好一点，再好一点，这样可能一不小心就真的永远了呢。"

（1）这里一禅小和尚是一种对友情的期盼和憧憬，对生活充满热情和希望，还有一种执着。所以语气、语调上应该是往上提着，气息应该是高涨的，当说道："若是，若是……我偏要"时，那种执着和坚持更加强烈，这一句抓住重音，把语速、气息和语调都要做到更快、更高、更有力度。老和尚则是看破红尘，对一切有一种淡然和理性，所以语速放慢、变缓。当听到小和尚那种执着和追求时，表现出一种支持和慈爱的状态，所以语气变柔，语速拉开，重音抓住："好一点，再好一点"。

（2）但仅仅靠声调节奏的变化，一人分饰两种角色，就有些混淆了。这在讲故事中，老师一人演绎多种角色的形式相似，如果不区分，就显得平淡无趣了。所以讲故事的人还要进行变声处理，用假声变化区分不同音色。按照变声的技巧，可以根据年龄和性格去变化，老和尚已经是老年状态，又是男性，

第一章 "教考赛"模式下我对幼儿教师"讲故事"语言能力的思考

能够理性地看待人生，有了看开一切的淡然，也有生活的阅历，所以处理声音应该往胸腔压，音色宽厚的同时，有些哑就可以，同时加上慢慢的语速和舒缓的语气，这个角色就会鲜活起来。而一禅小和尚则是小孩子的年龄，性格比较天真活泼和古灵精怪，所以声音可以往口腔以上鼻腔的方向提，出来尖一些的声音，这样和老和尚的音色有了区分，再加上性格上的活泼、可爱，用清脆尖亮的嗓音来体现，再把语速加快，说到执着的时候把声音加强，这样这个小和尚的形象就栩栩如生了。

（3）在这里提前说一下口技。其实这个趣配音对话中没有拟声词，但我们可以在这句话的最后加上老和尚一种慈祥和看破人生的豁达的笑声，再加上手捋着胡须的动态，宛如一位智者对晚辈的教导，则更是锦上添花之笔。（师父说："那你就对她好一点再好的一点，这样可能一不小心就真的永远了呢，哈哈哈……"）

（三）角色的口技处理

口技在故事讲述中的运用其实是贯穿始终的，叙述语言和角色语言都需要。比如，我们可以模仿自然界的风声、雨声、流水声，模仿人的笑声、叹息声，也可以模仿动物的鸣叫声以及汽笛声、枪炮声等。这样讲述，不仅能够起到渲染环境气氛的作用，还能增强故事的真实性和形象性，加强故事的表达效果。

把口技放到角色语言这一部分，是因为叙述语言环境氛围的口技描摹难度太大，专业要求也大，幼儿教师实践运用的可行性比较小，但角色的情感口技教师还是很容易描摹的，这主要体现在两类效果上：

第一类是动物的叫声。童话故事的角色大部分是拟人化的小动物，如我在给小小班孩子们讲述童话故事《青蛙卖泥塘》时，开头用一个谜语导入，"白白肚皮大眼睛，捉起害虫顶呱呱，农民伯伯称它绿衣小英雄"，对于小小班年龄段的幼儿来说这个谜语可能会有一些难度，但在这里加一句语言式口技"唱起歌来'呱呱呱'"，小朋友们就会很激动地猜到是青蛙，而且还学着老师的声音一起"呱呱呱"，这样既吸引了幼儿，还能让幼儿参与进来。

第二类是小角色情绪的笑声、哭声之类。比如《小红帽》中有一句，"大灰狼心里暗想：'呵呵呵，这小家伙细皮嫩肉的，味道肯定比那老太婆要好。'"这里如果加上大灰狼的奸笑声，角色的形象肯定会更加栩栩如生，把大灰狼干坏事的阴暗心理表现得入木三分，而这个奸笑声还得是压着嗓子，在喉腔发出来，给人以阴森的感觉；再比如《苍蝇和毛毛虫》这个故事，历届学前教育专业技能大赛选手讲这个故事都有一个亮点，那就是模仿苍蝇笑话毛毛虫的笑

79

声:"呵呵呵,瞧瞧你,长得可真丑呀!"如果缺少这个笑话人的声音,苍蝇的形象就不够鲜明突出了,再加上捂着嘴的动作,这种感觉也是很到位的。当讲《美丽的巫婆》时,巫婆的出场是很可怕的,故事中的小公主们都很怕她,所以在她说话前加上"嗯……"的拉长音,从后嗓子沙哑发出立即就能让角色更生动形象不少。

要想让童话故事里的形象有趣,主要靠的是角色语言部分的演绎。在已经能够保证叙述语言的教态,故事情节的发展也能平稳、流畅、清楚地讲述下来之后,教师完全可以将角色放出去。因为童话故事本身就是极度夸张和想象的,角色的形象有趣靠的是表演的效果。当然这和童话故事的特点是相关的,如果讲其他文体的故事可能就得收敛一些,面对不同年龄段的孩子可能也会有所变化。

第四节 讲故事的职业"绘色"技巧策略

讲故事的"绘色"指的是态势语对故事形象的演绎,也可称之为体态语,它是利用表情、眼神、手势、身姿等非语言因素配合有声语言传递信息、表情达意的语言辅助方式。在学前心理学中,显示幼儿的思维特点主要是以形象思维为主,对周围世界的感知主要靠看得见、摸得着的东西。所以,给幼儿讲故事,讲和演是不能分开的,而演的形象感,声音只是一小部分,最大的形象性是靠态势语表现。在前边提到的美国心理学家艾伯特给情感表达定的公式中,动作和表情的比例是55%,比例是最大的,说明态势语是很重要的。那么这个态势语怎样才能达到"绘声绘色"的效果呢?

一、态势语的基本教态

给幼儿讲故事,虽然形象性表演占了大部分,但是教师教态的稳定感和讲述的客观性必须是讲故事的基本要求,所以教师的态势语无论演绎角色有多夸张,在讲叙述语言部分时肢体语言和教师基本的体态都要做到大方、自然。这时候教师基本站姿应该是肩平、身正、腰直,可以采用礼仪中的站姿,双脚呈丁字步站好,两肩稍微后开,这样更显精神,而双手自然下垂,或双手交叉放在小腹靠上一点,这时候双臂不能使劲往身上挤压,因为如果双手交叉太靠上,双臂会由于紧张不自然地挤压上身,这样反而显得拘谨、不大方。基本表情应该面带微笑,因为幼儿都喜欢亲切的老师。在这些前提下,再随着情节和角色的变化改变自己的表情语。眼神也一定要有对象感，一定要看着人讲。这里的眼神分两种：一种是点视，一种是环视。这两种要交替进行，而且切换自然。比如学生参加学前教育专业技能大赛时要面对五名评委，这时一定要让自己的眼神有定位感，除了表演状态下眼里是对应的角色，其余时间必须看着评委，可以盯着一个评委讲几秒，转换情节和片段时，可以游走到下一个评委，偶尔还要把五个评委都要看一遍，当然这些转换要自然顺畅。

二、态势语的基本内容

（一）动作语

除了在基本教态中介绍的肩平、身正、腰直等基本站姿外，教师的动作要随着情节和角色的变化进行变换。比如在讲《会打喷嚏的帽子》时，有这样一句话："老耗子心里也挺害怕的，它走一步一回头，走一步一回头，就怕帽子里的呼噜突然钻出来咬它。"这一句是叙述语言，保持基本教态，所以动作不宜过多，第一个逗号前教师保持基本站姿就可以，只用表情和眼神向听众讲述这个老耗子的心理信息，讲到"挺害怕"时可用手抚一下胸口表示害怕状；第二个逗号"走一步一回头，走一步一回头"，动态语言很明显，所以才会有一些动作，身姿可以保持挺直，先往旁边迈一步，再往后回一下头，但一定不能完全是老耗子的弯腰夸张表演。这只是简单地告诉听众老耗子的状态，自己此刻的定位还是老师，但到了角色对话部分则就正好相反了。这时候完全可以跳出去，夸张表现角色动作，不是向听众表述角色说了什么，而是告诉听众角色是怎么说的。比如在讲述《聪明的小乌龟》的故事时，有这样的一句："就在这个时候，小青蛙的好朋友小乌龟刚好路过这里，他趁狐狸不注意，便一口咬住了狐狸的尾巴，狐狸大叫起来：'啊，啊，谁咬我的尾巴啦？疼死我啦，疼死我啦。'"在叙述语言部分，还是保持教师基本的教态，肩平、身直、腰正，面带微笑，在"就在这个时候"可以有指示手势语，伸出一只手一指再恢复；到了"一口咬住狐狸的尾巴"，可以一只手在胸前做抓住东西的状态然后恢复；到了"大叫起来"对话一出，就可以完全打破老师的基本教态跳出去，学着小狐狸的身姿动态，晃动着身姿，转着身子往后看自己的尾巴，配合着："疼死我了"，这样就把一只气急败坏和疼痛乱跳的狐狸形象栩栩如生地表现出来了。

（二）手势语

手势语一般会有三个感情分区：肩以上是上区，如果手势往上走，多表示积极、振奋、肯定、张扬等意义，如在《狐狸和乌鸦》中狐狸为了得到乌鸦嘴里那块肉，使尽谄媚手段夸赞乌鸦："亲爱的乌鸦大姐，您的羽毛可真漂亮。"这里虽然是虚假的赞美，但狐狸外在表现的这种赞美，手势语就必须往上走，所以我设计的是双手团握在下巴处表示仰望赞美，然后双手往上走，到"您的羽毛"时，双手打开，往左右开展，但都是在肩以上，表现的是肯定和赞美别人；中区指的是肩部到腰部，这部分的手势是教师在讲故事时用得最多的手势区，多表示坦诚、平静、和气等意义，为了保持教师的基本教态也都是保持这个区的手势语；下区则指的是腰部以下，多表示憎恶、鄙视、压抑、否定等含义，如在讲《狐假虎威》时，狐狸强装鄙视老虎不敢吃自己，讲"你怎么敢吃我"时，其中"你"要有手势指斥老虎，就是往下指，讲"我是上帝任命来管理所有野兽的"时，这个"所有野兽"，就得有鄙视天下万物的霸气，就得用手在前方划一下，而且也是往下趋势。

手势除了分三个区，还有四个类别：情意手势、指示手势、象形手势、象征手势。情意手势主要用来表达说话者的情感，如《狐狸和乌鸦》中狐狸夸乌鸦时，双手团握在下巴处，就是表达乞求、赞美对方的心理；指示手势用来指明要说的人、事物、方向等，经常在故事开头交代故事题目和交代小角色时用到，用手一指，就能让这些人、物和故事题目的信息更加突出；象形手势用来描摹具体的人或物的形貌，如《聪明的小乌龟》中，乌龟"一口咬住狐狸的尾巴"，在胸前用手做一个抓住的手势，体现咬住的动态，这就是象形信息；象征手势用来表达抽象概念，有形状、有形象的信息能用手势比画表示，但有的词本身就很抽象，为了便于幼儿理解，就必须用手势辅助，这时候只能用神似的形象来表示，比如茂密这个词，不像大小之类的能明确表达，这时候我选择用的是双手比画大的感觉，但除了往外扩，还必须让双手有抓的感觉，表示密密麻麻，不是纯粹的大，这就是象征体现；如在表示"一小点"时也必须运用象征手势，用一只手的拇指和食指一捏，表示"一小点"的感觉。

（三）表情语

幼师教学中的表情语除了包括前边教态部分所说的微笑和基本眼神之外，还会有一些丰富的变化。具体来说，教师必须随着故事情节的发展和角色的感情变化来匹配合适的表情，而表情是很复杂的，包括眉、眼、鼻、口、脸面的动作和状态。表示欢乐：眉开眼笑；表示愤怒：横眉冷对；表示蔑视：白眼相待；表示忧愁：双眉紧锁；表示惊奇：双目圆瞪。嘴和鼻的感情表示是：愤怒和轻蔑是嗤之以鼻，痛苦和仇恨是咬牙切齿、咬紧嘴唇。眼神是用来表情达意的手段，正视表示庄重、诚恳，斜视表示轻蔑，环视表示与听众交流，仰视表示崇敬，俯视表示关心，等等。所以教师在讲童话故事时，必须让自己每时每

第一章 "教考赛"模式下我对幼儿教师"讲故事"语言能力的思考

刻所需要表达的情感准确、到位，最终才能自然顺畅地表现出来。但现在大部分学前教育专业的学生训练讲故事时面无表情，眼神盯不住，这些都得需要训练，需要加强对故事的切身感受，要发自内心地去讲、去抒发，把角色的情绪变成自己的情绪，这样才会使面部表情很自然地流露，让听众受到你的感染。比如《两只笨狗熊》的故事开头，"熊妈妈有两个孩子，一个叫大黑，一个叫小黑。他们长得很胖，可是都很笨，是两只笨狗熊。"教师开始是保持微笑、喜爱的表情，传达的是小角色很可爱，当讲到"可是"时，就应该皱着点眉头，表示一点否定；当讲到"他们走着走着，忽然看见路边有一块……"时，从"忽然"字眼开始就稍微停顿一下，瞪眼做出惊奇的样子。综上所述，在讲故事时，表情的变化是贯穿始终的。

三、态势语的注意事项

（一）忌散

讲故事的过程中，运用态势语时要避免出现动作混乱的现象，不能一个动作没做完，另一个又起，一个手势做一点，后边几个手势一起混乱运用，必须做完一个，再做下一个。尤其重要的是眼神和动作不能散，如果眼神飘移，定不住位，会影响故事情感的表达；如果动作太散，态势语就起不到辅助的作用，还会对故事内容的传递起到干扰作用。特别是初学讲故事的幼师教育专业学生，眼神没有对象感，飘移不定，手势动作也不容易集中，针对性也不足，这样随意松散达不到生动的效果，反而会让故事的讲述缺乏明确性。

（二）忌滥

因为听故事的幼儿以形象思维为主，学前教育专业的学生或幼儿教师们就会容易矫枉过正，过于强调这个形象性，再加上有时太紧张，容易出现动作过多的现象，这样势必会起到反作用。因此在讲故事的过程中，态势语的运用要得当，不能动作频繁，给人眼花缭乱的感觉。过多地态势语，往往会"喧宾夺主"，影响听众的注意力。经常有幼儿教师把每句话每个词都设计态势语，这样就显得非常杂乱，失去教师的大方和自然，甚至有打哑语的痕迹，这也会影响故事信息的清晰传达。

（三）忌俗

在讲故事的过程中，态势语的设计不能过于粗俗，轻佻的、低俗的动作会传递不当的信息，影响讲故事的顺利进行。例如，故事中如果出现"抠鼻子、挖耳朵"的动态信息时，就要淡化这些情节，不要过于表现。我在担任沧州市学前教育专业技能大赛评委时，经常和一线幼儿园的园长交流，在学生模仿角色的动作上，我们达成一致意见：不赞同参赛选手原生态模仿老虎和狗熊等动物形象，因为这些动物的身姿太丑、太野性，失去了教育的美感，这些都要在为幼儿讲述时淡化，用一种拟人化的动态象征表现即可。

（四）忌演

态势语是交际中的自然表现，是情感的外现。在讲故事的过程中，为了更好地表情达意，通常需要教师设计一些自然的情感动态，但是过于夸张、矫揉造作的态势语会给人一种"假"的感觉，从而影响故事的表达效果。

四、态势语的运用原则

（一）嘴到、心到、眼到、手到

在讲故事的过程中，虽然每种态势语都有自己独立的原则和要求，但这几种也必须联系起来，做到协调自然。每种表情、每个手势，都要和当时的感情完美衔接、自然流露，做到故事讲到哪，嘴里说到哪些词，感情就体会到哪，眼神、手势等态势语就得跟到哪，这些都是互相联系的，让人感觉很自然、很真诚，不做作、不刻意。

（二）自然、得体、大方、适度

在讲故事的过程中，态势语的运用必须遵循自然、得体、大方、适度的原则。因此，教师要加强平日的修养，用心揣摩，在运用时才能增强口语表达的效果。例如，童话故事《两只笨狗熊》中，"忽然看见地上有一块儿干面包，拾起来闻闻，嘿，喷喷香"。讲到这句话时，应在讲"闻闻"时做出双手拿面包"闻"状，然后再看看幼儿，夸张地赞叹"嘿，喷喷香"，这一连串的态势语是很自如地发自内心的，而且每种态势语之间的转换衔接要自然、大方。

附录1：对幼师讲故事风格的总结点评

通过以上内容，大家应该了解了幼师讲故事的基本技巧，特别是讲童话故事的技巧，但在具体实施上还会有一些分寸和风格把握的问题出现。一般来说，作为汉语言文学专业科班出身的教师，对语言的内在表现力很看重，比较喜欢惊险、有敌对双方的故事，喜欢为学生选取引人入胜的故事，在培训学生讲故事的过程中，比较重视语言和动作对故事的精彩再现；学前教育专业活动设计的教师们，比较关注故事的教法元素，比如导入语、提问语和结束语等；而一线幼儿园的教师们比较喜欢轻柔地讲故事，强调故事的娓娓道来。其实每个领域的教师关注的都是怎样有效地讲故事的技巧，但因为太拘泥于自己的专业性，难免会有所偏颇。

在每届沧州市学前教育专业技能大赛讲故事比赛中，没有一个权威的幼儿教师讲故事技巧的引领，所以各个参赛学校和老师都在摸索，评委们大多是语文教师、语言教师，她们太重视自己的专业性，强调的是学生讲故事时的精神头，讲故事语言的起伏和生动，而且因为是在赛场比拼，面对的是成人评委，所以重点让学生抓住高潮部分，讲出精彩性，对学生讲故事态势语也过于强调，可能因为学生的内在文化积淀还比较弱，最终学生们讲故事的效果感觉太激烈，语速太快，动作也太多，没有把内在的情感和外在的表现和谐地融合统一，最终导致从风格上不适合一线幼儿园的教学。

随着在历届技能大赛中同一线幼儿园评委的交流，还有在竞争中逐渐受到了赛场方向的引领，培训的故事风格也在不断地完善和调整，也逐渐加强了语言专业和学前教育专业的融合，赛场学生讲故事的风格和分寸感越来越契合一线幼儿园的教学，也符合学前教育专业职业性的要求。我先后几次到幼儿园实践，参与了几次讲故事教育活动，在这方面也有了一些收获。比如，在某个幼儿园早晨一个小时的蒙氏教育时间，技能大赛的优秀毕业生在用特别轻柔的声音为幼儿讲解教具的操作，那种声音开始让人有些不习惯，特别轻，还有背景音乐，后来经过进一步探知，才了解这是蒙氏教育讲求的安静和平和，因为小孩们都比较小，爱撒欢顽皮没有规矩，在蒙氏这种熏陶和感染下就能得到平复。通过对蒙氏进一步的认识，还有在几届技能大赛现场和一线幼儿园园长评委的交流来看，幼儿园教师适合给孩子们文讲故事，也就是动作手势虽然也要体现，但不能太夸张，讲得不能太激烈。记得一位幼儿园园长说过，她们园做过一项实验，三个月在一个班武讲故事，在另一个同等层次的班级文讲故事，结果文讲的班级孩子们比较稳定，自我阅读能力和感悟力高，而武讲的班级就很躁乱，浮躁静不下来，阅读能力提升较慢。所以我们一直在调整，做到既能把汉语言文学专业中故事的生动精彩讲述出来，又符合幼儿特点，娓娓道来，注重幼师的教态，如此就可以在竞争更加激烈的比赛中立于不败之地。这些经历对学前教育专业语言课程和技能大赛讲故事辅导调整改革有很好的引领作用。

具体的调整思路总结如下：

（1）动作不宜太多，特别是叙述语言部分，要保持教师的教态和美感，角色语言就可以夸张一些，这在前边技巧部分已经有过介绍。但在这里强调的是角色语言的这种夸张不能模仿动物极端的丑陋的身姿和动作，而且要让内在情感真挚一些，表情自然一些，动作的夸张也会自然、美观。叙述语言教态式讲述和角色夸张表演之间的转换也要自如连贯，不能转换得太突然，要随着讲述慢慢地转换，不要出现太多无目的的动态。

（2）在调整过程中教师加入了很多幼儿园教具，让故事更具有形象性、直观性。通过同学们讲故事过程中展示教具的教态，也能让原来的夸张动态逐渐平稳和内敛，语速也能自然而然地慢下来。

（3）以前学生因为要强调故事的惊险和自己讲故事的投入，表情变化太多，而且一直表现紧张状态，失去了幼师讲故事的客观和甜美。经过调整，学生在讲述叙述语言时表情中的笑容多了，作为教师的教态更好了。

（4）以前学生为了表现得很投入，体现故事的惊险和精彩，语速一直太快，而且整体的语气变化幅度太大，这不适合低年龄段的幼儿，幼儿跟不上老师的速度，虽然故事讲得很精彩，但如果幼儿没听懂，就达不到讲故事的教学目的了。

以下是对两位同学讲故事案例的点评文字，可以从中感知讲故事技巧的综合运用效果。

附录2：对讲述《聪明的小乌龟》故事的点评

一、再创作技巧

这个故事语言生动，形象活泼，其中角色对话很多，动态词语也很丰富。这位同学增添了一些更加适合现场讲述的口语化和过渡性的词语、短语，如"突然""眼看""可不巧的是""狐狸又接着说"等，再加上一些生动的感叹句、疑问句的填充，故事就显得更加生动。

此外，这位同学还用肩膀上的道具引出了故事中的乌龟，接着又使用音乐表演的方式导入狐狸。这是导入语中道具演示、儿歌表演和游戏互动的融合方式，无论是参赛还是在幼儿园教育活动中都很适用。

这位同学还使用了提问语，但在这里我们需要为这个故事再加一句提问语，大家体会一下效果：

当讲到小狐狸要把乌龟扔到水里，乌龟哇哇大哭时，我们可以问一句启发主题的思考性提问语："小朋友们，你们说乌龟真的是害怕水吗？"这样的启发互动，就能让幼儿更加理解主题。如果不提问，对于理解力差的幼儿，就会觉得乌龟真的害怕，会模糊误导幼儿。在故事结尾，这位同学没有设置结束语。我们可以加这样一句："小朋友们，故事讲完了，你们喜欢哪个小动物？

为什么呀？"这是一种发散谈论式结尾，最后教师根据幼儿的回答总结，深化主题。

二、故事的"绘声"技巧

这位同学讲述叙事语言时声音平稳，也会带有一点角色情感，而且随着情节的发展声音也跟着起伏变化，但总体做到了不夸张，保证了故事讲述的客观和清晰，在角色对话时能完全"跳出去"，表现出适合幼儿的形象感。这位同学口技运用得也很到位，如狐狸的奸笑声和疼痛的大叫声、乌龟的笑声和哭声。通过绘声技巧的运用，把狐狸的狡猾、奸诈和乌龟的可爱、聪明描绘得栩栩如生。

三、故事的"绘色"技巧

这位同学的表情、身姿、手势和动作的辅助也很到位。总体来看，叙述语言肢体大方，表情也随着情节的发展有明显的变化，眼神能够做到眼中有人，很有亲和力。在角色语言方面，这位同学能够完全放开，动作虽然夸张但不做作、不生硬，很自然地把角色的情绪和心理表现了出来。

当然这位同学在角色语言和叙述语言的转换时，有个别地方还是有一点不自然，从角色的动作回到老师的教态有些刻意，应该是随着故事的讲述慢慢地自然变换。

这位同学的身姿上身太直，应该微俯，这样才更符合幼儿教师的教态，更有亲和力。

附录 3：对讲述《雪孩子》故事的点评

一、再创作技巧

这个故事是从动画片改编而来的，这位同学从生动性再创作上改动不是太多，所以我们主要分析一下他的职业性再创作。

在导入语方面，这位同学使用的是儿歌表演式，唱着儿歌《雪绒花》表演着上场，引出孩子们最感兴趣的下雪，也过渡到故事中的相关场景。

在提问语方面，其中有这样一句："小朋友们，下雪的时候，你们也堆过雪人吧？"在这里因为是比赛讲故事，所以设置的是无疑而问，直接过渡到下文，但在真正的教育活动中，我们可以提一个互动性的问题："小朋友们，下雪天，你们堆过雪人吗？大家是怎样堆雪人的？"可以让孩子们把堆雪人的过程说一说，然后老师总结道：小朋友们都喜欢堆雪人，都喜欢和雪人交朋友。这样既能过渡到下文，还能深化主题。为了更加适合幼儿园教育活动中的游戏互动场景，添加一个细节，那就是"小朋友们，让我们来帮助兔妈妈完成这个小雪人，好不好？"然后可以让小朋友们根据老师讲述的提示，为小雪人贴眼睛、粘鼻子等。这样小朋友们的积极性就会被调动起来，对这个小雪人道具也会更加喜欢，到了后边讲到小雪人为了救小白兔融化了，就更容易产生共鸣。

这位同学没有设置结束语，其实这在幼儿故事讲述比赛中是不会扣分的，但如果比赛要求加入幼儿园教育活动设计元素，就会失分。那么可以为这个故事加一个这样的结束语："小朋友们，小白兔还能看到雪孩子吗？"这样幼儿就能自由发表看法，老师最后再把答案进行归纳——"等到下雪的时候，我们还能堆雪人，找雪孩子玩耍。"这样也就淡化了这个故事的感伤色彩。

二、"绘声"技巧方面

这个故事本身叙述语言多，所以大多数同学讲得会很平淡，没有生动性，但视频中这位同学在保证声音教态的前提下，最精彩的是声音随着情节和角色情绪的变化也有明显的起伏，达到了声音的情节化和角色化。比如，当讲述前半部分小白兔和雪孩子一起玩耍交朋友时，声音欢快；到了小白兔回屋睡觉，雪孩子静静瞅着小白兔的情景时，声音缓慢轻柔；到了小白兔家着火，极度危险时，则又变成了急促快速的声音；最后雪孩子牺牲自己化成水气，变成白云，又变成了低沉、柔和、唯美的声音状态。

这个故事角色语言很少，只有一句雪孩子求救时的语言，这位同学模仿的音色和教师声音有一定的区分，声音变粗，再加上急促的语气，表现得也很形象。

三、"绘色"技巧方面

这位同学表情很甜美，眼神很亲切，而且身姿既符合叙述语言的大方得体，还在叙述语言部分对角色状态做了形象化的弥补，也表现出形象的角色身姿语。所以整个故事的"绘色"技巧运用得也是恰到好处。

第二章 "全语言"理念下我对幼儿园参与"家庭语言教育"的思考

第一节 "全语言"理念下幼儿语言发展的关联和研究背景解读

"全语言教学观"是前几年语言教育界较为重要的一种理论思潮,它兴起于 20 世纪 70 年代。严格来说"全语言教学观"不是一种教学法,是一种观念、一种态度、一套有关幼儿如何学习语言的理念。"全语言教学观"最初用于美国中小学校教授本民族的语言艺术及阅读教学,后来又逐渐运用到幼儿教育领域。"全语言教学观"主要理念为,语言是一个整体,不应当被肢解成语音、词汇、语法、句型等一个个独立的部分,否则会使语言丧失其完整性。不难发现,这种理念和我们的汉语言是有共同之处的,而且对任何国家母语的学习都有很大的帮助。但熟悉我国教育国情的人很容易就能感觉到这种理念恰恰与我国家长的语言教育理念相悖,大多数中国家长注重的是孩子能用什么词汇表达,能造多少句子,学会了哪些拼音,掌握了多少汉字,这于是造成了中国的孩子母语基础知识很扎实,但语言综合运用能力较差的问题。

心理学研究表明,在儿童能力发展过程中,不同能力的获得存在关键期,错过这一时期再想获得这一能力就非常困难,甚至不可弥补。幼儿语言能力获得的关键期一般在 3～8 岁,正是幼儿进入幼儿园的这一阶段。所以这一阶段幼儿的语言问题必须予以关注。

当今,国外的三大儿童语言获得理论为后天环境论、先天决定论和先天与后天相互作用论。我国学者、北京师范大学教授何克抗在三大理论的基础上,提出了一种全新的儿童语言发展理论——语觉论。他对当今国外存在着的三大儿童语言获得理论做了客观的分析,并进行了继承和发展。他的语觉论指出，儿童言语能力在天生、遗传的基础上，后天习得的"关键期"应该引起重视，并指出儿童获得语言的"关键期"（也称"最佳敏感期"）具体体现在以下几个方面。

（1）儿童语言的发展靠先天遗传的只是语觉能力，即对语音和语义的感受与辨识的能力，而非全部言语能力。

（2）由于除了语音、语义的感受与辨识能力以外，言语能力，如词性识别和词组构成分析等方面的能力，需要在后天通过学习才能获得，儿童在后天仍需要有一段教育与学习的过程才能更有效、更深入地掌握某种语言。

（3）在伦内伯格儿童语言发展的关键期（也称语言发展的敏感期）基础上做出一条"儿童语觉敏感度曲线"，从中不难看出，"语觉敏感度曲线"比伦内伯格的"语言发展关键期"（2～12岁）的描述更为翔实。儿童语言发展的关键期不是呈现水平状态的，儿童语言获得的最佳敏感期是在8岁以前，从9岁以后开始下降，到12岁下降到1／2左右，到14岁则下降到1／10左右，已经进入了儿童语言发展的末期。在8～12岁的学龄阶段，儿童的语觉敏感度随年龄增加而迅速下降。

从以上国内外理论的研究中不难看出，幼儿后天的语言能力必须进行语言教育才能获得，而在幼儿3～8岁时期开展语言教育则是非常关键的。这一关键期，幼儿的语言习得的渠道是幼儿园和家庭，无论家庭教育的近水楼台还是幼儿园教育的科学引领都是不容忽视的。所以科学的教育理念下，正确的语言教育观念对关键期的儿童家庭教育和幼儿园教育非常重要。

一些研究者已经注意到这些理论的高度和科学依据，如《全语言观念引领下的幼儿园语言教育体系研究》。这是在幼儿园教学领域对"全语言教学观"的运用研究。但现阶段大多数研究偏重于英语，无论是知网还是维普网等重要论文网站，只要一搜索"全语言教学观"，就会出现许多《全语言教学观和小学英语教学》这样的标题。这个不难理解，英语学习在基础教育阶段的家长呼声一直比汉语要大，家长一直认为母语不用学习；另一个原因是英语学习一直注重的是词汇、音标和语法，最终出现了严重的哑巴英语，这正是全语言观念中提到的语言问题，但这也能给我们的母语学习带来警示。而国外的"全语言观念"针对的就是母语，国外有关全语言观念的研究已成为国际儿童语言教育的代表性理论，并在美国、加拿大等国引起了教育改革运动，成为幼儿及小学课程的一种趋势。由此可见，国外的研究已经初见规模并有了实践价值，但也仅仅拘泥于学校和课堂，在家庭的语言教育中还没引起重视。其中主要原因是国外家长的文化水平比较均衡，像美国、德国这样的发达国家，家长们的文化素质高，幼儿园老师和小学老师能逐渐注意到全语言观理念，家长们也很容易具备这方面的素质，所以在教学领域被重视的语言教育理念自然而然就很容易渗透到家庭领域。我国则不然，我国是发展中国家，而且国情特殊，经济水平文化水平差异性较大，县域和一些偏远地区这种不均衡性就更加明显。所以靠家长自己领悟全语言理念，并运用到家庭语言教育领域就变得非常困难。作为研究者，我不能忽视幼儿的特殊年龄段，因为幼儿对家长还有解不开的天然本能联系，即使他们已经走向幼儿园，但家长的影响还是占了主导地位。尽管幼儿园已经单独对孩子进行了语言能力的培养，但望子成龙、望女成凤的家长同样会进行相反的误导，而且本身的认知局限也会限制幼儿语言能力的拓展和提高，但幼儿园毕竟是幼儿活动的主要场所，而幼儿园和幼儿教师的专业素养家长们也是无法企及的。教师可以通过再进修或培训获取知识和观念，走在幼儿教育的前沿，能对幼儿教育起到引领和指导作用。而且，县域和偏远地区由于经济发展水平相较于大城市来说比较落后，人们的文化层次相对也较低，因此这种问题也就更加严重。因此我认为，在这种"全语言教学观"的引领下挖掘县域幼儿园的各种优势和特色，会很容易挖掘出家园合作中最有效培养幼儿语言能力的方式。

第二节　"全语言"理念下幼儿园参与家庭语言教育的现状解读

　　以上理论和实践的解读已经找到了全语言理念和家长教育观念的相悖问题，也能了解家庭教育对幼儿园教育的影响，如果不及时解决这些问题，幼儿园对幼儿无论做多少科学有效的引领，幼儿一回家都会前功尽弃，所以我开始关注这一问题的严重性，加快调研的步伐，从实践中获取一手资料，去近距离了解幼儿和家长在语言和语言教育上存在的问题，幼儿园的全语言的先进理念认知和实践行为达到什么程度，这样才能做到有的放矢、对症下药，让幼儿的语言教育达到事半功倍的效果。

一、探究"全语言教学观"概念和职业教育课程的关联

　　首先，我对"全语言教学观"理念进行理论学习，掌握它的精髓。在《学前教育心理学》中有一部分是专门关于"全语言教学理论"的内容，其中明确指出，全语言教育观的概念的起源，全语言的"完整"理念和全语言教育的不

同领域，共分五个小节：全语言教学观、以幼儿为中心的语言课程、让幼儿成为早期的阅读者和书写者、成人要经常为孩子朗读故事书、教师的态度是幼儿语言学习的关键。这五个小节既涉及幼儿园的语言教育，又有家庭的语言教育，写得很全面也很充分。通过对这个理论的接触，我开始为以前认知的防止幼儿教育填鸭式和小学化的教学方式找到了科学有效的理论支撑，也有很好的理论引导，让我的研究更能够有的放矢。其次，在《学前儿童家庭教育与活动指导》一书中也有很多关于家庭语言教育的成功案例和科学理论，这些都是开展研究的理论基础和科学依据。同时我不能忽视对幼儿语言的理论学习，从《幼师口语》《听话与说话》《幼儿文学》等语言图书中获取语言教育的科学资料。此外，我还在网上查阅大量研究资料，对国内外有关理论和实践探索的案例进行搜索，如我了解到我国学者、北京师范大学教授何克抗提出的一种全新的儿童语言发展理论——语觉论。另外，我还了解了幼儿语言教育的科学依据和关键期的教育理论等。通过理念和课程的关联解读，让我更加确定必须通过对幼儿年龄段心理特征和家庭语言教育的内涵进行研习，才能去发掘幼儿不同年龄段的语言教育方式和基本内涵，才能为我的观点寻找理论支撑。

二、调查3～8岁幼儿语言存在的问题、家庭语言教育的误区

就本地区范围内的幼儿园，包括农村和城市不同的等级的县域现状来看，幼儿存在着不良的口语习惯和不均衡口语素质水平。比如，一些幼儿存在着行为障碍和心理交往障碍，所以不善于表达，严重影响了他们的语言能力发展和提高。还有些儿童字词和拼音积累很多，性格也很外向，但运用语言的能力显得生硬和稚嫩；有的孩子书写能力也很突出，但口头语言能力稍弱，甚至有些幼儿存在不良的口语习惯，如娃娃腔、口头禅，还有的存在语言不文明现象；有的幼儿存在语言含混不清、语句过于简单化、语序不规则等现象。

通过访谈发现，这些问题许多是家庭语言教育的问题。

（1）有的家长给孩子做了不良的示范。例如，说话不文明，孩子也是满嘴脏字；如家长不善于沟通表达，缺少和孩子的沟通交流，这样孩子就缺少家庭的语言互动训练，而且有的家长不注重对孩子的语言引导和熏陶，就连给孩子讲故事的时间都没有，还放任孩子看不好的电视和不良图片等，这些都会给孩子的语言能力造成很坏的影响。

（2）家庭结构和性格也会给孩子的语言形成影响。有的家庭是老人看孩子，有的家庭是留守家庭，有的家庭是单亲，这些家庭结构因素也会造成幼儿的语言问题，这些因素会让幼儿显得不大活泼，没有父母在身边就显得自卑，

而且有些惧怕交流,在人前说话也非常拘谨,词不达意。

(3)一些家长有望子成龙、望女成凤的激进思想。让很小的孩子就背很多诗,认很多字,要求比别的孩子脑子要快,还要天天完成家长布置的作业。这种情况下,孩子有几种类型,一种是孩子极端厌学,另一种就是孩子的理论和知识很扎实,语言运用能力很差,也就是不善于表达,还有一种情况就是孩子短期的学习效果不错,但到了小学、初中、高中的学习力不强,脑子慢,不灵活,比较死记硬背,创造能力变差。

三、探究县域幼儿园的教学理念和专业水平

我对泊头、南皮、沧州几家典型幼儿园进行了调查,探究幼儿园对"全语言教学观"理念的认识程度和认可程度,幼儿园内部对幼儿进行语言教育的方式,以及在家园共育方面幼儿园对家庭语言教育的引领程度。因为她们对全语言教育的理解和重视程度直接决定了科学理念在家庭教育领域的开展。通过访谈调查,我发现有的幼儿园还带有幼儿语言教育小学化的痕迹,练字、组词、造句环节设置得很明显,有的幼儿园则已经注意到这种传统观念和方式的弊端,强调让孩子们做中学,学中做,比如在中班、小班,主题课程、蒙氏课程的全语言教育也贯穿始终,把知识的学习和积累贯穿在一系列的活动中,但到了大班、学前班则会加大作业量和练习量,准备小学阶段知识的积累,如拼音练习、写字、造句等。但我也发现有的幼儿园全语言教学观的理念实行还是比较有成效的。有的幼儿园已经注意到全语言教育方式已经不能让幼儿的科学语言教育连贯和延续,他们注意到只有做通家长的工作才能真正做到幼儿语言教育的科学有效。所以,在家园共育环节的全语言渗透和渲染非常有力度,也很有成效。借助我校暑期教师的幼儿园实践机会,我也获取了幼儿园的一线资料,了解各大幼儿园的语言教育情况和家园共育情况。我发现泊头的很多幼儿园强调的还是孩子坐在小板凳上认真听课写作业、做练习,也有一些全语言的活动和游戏,但园长和老师还没有重视全语言教学观。但泊头的公立幼儿园则不然,在全语言教育领域还是比较超前的,他们没有固定的语言教材,幼儿老师都是借助情境教学,通过技能目标来安排教育活动,这一点比较符合全语言教育理念。但这种情况被家长认为是不学东西,光玩。这种反馈说明幼儿园还没有和家长的语言教育理念达成一致。沧州的一所私立幼儿园内部全语言的蒙氏教育办得很不错,但家长的理念认知还是不完美,幼儿园为了和家长达成一致,在大班语言教育中开展小学化教学,这也是无奈之举。在南皮县的一所幼儿园的实习中,我们终于找到和我们所了解的全语言教学观一致的家园共育理

念。当然，在实施过程中，还存在许多不可避免的问题。比如，强调家园共育的理念认同，但真正的效果也需要后续跟踪调查才能更有说服力；还有当生源受到影响时，幼儿园还会因为理念的不一致而坚持自己的初衷吗？但我也向幼儿园提议，可以通过后期回访的方式对已经从幼儿园毕业多年在小学和中学的孩子们进行跟踪调查，调查他们的学习习惯、学习成绩、学习潜力和语言学习效果等，然后和其他幼儿园毕业的孩子们进行对比，研究全语言教育理念有没有对长远学习力产生影响。后来发现这些方面幼儿园做得很好，比如幼儿园运用毕业生期末成绩评奖活动、优秀毕业生回家看看活动等来和毕业生建立长期跟踪联系，检测学习能力和语言学习效果。现阶段幼儿园已经反馈总结了第一期数据，全语言和蒙氏结合的教育形式有很大的优势体现，学生的学习习惯、阅读能力、审题能力等很突出，这些数据也是说服家长坚持全语言教育理念的有力依据。

附录1：对沧州某幼儿园进行调查的访谈提纲

访谈人、撰稿人：黄冬冬

访谈主题："全语言"理念下县域幼儿园对"家庭语言教育"的引导现状

访谈目的：本次访谈是为了深入了解幼儿园对全语言教学观的了解程度和重视程度，了解幼儿园是怎样借助家园共育平台引领家长改变传统观念的，同时借助幼儿教师对每个孩子的了解，分析幼儿在语言上存在哪些问题，这些问题是不是家长语言教育错误的原因导致的。本次访谈不涉及个人隐私，只作为学术研究目的传播。

访谈对象：幼儿园园长、教学主任和幼儿教师

访谈时间：2016年6月6日星期一

第一部分：幼儿园部分（幼儿园园长、教导主任等相关领导1～2人）

基本资料：职务、姓名、教龄、性别

主要问题：

1.请问您对全语言教学观了解多少？您赞同这种语言教育方式吗？

2.请问贵园怎样开展全语言教学观的语言教育的？

3.请问您怎样看待家长想让孩子在幼儿园多学拼音和汉字的观点？您认为怎样才能解决幼儿园和家长的这种认识矛盾呢？

4.你们幼儿园在引领家长改变传统语言教育方式方面采取了哪些举措？有什么成效吗？

第二部分：幼儿教师部分（从小班、中班和大班各找一位老师进行访谈）

基本资料：身份、姓名、教龄、性别

主要问题：

1. 班上幼儿语言方面存在哪些问题？

2. 其中有哪些语言问题是家长造成的？你认为有什么方法能改变这种现象吗？

3. 你作为本班的幼儿老师是怎样引导家长参与孩子的语言教育的？（具体的方式有哪些）

4. 家长们对孩子在幼儿园的语言学习有哪些要求？希望孩子具备哪些语言知识？

5. 你怎么看待家长愿意让孩子在幼儿园多学拼音、汉字、句子等知识问题？

6. 你是怎样协调和家长在语言教育观念上的矛盾的？（有什么具体措施）

第三部分：家长部分（每个班级找一些家长代表）

1. 你想让孩子在幼儿园学到哪些母语方面的知识？

2. 你怎么看待全语言教学观？当了解后，能认同这种观点吗？

3. 你是以孩子在幼儿园学了多少拼音、认识多少汉字、背了多少首诗来评价幼儿园的好坏吗？

4. 你对幼儿园组织的各项亲子语言活动积极参与吗？你觉得对孩子的语言培养有效果吗？

5. 在幼儿园组织的各项全语言教育活动后，你的家庭语言教育方式有改变吗？

附录2：对沧州某幼儿园进行调查的访谈记录总结

访谈人、撰稿人：黄冬冬

访谈主题："全语言"理念下县域幼儿园对"家庭语言教育"的引导现状

访谈目的：本次访谈是为了深入了解幼儿园对全语言教学观的了解程度和重视程度，了解幼儿园是怎样借助家园共育的平台引领家长改变传统观念的，同时借助幼儿教师对每个孩子的了解，分析幼儿在语言上存在哪些问题，并且哪些问题是家长语言教育错误的原因导致的。本次访谈不涉及个人隐私，只作为学术研究目的传播

访谈对象：幼儿园代园长，教学主任刘主任，幼儿教师刘老师

访谈时间： 2016 年 6 月 6 日星期一

第一部分：幼儿园部分（采访代园长和刘主任）

1. 请问您对全语言教学观了解多少？您赞同这种语言教育方式吗？

答：对这个概念是第一次听说，但听您和我们讲了全语言教学观的概念后，我感觉和我们幼儿园一直致力于的教学理念是相通的。我们幼儿园是北京博苑幼儿园的一所连锁园，一直坚持的是全蒙氏教育。蒙氏教育强调的就是把所有的基础知识融汇到具体的活动游戏中，您提到的全语言学习就正好符合，我们就是不会把语言肢解，在活动游戏和教具的操作中就能开展语言教育，锻炼语言思维。而且我们还有很多活动都是很好的全语言教育方式。所以说您提的理念我们非常赞同。

2. 请问贵园怎样开展全语言教学观的语言教育的？

答：说到具体的全语言教育，我们的许多教学活动和教学方式都很符合。比如，我们幼儿园引入的"韵语识字"课，我们识字，不是先认字，再组词，然后再造句子，而是先整体教读，然后从韵律的儿歌中再找新朋友、老朋友，也就是认识句子中、儿歌情境中的字，这种先整体再部分、先情境理解再具体基础识字的方法，我感觉和你说的全语言教育是一样的。而且我们在博苑总园的引领下，一直坚持让孩子走进大自然的理念，比如带领孩子春游、小小独立夜的散步，还有去别的幼儿园游学等，这些都能提升学生的独立和认知能力。在自由的环境中，学生开启的是自如的交际，自由的语言思维。这样的语言教育同样是一种全语言形式。

3. 请问您怎样看待家长想让孩子在幼儿园多学拼音和汉字的观点？您认为怎样才能解决幼儿园和家长的这种认识矛盾呢？

答：确实会有家长这样要求，而且这种观念很重。说句实话，这些确实和我们园一直提倡的全蒙氏教育的"玩"相悖，而且我们很重视家长的观念问题。因为如果在教育孩子的理念上都达不到统一，那么我们的教育会很难进行，所以我们会用不同的方式改善这一点。

首先在保障幼儿园生源的前提下，我们开始实行进园家长面试环节。如果和我们的教育理念太不同，我们就会劝阻。这样虽然失去了生源，但能坚持我们幼儿园整体的教育理念，也是值得的。

其次在和家长达到初步共识后，孩子入园前我们会劝说她买一本书——《捕捉孩子的敏感期》，让家长从阅读中，知道自己在教育孩子中某些环节是不对的。这种通过阅读和家长达成一致的方式，对将来孩子的教育确实有事半功倍的效果。

第二章 "全语言"理念下我对幼儿园参与"家庭语言教育"的思考

接下来我们通过"羽炫家长读书群"进一步把正确的教育理念和家长共享和交流。我们还会经常开展家长读书活动，让越来越多的家长和我们的理念达成一致，对孩子的教育也能进入到科学有效的领域，而不是进行扼杀和误导。

最后，在幼儿园开展多种家长共同参与的亲子活动，让家长也能融入对孩子的素质教育中。当然这种教育在语言方面就是您提到的全语言教学观。比如，植树节活动、家长会活动，还有家长角色进课堂活动等。

4.你们幼儿园在引领家长改变传统语言教育方式方面采取了哪些举措？有什么成效吗？

答：其实在上一点怎样解决和家长的矛盾上，就是我们开展的有效举措。从家长的反馈和我们生源的增加上看，说明我们的教育理念还是赢得了很多家长的认可的。家长们的教育方式有所改变，孩子在家庭中的进步就是我们的成效。

第二部分：幼儿教师部分（中班带班老师刘老师）

1.班上幼儿语言方面存在哪些问题？

答：班上学生语言问题是多样的。比如，有不爱说话的，不合群交流的，也有爱说脏字的；也有的孩子到了中班了还是谈吐不清；还有的爱说；也有不经常说话，一说语出惊人的；还有的孩子识字、拼音都挺厉害，但是交谈沟通还是不自如；有的看着挺灵但语言能力差。

2.其中又有哪些语言问题是家长造成的？你认为有什么方法能改变这种状况吗？

答：其实有些语言表现和孩子的性格有很大关系，和孩子的生长环境，和孩子父母的教育都有关系。记得看到过这样一段话："每个孩子的性格和习惯都是父母教出来的，父母不经意间影响了孩子的一生，孩子就是父母的一面镜子。在孩子身上，不论是缺点还是优点，都无一例外地能从父母的身上找到痕迹，孩子的成长和进步都与家庭教育有着千丝万缕的联系。"所以，我认为孩子身上的语言问题大部分是家庭教育造成的。我们幼儿园做了许多工作，举行各种活动，就是先从家庭父母的认知度上进行改变，这些方面我们园长应该介绍了不少。我说一下我作为一名幼儿老师能做什么努力吧。和家长的联系，我们一线的老师是最多的，我们有班级孩子的家长群，我们园长也会要求我们借助这个群把蒙氏教育"玩"的理念传达出去，和家长达成共识，通过韵语识字课，通过蒙氏教育，孩子的点滴进步也是一线老师应该传达给家长的，这些成效更会让家长认同我们的理念。同时，我们也有游戏活动，如早间的话题分享、课间的小游戏、班内的角色扮演。这些环节都能让孩子们在情境中训练语言。我们没有练习册，没有太多作业，留的作业也是和父母的情境训练作业。这些环节都能有针对性地解决幼儿的语言问题。

（3）您作为本班的幼儿老师是怎样正确引导家长参与孩子的语言教育的？（具体的方式有哪些）

答：其实刚才也提到家长群、班级家长读书活动、家长会、家长进班级角色扮演，还有幼儿园组织的亲子活动等。

（4）家长们对孩子在幼儿园的语言学习有哪些要求？希望孩子具备哪些语言知识？

答：确实有很多家长希望孩子在幼儿园多学字词，多背诗，多写作业。

（5）你怎么看待家长愿意让孩子在幼儿园多学拼音、汉字、句子等琐碎知识的问题？

答：我不赞同，这和蒙氏教育理念是相悖的，蒙氏教育就是强调孩子在做中学，在学中做，玩着就能具备所有的技能，而不是所有的知识，这样和哑巴英语有什么区别呀。

（6）您是怎样协调和家长在语言教育观念上的矛盾的？（有什么具体措施）

答：矛盾经常存在。在这方面幼儿园总的努力比较大。我们幼儿老师也需要在和家长的相处过程中潜移默化地渗透和熏染，借助我们老师的空间和孩子点滴的进步来赢得家长的赞同。

第三部分：家长部分（每个班级找一些家长代表）

（1）你想让孩子在幼儿园学到哪些母语方面的知识？

答：能认的字多一些，能读一些文章故事，会背一些儿歌、诗词，会表演一些小儿歌。学得开心些，回家主动和父母讲述。说话表达要流畅，语音要清晰。

（2）你怎么看待全语言教学观？当了解后，能认同这种观点吗？

答：不了解这种观念，第一次听说。但也属于理想化的教育。理想上比较认同。但是怕孩子在这种理念下，语言基础知识太欠缺，到了小学跟不上。拼音、字词等基础的练习不会，被别的孩子落下。

（3）你是以孩子在幼儿园学了多少拼音，认识多少汉字，背多少首诗，评价幼儿园的好坏吗？

答：自从选择这个幼儿园，对代园长的理念有所认同。所以，就不是太拿这些标准衡量幼儿园了。但也很担心，怕孩子在玩的教育中会欠缺太多东西。对语言能力的具备还是很担心。幸亏幼儿园和我们家长还是比较关注孩子的点滴进步的。所以，只要孩子长远的语言能力有进步和提高，到小学，小学老师说孩子的语文学习力很强，就说明我们没选错幼儿园，也说明全语言教育的理念很科学。

（4）你对幼儿园组织的各项亲子语言活动积极参与吗？你觉得对孩子的语言培养有效果吗？

答：我比较爱参与，只要有时间，因为从幼儿园的读书活动和家长读书群的交流，我们已经很认同家庭语言教育的重要性了。我觉得很有效果。因为每次活动后，我和孩子的感情加深了，而且孩子愿意和我们交流了。孩子的内心充实了很多，思维能力都会有所提高，而且在活动中积累的好多词汇都会突然冒出来，运用到语言情境中。而且孩子的性格开朗了很多，容易表达和倾诉。我认为这些都是语言的长远能力培养。慢慢地也发现孩子认的字越来越多，也爱好阅读了。所以说平时虽然看不见孩子学多少东西，但实践的能力却提升很多。

（5）在幼儿园组织的各项全语言教育活动后，你的家庭语言教育方式有改变吗？

答：我觉得多少都会有改变的。我不再要求这么小的孩子写作业了，也不会攀比别家的孩子了。而且我会多留些时间和孩子一起阅读，一起讲故事，一起做游戏，也一起多感受大自然。

第三节 "全语言"理念下幼儿园参与家庭语言教育的策略研究

这个方法和策略问题其实涉及两个方面，一是理念达成共识的引导形式，二是具体家园语言共育的活动形式，但幼儿园的引导策略最重要的还是前者：理念统一的问题。

一、幼儿园在幼儿语言教育上怎样和家长达成理念的共识

调查发现幼儿语言问题很多是家庭语言教育的错误理念造成的，也发现了幼儿园因为和家长理念不同，常常对家长妥协，从而影响全语言教学的开展。所以，我发现了两种方式，可以改变家长的理念。

（1）利用自媒体方式，最有效的是家长读书群、家庭教育主题群、家长微课群，进行理念分享和语言理论学习，比如，幼儿教师和幼儿园的领导都能

把自己读的作品中有效的语言教育方式和理念和家长进行交流，如用《捕捉幼儿敏感期》《如何用阅读培养孩子关键品格》《爱和自由》等比较好的作品来进行幼儿教育的交流。还能把园长和幼儿教师通过培训习得的最科学和最有效的幼儿教育方式第一时间通过群信息和微信直播的形式分享给家长。然后通过幼儿园的教师对自己班上孩子家长进行理念的交谈和渗透，把整个"全语言"理念融入家庭教育中，形成班级家长qq群。在家长接受这种理念后，就要对他们早先的语言培养误区进行指正和正确的引导，然后进行成功语言教育交流活动，把成功的经验互相传达和学习，资源共享，这个环节通过家长进入幼儿园的家长读书交流会来进行更深层次的理念认知。大家一起交流经验和阅读心得，在教育幼儿和语言教育上找到更科学、更有效的方式。

比如，南皮羽炫幼儿园家长读书群的宗旨是鼓励每位进群家长每日抽出宝贵时间按时按量阅读。读书是一种长期坚持的行为习惯，家长如果能长期保持这种良好的读书习惯，营造家庭阅读氛围，家长受益匪浅，得到成长，在育儿方面能更好地教养、教育孩子。最大收获还将是影响到孩子也爱上读书，让孩子不要局限在一个字怎么写、一个拼音怎么读上，而是让孩子在整个阅读情境中感知文字的魅力和语言的风采，从而喜欢和主动去认字、去阅读、去说话。家长读书群致力于家长阅读的引领与提升，传输一个全语言学习的理念，为了让幼儿摒弃母语学习的枯燥和机械，主动放下手机，放下作业本，捧起图书，畅游书中，首先让家长先学习改变，提升自我，让他们同幼儿园一起携手共育，一起走进孩子的内心世界，一起陪伴孩子最美好的童年时光。

而且这所幼儿园经常针对已参加读书活动的家长朋友们举行"家长读书分享"活动，这项活动不仅是交流，还有对家长进行的阅读考试，但为了降低家长压力，笔试部分均为开卷分享，每次都会在为家长布置阅读任务后进行。在这个过程中会出现很多感人的案例，比如，其中李泽优、李沐子两位孩子的妈妈这样写道："我觉得在教育孩子方面自己做得最有成就感、最有耐心的一件事就是每天都给孩子读两本书，记得《陪孩子一起上幼儿园》这本书中曾写到建立'珍珠时刻'，当时特别有感触，那位家长每天晚上都会抽出一点时间给孩子读绘本，听听孩子幼儿园里发生的事情，这样不仅增进了亲子感情，还能了解孩子现在的想法和遇到了什么困难。我觉得这个点子非常不错，我现在每天晚上睡觉前，都会和孩子坐在被子里，读书给他们听，坚持了几个月，已经养成了习惯。有时候我生病了，想早点睡，他们都不肯，一直缠着我要讲完故事才能睡觉；有的时候借的书里的词语特别有趣，又总是反复，当我快念到那个词的时候，他们会跟着我一起喊出来。记得前天优优借了本《圆白菜小弟》，

第二章 "全语言"理念下我对幼儿园参与"家庭语言教育"的思考

当圆白菜小弟说完'就会变成这样'的时候后面总会有一个'嘣咔',我读了两次之后,当我再要读那个词的时候,两个孩子就会跟我一起喊'嘣咔',然后就大笑起来,他们对能猜到书里面的内容特别开心。有的时候当发现孩子有某些生活习惯或脾气需要纠正时,我会借一些关于培养生活习惯的书,在读完故事后,再指出他身上哪些跟故事里的小动物犯的错误是一样的,他都比较容易接受。现在优优上中班了,特别喜欢科学类的书,他也从中学到了很多的知识,记得第二期的时候他借了一本《骨骼的奥秘》,非常感兴趣,让我把每个骨骼的名称和作用都讲了一遍,后来过了一段时间,他说忘记了,又把书借来看了一遍。这些天又总在借关于细胞的书,记得有一天他借了一本《大战肠胃病菌》,我们讲了一个多小时,我讲完,他又把每个细胞的名字和作用问了一遍,他似乎对自己的身体特别感兴趣,也知道了吃东西之前要记得洗手,要不然细胞就会从嘴里进到肠胃里杀死那些'细胞英雄'……"从这位妈妈的读书经验分享中,我们很容易发现孩子对语言的获得并不是机械分散地写作业、背拼音去掌握的,而是在亲子阅读中就能感受汉语言的魅力,让孩子在整体语境中去探索母语的奥妙,让孩子喜欢语言、喜欢阅读,让他们通过阅读不仅掌握语言,也能收获各个年龄段需要掌握的通识文化知识。

(2)除了以上形式,还有一种家园语言理念统一方式很新颖,那就是幼儿入园时家长面试的方式,这种方式很适合公立幼儿园。现在县域地区好多家长都争抢着把孩子送到公立幼儿园,所以摇号成了公立幼儿园的招生方式。这时候可以设计一个家长面试环节,孩子入园前通过和家长面对面的交流,进行教育理念的沟通和统一,也可以让家长必须读一些有关全语言教育理念的书籍,对家长进行面试、测试。对理念难以达成一致的家长,园长和老师就要在以后的家园共育中重点关注,在以后的活动中重点沟通。当然最为严重的,其实幼儿园可以行使幼儿劝退权利,劝家长为孩子选一个和自己理念一致的幼儿园,因为一旦选入太多冥顽不灵的家长,将来整个班的幼儿语言教育也会受到影响,其余家长也会受到影响,最终幼儿园有可能会为了迎合大多数家长而改变自己的初衷,影响整个园的育人理念。但对私立幼儿园来说使用这种家长面试和测试方式确实需要很大的勇气,现在都在到处抢生源,大家可能都会怕,面试会不会把家长吓跑。我们可以退而求其次,这个面试只是幼儿入园后第一次见面的沟通活动,形式和上边说的面试一致,只是气氛要缓和,测试可以不用进行。我们可以与家长面试沟通,必须回家读幼儿园要求的育人书籍,这样的面试沟通总会有一些效果。

二、幼儿园参与家庭语言教育的最有效方式

其实以前家园共育也有很多经过验证成功的方式，如家长进课堂活动、家长开放日活动，这些活动对家长的观念转变也有促进作用，但语言教育的理念和方法问题还不是很直接。以上已经提到全语言教育的有效性和重要性，所以我也开始关注一些幼儿园新的活动方式，比如，设计一些和语言教育相关的家长参与的活动，不仅能够利用全语言的理念培养幼儿的语言能力，也能让家长和幼儿园的幼儿语言教育达成共识。又如，邀请家长参加幼儿超市购物活动，让幼儿主动去超市完成选商品、咨询销售员、和收银员交流付款的环节，这个过程中幼儿主动去思考、说话、沟通，这也是一个全语言的教育过程，也能对家长有所启发。幼儿园还可以邀请家长参加幼儿园游学活动，可以分批次邀请少数家长做游学义务志愿者。家长在幼儿游学过程中，感受幼儿的独立和成长，从而能够放开干涉幼儿的手脚，有利于家庭语言教育氛围的转变。这些活动不仅可以让家长的语言教育理念有所转变，也能让幼儿的语言能力在交流、沟通的语境中得到"全语言"式的提高。

第四节　"全语言"理念下南皮羽炫幼儿园家园共育的思考

这一阶段我主动去试点幼儿园进行试验，按照协助幼儿园共同探索的策略和途径进行实践，从中感知效果，发现问题，不断改进，并进行逐层推广。

其实在最初的调查阶段，我就在寻找和我的研究理念最契合的幼儿园、和全语言教学观最接近的教学思想，最后我选择的是南皮羽炫幼儿园。因为和这个幼儿园的园长在交流时，我发现，这所幼儿园是一所孩子进园要面试家长的幼儿园，因为幼儿园也在找幼儿园教育的知音，也最重视幼儿的家庭教育。园长曾经说过这样一段话："有家长问为什么别的幼儿园都是孩子来了就收下，而您却在走一条不寻常的'面试'家长的途径？为什么别的幼儿园来几个孩子都可以一起入园，而你们羽炫都要每个班级每周只收一个孩子入园？为什么老师们每周都有教研，难道老师们不会厌烦吗？为什么你们要不断开设家长课堂，还要求家长必须读书？这是因为我们园是一个想把幼儿园做成教育事业的幼儿园，我们吸纳了南皮县城太多的懂孩子的家长，他们不但认可着我们的决策，更积极配合着幼儿园的各项工作。他们为自己的选择而感到骄傲，更为自己孩子的成长而感到欣慰。"所以，我和这位园长合作，把我在全语言教

学观引领下开拓的家园语言共育方面的具体理念和方法进行共享。比如，幼儿园举行了家长"义工"半日开放、家长进课堂、迎妇女节超市购物、我与小树共成长亲子植树、我和春天有个约会等一系列的亲子活动。在这个过程中，我们会把职业教育的理念高度和幼儿园的实践地气完美结合，最终能够让幼儿在具体的情境活动中感受语言的自然交流和语言技能效果，也能让家长在幼儿园的科学引领下参与和孩子之间情感的互动和沟通。在这一系列的活动过程中，让全语言的完整观念深入家长的内心，也能让幼儿感受到全语言训练的魅力和乐趣，让家园语言共育落到实处。这对我们职业教育的课堂和学生也有一定的触动。

第三章 "语言教师视角"实践下我对职业教育衔接幼儿教育的思考

无论是职业教育的制度要求，还是人才培养的需要，职业院校的教师都应该跳出纸上谈兵的课堂，到学生的就业领域换位体验，才能把一线幼儿园最需要的东西带给职教课堂的学生。所以，在高职教师职称评聘中有一个必备条件：专任教师每年有不少于1个月的企业实践经历。这说明企业实践的重要性。所以，各个高校利用各种制度和福利措施，鼓励和要求教师进入企业，学前教育专业的教师当然就是去幼儿园了。而我作为一名中文专业的教师教授的是学前教育专业的语言课程，更应该去体验幼儿园的幼儿教师工作。因此，在这种形势下，我以一个语言教师的视角，先后多次进行实践体验，获取幼儿园一线资料，寻找职业课堂和幼儿园课堂衔接的核心点，最终引发自己对学前教育专业教学改革的思考。

第一节 幼儿园特色课程引发对职业教育改革的思考

其实职业教育的人才培养方案就是为了培养具有合格职业能力的大学生，而且要随着一线企业和幼儿园对毕业生的要求变化而调整。人才培养方案主要就是课程设置和教学方法。这也是我进入幼儿园实践最关注的环节。而现阶段县域地区私立幼儿园为了吸引家长和孩子的关注，会引入很多特色课程，这些课程的特点和风格各不相同，对幼儿的培养也是涉及许多角度和领域的。下面我从一名职业院校语言教师的角度去分析这些课程的优势和劣势，分享我自己的一些思考，希望对职业教育课程内容和教学方法的改革会有所启发。

一、蒙氏教育

对于蒙氏教育大家并不陌生，在需求最紧缺的时候，有的职业院校也会

第三章 "语言教师视角"实践下我对职业教育衔接幼儿教育的思考

及时捕捉到这种一线需求信息，引入蒙氏培训课程，也有了蒙氏教室等。蒙台梭利的名言："我听过了，我就忘记了；我看见了，我就记得了；我做过了，我就理解了。"这句话也是职教课堂教学的改革方向，而且必须传达给职业课堂的学生。蒙氏的教具教学也很形象直观，这个都不陌生。但我在一次寒假幼儿园实践时竟然对蒙氏教育另眼相看。这是幼儿园早晨一个小时的蒙氏教育时间，刚进这个幼儿园我就听到本校毕业的学生，还是技能大赛的优秀学生，用特别轻柔的声音为幼儿讲解教具的操作，那种声音让人开始有些不习惯，特别轻，还有背景音乐，后来我进一步探知，说蒙氏教育讲求的就是安静和平和，而且孩子们都比较小，爱撒欢顽皮，没有规矩，在蒙氏教育这种熏陶和感染下就能得到平复。其实这个收获对学前教育专业语文语言课有所启发，比如，技能大赛故事辅导方面，对于纯中文专业的教师来说，故事喜欢讲得引人入胜，而且学生比赛爱选择惊险的故事，有敌对双方的，这样容易讲得激烈，学生好模仿角色，也容易引起成人评委的注意。而且大多数语文老师一直也认为幼儿的思维是形象思维，适合夸张讲述，这就是讲故事中说的武讲。但通过这次对蒙氏教育的认识，从几届技能大赛现场和一线幼儿园园长评委的交流来看，幼儿园教师适合给孩子们文讲，动作手势虽然也要体现，但不能太夸张，讲得不能太激烈。记得托福幼儿园的孟园长说，她们园做过一项实验，三个月在一个班武讲故事，在另一个同等层次的班级文讲故事，结果文讲的班级孩子们比较稳定，阅读能力和感悟力高，而武讲的班级就很躁乱，浮躁静不下来，阅读能力提升较慢。所以，这几年我们都在调整，要求既能把中文专业中故事的生动精彩讲述出来，又必须符合幼儿特点，娓娓道来，强调幼师的教态，实践证明这样确实在竞争更加激烈的比赛中一直立于不败之地。所以，职业教育的教师如果不去一线体验，不和一线老师交流，真的还是有些隔行如隔山。

二、爱诺教育

另一种教育类型我们就比较陌生了，那就是爱诺教育，泊头的快乐时光幼儿园和笔者实践的沧州童乐幼儿园都在实施这种教育。这种新的教育形式又给我们的课程设置提出了新的要求。爱诺教育是引进新加坡的一种教育模式，也有成套的教材和课件，由好多主题活动组成。比如，主题活动"我是好宝宝"就是通过一个《小猫钓鱼》的故事开展的。其教育目标很明确：通过和这个故事相关的内容对孩子们进行音乐智能、运动智能、语言智能、数学逻辑智能、自然观察智能、人际关系智能、内省智能、空间智能的训练。这些目标正好符合幼儿园的五大领域。一个故事就能引发这么多智能，可见语言课程讲故事环节是很重要的。而且其中数学逻辑智能、运动智能、空间智能等对数学课、体育课和美术课等也是有很大启发的。还有一个非学前理论学科老师比较陌生的智能，那就是内省智能，它指的是自我认识和善于自知，并据此做出适当行为的能力，简言之，就是让孩子们知道自己的强项和弱项，这对智育、德育、体育都有不可替代的影响。这些都是我们一些专业课程中的重要环节，确切说是学前教育心理学中的加德纳理论，而且正好和爱诺教育这种多元智能一致。加德纳认为，构成智力者乃是以下其中能力：语言能力、数理能力、空间能力、音乐能力、运动能力、社交能力、自知能力。自知能力就是内省能力，由此可见，这种爱诺教育就是依据这种理论确立的。教师讲这些理论时和幼儿园的实践教学联系到一起，学生就不会觉得枯燥的理论没用了，而且讲完理论，也可以让学生用爱诺这种小课来体验一下加德纳几种智能教学目标的实现。加入这样的教法元素，和幼儿园的教育活动联系到一起，很实用，也很形象直观，这也是幼儿园实践为我们的理论课堂提供的经验。

三、亿童教育

笔者在沧州晨光幼儿园又接触到另一种类似的教育类型，那就是亿童教育。这种教育不像爱诺教育从一个故事引发多个智能，而是每项智能换一个故事或游戏活动。比如，一本书中阅读领域提升语言智能每次有大约八九个故事，数学的故事和游戏活动大约30个，美术每本大约16个，故事和游戏很多，其实对语言等方面用故事教学大家并不陌生，但对用故事活动教数学却很好奇。例如，20以内的加法通过小猴摘桃和蜘蛛交朋友这样的故事形象教学，认读100以内的数通过《走迷宫》的游戏教学，认知体积守恒通过做糕点的故事教学，让枯燥和深奥的数学知识与实践用途联系在一起，让幼儿更容易理解。这种方式对职业教育的数学老师应该很有触动，而且有的数学老师在调整数学的教学方式和教学内容，有的也为了更贴近学生的职业教法需要，把教材调整为学前儿童数学教育，也讲函数，也讲几何，但都是放在幼儿教育的领域和幼儿园教法的领域去学习，即形象，又实用。在此穿插一个学前班数学的形象案例：老师数学教育活动在幼儿园也是力求做到形象化的，比如褚老师在幼小衔接班教被减数、减数和差的关系（被减数－减数＝差/（ ）－减数＝差/（ ）－3＝4……），而且上节课已经讲过被减数减去减数等于差了，这节课讲的是被减数等于减数和差的和。小学化的概念本身有些难，但褚老师用了首儿歌："小减号真奇妙，减号前面有座庙，庙里住着谁？不知道，两数一加就知道。"

当变换了形式，把减数空出来，褚老师又用了一首儿歌："小括号真调皮，跑到减号后边去，这下怎么办，大哥哥减去小弟弟。"这样就会增加形象性、趣味性，而且便于记忆。这就是一线实践为我们职业院校的教师提供的信号，让我们的教学方向更加明确。

四、奥尔夫音乐教育

奥尔夫音乐教育更是我们需要了解和融入的。这种音乐教育的模式也是这些年才在我国活跃起来的，而且对理解力和智力水平低的幼儿学习复杂的音符音阶和节拍等都有很好的效果。前些年，我们学院有了高端的实训楼后，里边有奥尔夫音乐教室。当时领导非常重视，要求音乐老师去上课，但全校只有两位教师能上这个公开展示课，所以这方面职业院校前几年还是比较薄弱的。后来，学校引进专家讲座，比如，河北师大的王教授讲解了奥尔夫音乐《狮王进行曲》，有形象的动物图片，还有动物的叫声，有动物的角色感，这些都融入音乐节拍的训练中，而且带领幼儿创作音乐，很形象，很有趣，而且加上自己身体步伐的体验，也是很有效果的。此外，我记得一个幼儿园园长训练她自己孩子练钢琴，孩子特别小，用的是给他奶奶捶背和自己拍腿来体验节拍。而且在沧州幼儿园实践，我就有幸观摩了小班奥尔夫音乐课。首先是导入环节，我们的毕业生欣宇讲的是关于鸡蛋的儿歌，最开始拿着真的鸡蛋展示给幼儿，让幼儿摸一下感知，这样就导入了自己的音乐课堂：一首蛋宝宝的儿歌，接着听着儿歌用语言讲解一下意思，然后再听儿歌，用拍打身体来感受节拍，感受音乐的律动，最后拿出奥尔夫乐器，逐一回顾了这些小乐器的使用方法，讲得也很耐心清晰（当然咱们还需要了解这些乐器的名称和方法：摇铃、沙锤、铃鼓、双响筒等），然后再把乐器发给幼儿，让幼儿跟着音乐一起舞动。其实我觉得小班这样讲已经很形象了。其实奥尔夫音乐的精髓就是用身体、用乐器感受节拍，而且能自己创作简单的音乐。这些音乐老师也应该多多体验，既然幼儿园很需要这种新型的音乐教育方式，其也很有效果，那么我们的课堂就应该多多体现。而且笔者学校进行课程改革时，也已经在学前教育专业钢琴、声乐等音乐技能课程融入了奥尔夫音乐模式，有的直接把奥尔夫音乐作为选修课开设。这能让幼师自己学习音乐、创作音乐变得很快乐。而且奥尔夫音乐的教法也融入了职教课堂。而且从本书第一章的讲故事能力中，我也提到过，讲故事需要律动，其实这个律动也和奥尔夫音乐的原理类似，我们可以把这种律动变成拍打身体的节拍儿歌，这样讲故事的效果也一定非常不错。

最后总结一下奥尔夫音乐教育的总体收获：
（1）让学生了解这种幼儿音乐教法。
（2）把这种音乐教法融入职业教育。

五、幼儿英语教育

接下来说一下幼儿园英语外教教育活动对职业课堂英语教学的启示。其实在幼儿园中英语课虽然相对于汉语言课比较少，但也是必开的课程。但笔者去幼儿园实习时发现，幼儿英语的老师大部分都是专项教师，也就是负责每个班的英语课，不参与其他教育活动。有能力的幼儿园请的是外教任课。而学前教育专业的毕业生作为带班老师，大多无法胜任幼儿英语教学，这给职业教育提出了警告。我实践回来后就和英语老师找原因，分析之后，得出结论，主要原因是大部分学生对英语有畏难情绪，而且觉得英语不那么重要，所以课堂上学习英语的氛围不浓。针对这些问题，我们在学校有一个尝试，鼓励英语教师创建英语情景剧社团，打算先把英语基础好的学生聚到一起，由英语老师集中培训，进行展示，宣传英语的效果，这样也能够激发学生学习英语的热情。而且在幼儿园即使不教英语，也需要对外教进行辅助和配合，还要在幼儿学完英语后进行复习和巩固。所以，我们的学生英语关也要攻克。下面对幼儿园外教英语活动进行分析，希望对职教课堂有所启示。

（1）外教的律动和游戏值得借鉴。例如，一位老师开始导入部分，就是和幼儿一起律动，大声说，夸张做动作，幼儿跟着说、跟着做，很开心。然后开始了新课程的学习，老师带来的是几个词组，五六个词组，五六张纸卡。老师先自己一张张出示纸卡，一张张地教幼儿认读，示范，幼儿跟读。然后用几个游戏加深记忆，一个是自己拿着球，把纸卡连续排练，球打到什么位置，幼儿需要读哪个词组。之后用单腿跳的方式，跳到哪，读哪一个词组。整个课程孩子们大声说，大声读，夸张地做动作，尽情地参与。孩子的开心是无价的，和一直在传统班和传统老师的监督下的拘谨和压抑确实是天壤之别。

（2）学生对词组和单词的理解感到有些茫然。这个环节，老师确实做到让孩子快乐、开心了，但是孩子们浮躁和好动的内心怎么收敛和安抚呢？当有的孩子因为躁动影响整体的纪律时，外教老师很无力，这也许有语言障碍的问题。所以，这时候，外教老师需要靠带班老师管束和压制孩子。而且当做这些律动和游戏时，强调的是齐读和齐说，但当老师不再提示，幼儿还是不会自己认读。此外，词组的意思也缺少形象的讲解，缺少形象图片的协助，所以幼儿对词组的理解也会淡化。总感觉这位外教在动和静、讲和演、玩和学之间的分寸还差一些火候，如果再加那么一点点拨，会更好，这也很棒了。其实我们自己也是一直徘徊在动和静、讲和演、玩和学之间。

总体上，英语教育的反思：
（1）职教英语课堂应引入游戏和律动。
（2）游戏和律动的单词相关性要加强。
（3）外教对孩子们的纪律要求要加强。
（4）动和静、讲和演、玩和学的分寸感要加强。

六、小学化教育

最后说一下小学化教育书法课和传统文化的重要性。

每次进入一所幼儿园，都会听到园长对小学化的无奈，也会看到小学化的痕迹。在大班、学前班，小朋友们已经多了很多作业，也多了很多识字拼音和数学题的学习时间。每次园长和老师都是因为家长的呼声和强求才有这样的教育之痛。私立幼儿园需要生存，家长需要孩子多学东西，沧州地区的小学一年级又不学东西，所以大班和学前班是学知识的关键期，否则小学一年级的过渡和巩固复习阶段，孩子会跟不上。如果家长真的看到在幼儿园"玩"着学习，小学不被落下，家长也就不会再去否定这种"玩"的教育了。这个问题需要研究调查解决。但既然小学化无法避免，就应该让孩子们学知识变得自主和有兴趣，这对幼师的教育方式和方法也提出了更高的要求。所以，我们在这种小学化背景下就要有职业教育的应对之策，让孩子能基础知识扎实，不会教错，还需要多了解形象化教学的教法。

在幼小衔接班，笔者听了一位褚老师的儿歌识字课。其实对于儿歌，小朋友们应该不会觉得难，老师领读，展示，讲解，是一贯的方式，没有什么新鲜的，但老师的导入、老师的诱导和老师的互动才体现老师的能力。这位褚老师讲得很流畅自然，诱导得也很自如有效。后边讲了新的汉字"早、书、尺"。褚老师在讲这几个字的书写时，首先用形象教法，比如，早怎么书写，从字的形象意思入手，早是太阳升起来，书是一页页的纸穿起来，用钉子订上。这样讲，和字的意义有些联系，所以小朋友们书写也会记住字的意思，会记住书写的结构和笔画。这些就来源于甲骨文和造字法。而且听了这节课，我挺感慨的，如果幼儿老师把字的笔顺教错，后果严重，因为我们自己写字都有倒插笔，幼儿最初书写汉字时，如果写错笔顺，后边知道错了，也不好改了。而且笔者也亲身实践了一堂学前班儿歌识字课。自己提前也做了一下准备，怎样导入，怎样教儿歌，怎样教汉字书写，其实笔者作为口语老师，对阅读部分不是很紧张，而且儿童文学和口语教材上都有儿歌，绝对没有问题的，但教汉字比较心虚，因为对初学的幼儿来说，汉字的笔画书写绝对不能误导，经常连笔写字的我总怕哪笔不对，笔画名称怕自己说错，汉字书写的精确结构自己也已经模糊，复杂的字怎么让小朋友们会写呢？由此感觉幼儿教育不简单呀！所以，我提前在百度上也查了今天要教会小朋友们书写的两个新汉字的书写细节，"林"和"家"，比如，林的第四笔是点，总怕自己说成捺，而且家的第二笔是点（现场问一下大家，也会说错）。笔者评价自己的试讲说：林这个字简单，很好练，这个应该没有太大问题。但当讲家的写法时，我觉得有些无力了，孩子们对这么多笔画的字接触得少，而且这个字也不好写，笔者在此加了一个形象造字的细节故事：古人没学会种田的时候多靠游猎为生，抓到多余的猎物就蓄养起来，以备不时之需，而蓄养最多的是猪，这样才固定下来生活，所以养猪的地方也就成了"家"。"家"这个汉字就是房子里有一头猪，"高高有座小房子，头上有个小鼻子，圆圆身子细尾巴，四条小腿两边踢"。简单地把这个字的形象和大致笔顺说了一遍，一边说一边写。所以职业教育的课堂一定得让学生重视书法课，重视汉字的书写笔顺。而且褚老师说孩子们在田字格里的拼音写法有的因为在别的园学得不对，就很难改了，书写得也会不好看。我曾经去献县的幼儿园调研，有个园长就说你们应该让孩子们提升拼音这些基础知识。由此可见，在我们的课程里多加些汉语基础知识是很必要的。而且为了在讲解汉字时多些对字形形象的教法，我们也应该多了解汉字的起源。其实这些汉字的教法也都是源于甲骨文的造字法。2017年暑假后，央视开学第一课就是宣扬中国传统文化，有汉字的追根溯源，也有文学之类。中国传统文化源远流长，在教育界传承中国传统文化也会是一个改革浪潮。我们也应该及时洞察这种方向，及时调整人才培养方案。

最后总结一下小学化教育弊端的应对之策：

（1）幼儿教学力求形象化、简单化。

（2）幼师基础知识力求扎实、准确。

（3）应加大书法课和传统文化课程的比重。

第二节 幼儿园多次语言教育活动引发的职业性思考

其实职业院校的教师参加企业实践也会有一些困难，可能会碍着面子，不好意思开口，也许会怕自己讲不好会丢人，也有的是自己在幼儿园看看觉得

第三章 "语言教师视角"实践下我对职业教育衔接幼儿教育的思考

足矣。其实如果教师不亲自参与，就没办法换位思考，没办法把教学一线的东西发自内心地传达给学生。而我有幸通过这几年的实践经历，亲自参与了多次语言教育活动，现在抽取最有代表性的体验活动，分析一下一线幼儿园真正需要的是什么。

（1）在中班，早间的话题分享活动需要简单温馨和互动。在某所幼儿园每天的早晨会设置一个早间话题分享环节，一是吸引幼儿吃饭别磨蹭，二是填充幼儿园吃早饭和上蒙氏课之间的等待期，三是可以锻炼孩子们的语言能力。根据这个活动的特点，我选了一个特别简单的小故事《蚂蚁小黑豆》，而且怕孩子们拘束，设置了一个和小朋友加深感情的互动，那就是和幼儿拍手击掌，嘴里一起说"我们是好朋友"，这样和孩子们能热络一下。然后再进入故事，而且加强和幼儿的互动很重要。因为这是一个话题分享活动，需要幼儿一起参与，所以当讲到蚂蚁黑豆找到面包渣，没有自己吃掉，而是回家和妈妈一起吃，为了激起幼儿参与的欲望，就问他们如果有好吃的会不会和别人一起分享，会和谁分享，而且和别人分享很快乐，要想着别人和爸爸、妈妈，这才是好孩子，这样既能引发他们表达的欲望，又能教育他们。当然笔者设置的互动绝对没问题，讲故事的语气也没问题，但怎样关注幼儿躁动的内心和注意力分散的特点呢？笔者一直教的是大孩子，在这一点上还是比较忽视。附近的幼儿能一直跟着自己的故事和语言思考和倾听，但远处的孩子就无法关注。调控孩子的语气我做得还很不到位。幼儿的老师不好当。我也能更加理解自己职教学生未来工作的难度。而且我通过这次体验，可以把这种经验提前告诉我的学生，让他们提前学会应对幼儿教育的方式。

（2）在小班，讲一节爱诺主题课。爱诺课是以故事为引子开发幼儿的各项能力，而且有丰富的课件。带班老师已经用电脑和课件讲《小猫钓鱼》，已经让幼儿了解了故事情节，了解了故事的道理。第二节是美术活动：怎样画鱼。所以，我在这里选的第三节主要是数学逻辑智能训练，讲清长和短、最长和最短的问题。虽然需要从故事中鱼竿来讲解，但我因为是插在中间环节讲，不想用课件，所以依据活动手册中的大致活动流程，自己又找来长短笔和长短筷子做教具来形象讲解，而且为了让学生有亲身体会，还引导他们从蒙氏教具操作区找到红色的竖棒来进一步认知长、短和最长、最短的问题。这个班是小班，所以开始我以为小班一定比中班难以控制，内心很忐忑，但孩子们很给面子，很配合，注意力都很集中，而且积极回答问题，还积极参与互动，体验还算成功。通过这次体验，我感觉幼儿还是很活跃。但只要能够找到形象和有趣的教具和方法，吸引住幼儿，课堂就会成功。

（3）小小班体验了讲故事教育活动（两岁和两岁半孩子）。开始我被要求在小小班讲故事，就有些没底气，不知道小小班的孩子属于什么理解阶段，这方面真的感慨学前教育和学前心理的重要，希望职业课堂的孩子们一定不能忽视。但实践出真知，尝试后才能总结方法。于是我选了在职业学校指导学生参加学前教育专业技能大赛时用过的一个故事《青蛙卖泥塘》，这个故事很短，情节也很简单，就看小孩子的理解力和互动配合效果了。先用谜语导入：白白肚皮大眼睛，捉起害虫顶呱呱，农民伯伯称它绿衣小英雄。讲到这里，问孩子们是什么呀？竟然有孩子猜是螳螂。看来小朋友们还是没有那么高的智力水平。于是又接着说，它叫起来呱呱呱（口技模拟）。这个时候，好多小朋友都猜到了青蛙。在这点上互动做得绝对没问题，但必须关注幼儿的年龄特点，也要根据幼儿的反应及时调整语言、调整内容，直到幼儿能理解。而且，接下来我没直接往下进行，而是适时表扬幼儿，回答对的，伸出双手大拇指点赞，夸他们真棒，然后才往下讲故事。这个设置主要因为幼儿注意力太短暂，所以必须适时互动，吸引他们的注意，才能拢住他们。而且为了吸引他们，必须加强角色的变声和口技的渲染，比如，讲到野鸭子大婶飞来的时候，已经有小朋友在嘴里"嘎嘎嘎"了，鸭子的"嘎嘎嘎"口技适时模仿，做着动作靠近孩子们，他们被逗得哈哈笑。还有青蛙卖泥塘的吆喝声、语气等都得互动着讲，小朋友们的反应真很棒。当问到青蛙能不能卖掉泥塘，为什么卖不掉时，有小朋友回答很到位，因为太脏、没草等。最后问青蛙还舍得卖掉泥塘吗？他们都能跟着老师一起说：不舍得。我通过亲自体验发现互动很重要，而且一定要根据幼儿年龄特点设置教学方法和教学内容。

总体来看，通过这次体验可以获得学前教育理论课和学前教育心理课非常重要的信息，这是事实验证过的，很有说服力。而且从这堂课也能体会到职业课堂的老师讲课重点不是教学生怎么理解，而是教会学生怎么让他将来的学生理解。

（4）学前班的儿歌汉字课体验。小学化最浓的大班和学前班幼儿学的知识是实实在在的。虽然小学化很无奈，但要讲一定要讲好，一定不能误导幼儿。

总之，我以一名语言教师的视角去近距离体验，最终获得换位教学的反思和收获：

（1）换位教学的换位，体会幼师工作的复杂性。

（2）职教课堂必须加强汉字、拼音基础知识的训练。

（3）无论职教课堂还是幼儿课堂，互动和律动都很重要。

（4）向职教学生传达不同年龄段幼儿的心理特点一定要重点关注。

（5）因为幼儿的年龄特点，职教学生一定要提前思考幼儿纪律性管束的把握分寸。

（6）幼儿的年龄特点决定了幼师对幼儿的全体关注度的把握还有待提高。

（7）在幼儿教育阶段，能做一名让幼儿喜欢的幼师很重要，也很有职业自豪感。

第三节　幼儿园一日常规保育活动引发的疑问和思索

对幼儿园孩子哭闹、顽皮、生病、小便等的关注和思考。

（1）在小班经常会有新入园的孩子一直在哭闹，怎么处理呢？这会让老师很头疼。有的老师专门抱着这些孩子及时给予特别的照顾。其实小孩子一直哭，又刚来，除了哄几句和抱着爱抚着，还有没有其他的方式呢？可能幼师心里也没有明确答案，只是哄着，用爱去让幼儿放下陌生和恐惧包袱。而且自己的想法是首先怎么让他们觉得上幼儿园好，先打破想妈妈这个心理，抱和哄，幼师能扮演妈妈的角色。对幼儿充分的关注和爱护，加上哄着和抱着，也会有效。接下来就要让幼儿参与一起玩的活动。让大一些和懂事的孩子辅助一起带着新朋友融入应该也会有效果。可能也会有其他有效方式。在这里我提出这方面的思考，就是为了引起职教学生的重视，幼儿教育无小事，哭闹能解决好，也是一项重要工作，也能见证幼师的能力，当然也能作为幼儿园教育的科研课题探索方向。

（2）小托班孩子因为有刚入园的不适应，也有年龄太小的娇弱，所以生病的概率比较大。比如，实践时就碰到孩子发烧到38度多不退的情形，当然这需要通知家长接回看病，老师也会做一下及时处理，给孩子额头贴退烧贴之类。年龄小的幼师还是会求助年龄大些有孩子的幼师。其实年龄小的幼师挺不容易的，自己没结婚、没孩子，在这当人家的妈妈，伺候头疼脑热和吃喝拉撒。想想我们学校的学生将来的职业也是很沉重的，但我在这里指出这一方面的问题，目的是让他们了解幼儿卫生保健真的很重要，如果幼儿一直咳嗽、爱吐等，应该怎么处理，家长觉得有的头疼脑热不值得回家，只能幼儿老师自己处理安排，让孩子们喝水多些。通过这个环节我还了解到，孩子们活动尽兴后，要及时补充水，而且最多喝两小杯水，有的家长让多喝，有的是喝一杯，对于这个怎么控制，我认为在职业教育的幼儿卫生保健学科中老师应该会有探讨和指导。

(3) 对性格特异的孩子应该怎么管理呢？这也是个技术活。毕业生冬月的班里一直有个特别调皮的孩子，一点都坐不住，每次还得让一个老师负责监管着，而且自己经常会摁音乐，一有音乐就乱动，自己经常投入自己的思想中自言自语。这种现象也引发了我的感慨，一个年龄段的孩子性格各异、千差万别，真的是不同家庭环境、不同性格、不同习惯，有的孩子就特别听话，而且自己干什么事都很规矩，但碰到不听话的怎么办呢？也许研究一下家庭教育和学前心理，能找到合适有效的方法吧。但当时体验的真实情形是在这个班，除了老师把着拽着，要不就是拿家里最怕的人吓唬一下，要不就哄着，也没别的办法。这些其实都是幼师应该研究探索的课题。

　　(4) 在一所私立幼儿园中，大班带班老师说好几个从公立幼儿园转过来的孩子都有个问题，憋不住尿，20分钟就得去一次厕所，但其他的孩子就不那么勤着去厕所，而且这些公立幼儿园的孩子爱尿裤子。我有些不解，幼儿是有感觉就去厕所，还是有所控制，而且不同年龄段有没有不同的控制，有没有合理的标准，为什么公立幼儿园有这个特点，而私立幼儿园是这种方式，哪种对呢？后来我问了同事，同事说幼儿卫生保健课程最初用的教材也提到孩子的如厕问题，作为幼儿一日生活制度一条讲得少，新教材如厕作为一节的内容出现，讲得比较多。而且小班不应该限制孩子的小便，上课时间较短，老师的内容必须很有吸引力，随着幼儿年龄段的增长，可以慢慢引导幼儿控制一些。我们在讲这部分时其实可以把在幼儿园遇到的保育问题作为案例分析，可以培养学生发散思维。这个过程就是一个训练和学习的过程。

第四节　专业教师幼儿园实践引发的教科研方向定位

　　如果不说是为了进行教育教学改革，说得更功利一些，职业院校的教师评职称也很需要这种企业实践，如果说到连锁反应，就是做课题，发论文，既然功利避免不了，就把这些工作做好，也能使教学和教研受益，能解决实际问题。再加上教育研究课题时，有的仅拘泥于自己的学科，也就是研究比较普通的课题，这样的课题没有职业价值，也就没有研究的意义，而现在也提倡横向课题，就是和企业相关的课题。这样的课题不仅服务于职业教育，还能直接让幼儿园企业方受益。我其实就是这方面的一个体验者和受益者。以前评职称时有一个基本资格，必须要有省级课题，但省级课题竞争激烈，不容易立项，我也是失败多次，后来通过南皮幼儿园的一次实践，让我有了触动和收获。这个幼儿园是北京博苑幼儿园集团的加盟园，而且有自己本土的特色。我发现别的幼儿园在改进教育内容和教育手段的时候，这所园已经把重心转向了家庭教育，而且做得非常好。我当时还疑惑怎么这么重视家庭教育呢。同时，我也发现河北省教科所有一个重大课题的子课题发布信息，竟然也是家庭教育的课题。于是我就把我的课题的视角从以前一直关注的幼儿语言教育转向幼儿家庭语言教育。再加上职业教育的心理学科中"全语言"的理念引领，最后真的成功立项。在结题前，我还是去了这所幼儿园调研，搜集材料进行整合。我最后结题汇报的时候，说到我们的一个成果——为了起到幼儿园对家庭语言教育的引领作用，我们采用的一个方式就是孩子入园的一个门槛是对家长进行面试，而且面试成功后必须阅读《捕捉孩子敏感期》，才让孩子真正到这所幼儿园学习。当时评委很感兴趣，说这个方法很新颖，也提到私立园面临着招生的压力，还能借助家长面试，对家长有一种引领和教育，确实很难得。其实这个方法就是这所幼儿园一直在实施的，这也是我在企业实践的收获。

附录1：我在沧州T幼儿园的实践调研日志

一、幼儿园蒙氏教育和爱诺教育实践总结

第一天

又一次走进幼儿园，记得上一次是许多年前，那时候学生实习才开始，老师也很认真，也跟着去听听课，一节课的案例被我用了许多年，但我可能只知道那几个亲身体验的案例，现在终于又打起精神，鼓起勇气，再次进园学习。终于不用抱着老生常谈和老掉牙的案例过日子了，该更新了。

这次来到的是沧州T幼儿园，第一个感觉是比县级市的幼儿园高端，硬件不错，而且通过几位技能大赛优秀选手的朋友圈，我对这所幼儿园也已经有了初步了解，感受到了毕业生的工作激情和几位同学一起工作的那种志同道合的和谐。从心里感觉这个地方绝对会有独到之处。我需要学习和了解。刚进入这里，我就明确了我的学习目标就是幼儿园中怎样开展幼儿语言教育。我通过自己半天的观察，通过学生的介绍，通过与园长的言谈，今天有以下的了解和收获：

（1）对于万悦在童童班小班的教育活动，最惊讶的是万悦作为老师轻柔的声音。我很好奇地问了杜晴，她说开展活动讲话就是这样的，因为蒙氏教育讲

求的是安静和平和，让幼儿也能在这种润物细无声的教育中不浮躁，很平和。这种教育我赞同，虽然声音没有激情，但是在幼儿躁动的时期给予平复和引导。

（2）孩子们都按照规整的程序有条不紊地活动，听到音乐、简洁的指令性语言，都知道该干什么。经过了解，这些都是潜移默化的习惯。学生已经形成了一种惯性。习惯和惯性，我觉得不一样。习惯大还是惯性大，只有经过后边的学习我才能了解。

（3）幼儿园的小朋友无论玩什么，幼儿老师都会明确目的。比如，在家可能是瞎玩，但到幼儿园小朋友们都有操作台，好多种玩具、教具，自由选择，有积木，还有一些过家家做饭之类的，还有我不明白的教具。学生玩是为了锻炼能力，幼儿老师很明确，应该也能给予明确有效的引导。比如，玩积木，我们可能只知道是操作能力，很笼统，但幼儿老师可能就能明确操作能力中哪些具体的方面。这些可能当妈妈的人会去关注，我就了解很少，现在我也不能明确，学生摆弄道具会出现哪些创新，但晴晴他们却说他们自己摆弄的都有不同的想法。这点我也得进一步去了解。

（4）最大的收获是这次获得了一线的一手资料。我看到了幼儿园3～6岁儿童学习与发展指南，感觉以前没看到过这么细致的指南，而且有于园长的批注，这是她参加石家庄的幼教专业培训时获得的资料，涉及幼儿园五大领域和每个领域需要幼儿达到的目标，最重要的还有对幼儿教师的教育建议。还有一个资料是和我的专业有关的，那就是一本主题活动教材，好像是她们加盟的新加坡的爱诺教育的主题活动教材。我复印的是这本主题：我是好宝宝的主题教育活动。而且这个主题活动就是通过一个《小猫钓鱼》的故事开展的。这个主题活动的目标很明确：音乐智能、身体运动智能、语言智能、数理逻辑智能、自然观察智能、人际关系智能、内省智能、空间智能。这些目标正好就是幼儿园的五大领域。一个故事主题的教育活动就能锻炼幼儿的各项智能和各项技能。当然我会关注各项智能教育中的语言教育，更加关注的是语言智能活动中的语言教育的开展，故事中问题怎样设置，幼儿教师怎样通过讲故事达到语言教育的目的，这些都是我最关注的。

希望下周一的实践克服被动性，一定主动地去了解自己最想了解的，加油吧！

第二天
周一主要在爽的中班。
首先，她们的认真、可爱吸引了我：昨天爽班排练节目，其中一个情节是有个小朋友生病晕倒,当音乐到的时候,一个小朋友配合得很好,立即趴倒,其余小朋友立即说:"老师,某某晕倒了。"这是个感人的节目,看到这里我被孩子们认真地配合和投入吸引了。孩子们太可爱,也很认真。他们认真地听从指令走着蒙氏的线,有序地操作着蒙氏的工作台,那份认真里还透着可爱。在活动中,孩子们口中的"老师辛苦了"和把工具恢复原样的认真表情总让我惊讶不已。虽然孩子们没有成人那种理智,但习惯的养成真的在幼儿园潜移默化地进行着。

其次,我明白了蒙氏在幼儿园的分寸。开始我对蒙氏的教育很欣赏,但又怕蒙氏的规矩和轻柔安静教育压抑了幼儿的个性,虽很有效果,但又怕有副作用。但是通过观察和了解,我发现T幼儿园只在早晨九点才有蒙氏一小时:走线、操作教具工作台等。仅仅一小时,既能沉淀幼儿浮躁的内心,又不至于太压抑,太缺乏个性。这就是T幼儿园对蒙氏教育运用的分寸感。我觉得这样效果很好。

第三天

昨天接到爽爽和黄娜、彬彬交付我的小任务,这也是给我亲自实践的机会。我虽然是幼儿老师的老师,但在直接面对幼儿的教育活动中,自己还是个学生,我的学生是我的老师,将来我在自己的教学中更有就业针对性了。很感谢这样的机会。回家后,我认真准备了一下。

爽班是早间的话题分享活动,需要简单温馨而且互动。所以我选了一个特别简单的小故事《蚂蚁小黑豆》,而且怕孩子们拘束,我也设置了一个和小朋友加深感情的互动,那就是和幼儿拍手击掌嘴里一起说"我们是好朋友"。这样和孩子们能热络一下。然后再进入故事。而且加强活动中间的互动也很重要,因为这就是一个话题分享活动,需要幼儿一起参与,所以当讲到蚂蚁黑豆找到面包渣,没有自己吃掉,而是回家和妈妈一起吃,为激起幼儿参与的互动欲望问他们如果有好吃的会不会和别人一起分享,会和谁分享。而且告诉孩子们和别人分享很快乐,要想着别人和爸爸妈妈,这才是好孩子。既能引发他们表达,而且又能教育他们。当然自己设置的互动绝对没问题,讲故事的语气也没问题。但怎样关注幼儿躁动的内心和注意力分散的特点呢,所以自己还是很有无力感。附近的幼儿能一直跟着自己的故事和语言思考和倾听,但远处的孩子自己就没很好的关注。调控孩子的语气自己还很不到位。所以孩子们的老师不好当呀。但通过这次互动分享,小朋友们很喜欢我,在看自己的实践视频时,最逗的是,当我在极力调控孩子们的躁动时,有个很可爱的小女生偷偷亲了我一下，我很惊讶也很感动更欣慰呀。就这短短的时间孩子们的感情这么容易输出。这就是天真烂漫的幼儿，没有一丝的遮掩，没有一丝的限制。

在娜和彬班，则是讲一节爱诺主题课，爱诺课是以故事为引子开发幼儿的各项能力，而且还有丰富的课件。而且我也已经听到娜用电脑和课件一直在讲《小猫钓鱼》，已经让幼儿了解了故事情节，也已经了解了故事的道理，彬彬也已经讲过画鱼的教育活动了，所以我选了一个讲长和短，还有最长和最短的问题。虽然需要从故事中的鱼竿来讲解，但我因为是插个小空讲，不想用课件，所以我依据活动手册中的大致活动流程，自己又找来长短笔和长短筷子做教具来形象讲解，而且让学生为了有亲身体会感觉，还引导他们从蒙氏教具操作区找到红色的竖棒来进一步认知长短和最长最短的问题。娜班孩子是小班，所以我开始以为一定会比爽班难以控制，内心很忐忑的，但孩子们很给面子，很配合，注意力都很集中，而且积极回答问题，还积极地参与互动。很棒！但自己还是对很简单的问题怎么能给懵懂的幼儿讲明白很迷茫。还需要努力呀。而且因为没有课件，也没有时间做图片之类，最后没引到故事上的鱼竿长短。还是不够全面，过后我还需要总结和反思，这样才会进步呦。

明天要去晴和悦班了。小小班会怎样呢。晴晴让我讲个故事。我选的是《青蛙卖泥塘》，这么小的孩子又是什么状态呢。拭目以待吧！

第四天

今天的实践直接进入的是悦班和晴班的小小班，也叫童童班。第一次长时间关注小小班，班里都是两岁半左右的孩子，给我最直接的印象就是太难控制了，孩子们话还没说清，每个孩子都很懵懂，这怎么开展教育呢。所以我为杜晴和万悦叫苦。但通过观察我发现，这么小的孩子已经大面上懂些规矩了。这还得益于带班老师杜晴和万悦，还有保育教师刘老师的耐心引导和教育呀。而且我觉得对这种小孩子必须首先建立规矩，让她们听指令。这需要恩威并用。比如如果一个孩子不听话，老师可以用责备的语气，告诉幼儿这样不对，而且还要控制他玩的行动，别的孩子可以玩，他不能玩，别的孩子可以操作工作，他不能，而且还采取晾着他不理他。这样孩子会觉得自己和别的孩子不一样了，自己做错了。这时候老师必须适时的进行开解和爱哄，并问他知道错了吧，现在做得很好，就可以和其他小朋友一样去玩了。这样有批评有表扬而且狠下心不宠惯着孩子，家长就做不到。所以把孩子送到幼儿园绝对有效果的，钱是不白花的。所以看着小朋友们这么小从老师手中拿东西就知道说声谢谢，这么小就知道操作完工作把垫子放回原处，无论做活动还是吃加餐都能坐在小

第三章 "语言教师视角"实践下我对职业教育衔接幼儿教育的思考

凳子上保持大致的安静,已经很不易了,既感慨孩子的不易,又在感慨老师的不易。

在小小班还有一个收获,那就是体验了讲故事教育活动。开始晴晴说让我在她们班讲个故事吧,我就有些没底。不知道小小孩属于什么理解阶段,这方面真的感慨学前教育和学前心理欠缺呀,但实践出真知,试试不就知道了吗!我选了技能大赛中的《青蛙卖泥塘》,这个故事,张蕊在技能大赛中第一次讲的,周颖是第二次讲过,今年陈宇是第三次讲。培训了三次这个故事,所以驾轻就熟。而且故事很短,情节也很简单。就看小孩子的理解力和互动配合效果了。开始讲,我就问晴晴,她们能猜谜语不?晴晴说不知道,试试呗。于是我就开始了:小朋友们,今天冬冬老师给大家讲个故事,讲之前,咱先猜个小谜语。白白肚皮大眼睛,捉起害虫顶呱呱,农民伯伯称它绿衣小英雄。讲到这,问孩子们,没猜对。看来小朋友们还是没有那么好的智力水平,于是我又接着说,它叫起来:呱呱呱。这个时候,好多小朋友们都猜到了是青蛙。在这点上我应该表扬一下自己,互动做的绝对没问题,根据幼儿的反应调整语言调整内容,直到幼儿能理解。而且,接下来我没直接往下进行。而是适时地表扬幼儿,回答对的,伸出我的双手大拇指,和小朋友们小手拇指点赞,夸他们真棒。然后才往下讲故事。我觉得幼儿注意力太短暂,所以必须适时互动,调动他们的注意力才能拢住小孩。而且为了吸引他们必须加强角色的变声和口技的渲染,比如讲到野鸭子大婶飞来的时候,已经有小朋友在嘴里"嘎嘎嘎"了,鸭子的"嘎嘎嘎"口技,我适时地模仿,做着动作靠近小孩们,他们被逗得哈哈笑。还有青蛙卖泥塘的吆喝声、语气等等都得互动着讲。小朋友们的反应真的很棒,当问到青蛙能卖掉泥塘吗?为什么卖不掉时,有小朋友回答很到位,因为太脏,没草等等。最后问青蛙还舍得卖掉泥塘吗?他们都能跟着我一起说:不舍得。只是,最后告诉小朋友们,也要和爸爸妈妈把家里打扮漂漂亮亮时,小朋友们就说得好玩了,有的说家里没花,家里没水等等。所以讲故事也都得根据幼儿的年龄段去调整呀。

总之这个小小班之旅收获还是很大的。自己的体验也很深刻。

第五天

今天本来打算抓住最后的机会去大班体验学习。但早晨刘爽说一会彩排,大班的也去,所以我就直接去四楼舞蹈室看彩排了。那真是各尽其职,自己组织自己班的,整体还算有序,但幼儿的世界真的不好控制。大班、中班、小班、小小班的节目真的很符合各自年龄段,孩子们也都表现不一。对于幼儿老

119

师来说，每个阶段的孩子都有不好控制的年龄因素。我觉得幼师能让幼儿规整地按照她们的指引跳动、舞动和走位等，这就是很不错的了。我觉得最难的是齐迪指导的两个小班的舞蹈，人很多，其实孩子们不要求跳得多标准，但当老师示范时孩子们都能跟着一起动，老师指引到一个位置和环节，哪个位置的孩子需要动、需要跳。我觉得齐迪指引得不错，控制得也很好。我最感慨也最自豪的是我们学校毕业的这几个技能大赛的优秀学生一起表演的舞蹈，那种舞姿和乐感只有经过专业培训才会达到，自己作为他们的老师很有荣誉感。

看完节目，我和周月去了大班，想抓住最后的时间瞅一下，看到孩子们在写作业，做练习，老师在给个别学生讲解。他们已经把拼音写得很规整了，声调也已经学会了。我们和老师也交谈了一下，说这个阶段，也就是大班，孩子们主要就是学知识了。现在到了期末阶段，讲课就少了，主要是练习。在这个阶段我也观察到，大孩子的事更多，经常会问老师问题，也经常告状。一位老师说有的大孩子问的问题很难回答，很奇特。对此，老师也会加以限制，告诉他们一天问的问题不超过几个。这位大班老师也说和小班、中班比，虽然孩子好归拢，但老师很费脑。我也看了看他们的教材，他们其实也像小班、中班一样，也有蒙氏课程和爱诺课程，但是因为知识的讲授，这些课程在大班就会淡化。蒙氏教育活动少得很明显。也会有爱诺的课程教育，其实我经过这几天对爱诺的了解，它也可以让学生学习科学知识，学习数学知识，但学生小学前的知识积累还是无法达到要求。所以，这种课也会相应减少。这个幼儿园在语文系列中选用的是一套《汉文化教育启蒙教育读本》，这是一套专门帮助4～6岁儿童和小学低年级学生快速高效突破识字关和阅读关的全新教材，共三册，分为《韵律拼音》《韵文诵读》《成语接龙》和《早期阅读》四部分内容。从书中的前言了解到，这套教材遵循《幼儿园教育指导纲要（试行）》精神，在汲取国内外最新幼儿教育理念和儿童语言教育成果的基础上，认真地研究汉字阅读教育规律，总结吸收以往汉字教学的得与失，重点解决了识字阅读教育中的趣味性不足、识字与阅读分离、识字与幼儿教育总体目标脱节等方面的问题。对里边的内容我也翻了翻，没有细致了解，但我感觉在兼顾知识和能力方面应该是不错的，但这本教材又兼顾幼小衔接的知识，所以难免会有知识灌输的嫌疑。但分园的于园长说，现在虽然国家不让幼儿园用教材，但现实中家长希望孩子明显地学到知识，到了小学不能跟不上。所以，现在是一种恶性循环，家长要求幼儿学知识，小学一年级就会淡化知识，适应小学习惯，老师就会讲得少，这样如果幼儿园遵循国家的理想要求，不过度灌输知识，孩子到了小学会跟不上。这真是一个无法解决的问题，也是值得研究的课题。这和我接下来要研究的全语言教学观的教育有关。实习结束，我也该从事这方面的研究工作了。学习无极限呀。

最后利用今天中午和下午，我和实践的几个班集体合影留念，还和咱的学生、于园长合影留言，很值得回忆。自己学到很多。

二、幼儿园的语言教育理念和方式总结

通过一周的沧州 T 幼儿园的实践，通过和 T 幼儿园于园长的交流，我发现，T 幼儿园对孩子的语言教育主要是通过蒙氏教育中教具工作台操作和爱诺教育中六种智能多元教育。这两种教育都提倡对幼儿的教育要综合在多种活动中，对人的教育是整体的、综合的，不能肢解。这正好符合语言教育全语言教学观的教育理念。但在大班的教学中，这种蒙氏教育就在淡化，因为蒙氏教育把对幼儿思维和智力的培育都渗透在具体的教具操作和活动中，成效太慢。虽然大多数家长还是比较支持和认可幼儿园的教育方式的，但到了大班，孩子在上小学之前，家长对孩子的拼音和汉字基础知识的要求还是很高的。所以在大班阶段，孩子做练习的时间很多，写拼音，练汉字，做语文题，已经完全是小学化的教育方式了。总体来说，T 幼儿园也很重视幼儿的全语言教育，但在总体教育理念上还没有完全坚守全语言教育的阵地。但其蒙氏教育和爱诺教育运用得很不错，这些方面在幼儿园已经形成系统化的全语言教育体系了，但回到家之后可能家长的传统教育占了主导，所以说 T 幼儿园在这一方面还没有引起重视。

附录 2：我在沧州 C 幼儿园的实践调研日志

2017 年 7 月 17 日　星期一

今天怀着忐忑的心情按照约好的时间进入沧州 C 幼儿园，经刘园长的讲解和介绍，我意想不到的是，我们学校 12-9 班竟然有好几位同学在这工作，如君君、阳阳、欣宇和冬月。这让我紧张的心情总算缓和下来了，现在总结一下今天的疑惑和收获。

一、对千字文巨型标钉的接触

我先去的是君君的小班，正好赶上正在上千字文巨型标钉的课程，以前只在刘园长的朋友圈看见过这种新的识字课程。在泊头一些幼儿园也听过一些记忆力的识记方式。这种方法就是把所有的字都放在词的语境中，先练读第一

个字,被称为千字文的姓,而整个词被称为千字文的名字。这种识记方法也是有语境的,在词中去认识每个字的读音。其实每个幼儿园都有识字的课程,也都有识字的方法,以前在南皮羽炫幼儿园听过韵语识字课,万变不离其宗,都是为了让孩子多认字多识字,比以前的字卡要先进多了,也脱离了一些小学化的痕迹,但这种课程也会出现一些问题,老师一遍遍领读,当让单个小朋友自己读时,还是不认识。有一个疑惑是普通话的轻声和变音,在幼儿园应该怎么实施。因为无论是课件还是老师领读的都是错的,如一元钱,一的本音是阴平调,但在普通话中有变音现象,在除了四声前读去声调,在四声前读阳平调。这种变调只是普通话的变调,本身声调在拼写时不做改变,但我们在大声领读示范时,确实读出来的是不对的音,读的是本音阴平。读到首饰的时候,饰应该是轻声,但课件和老师都读的本音去声调。所以我也在不解,这些比较复杂的母语知识怎么在幼儿园阶段做到准确地传输呢。

二、对幼儿园亿童教育的了解

上次去 T 幼儿园实践,了解的是蒙氏教育和爱诺教育的融合,这次到了 C 幼儿园,蒙氏教育很少,主要是亿童教育。其实每种教育都要符合幼儿的年龄段,符合幼儿的接受范围和能力。这次接触的亿童教育和爱诺教育是有些不同的,相同之处是都是以故事为起点,而且都有一整套现成的课件。爱诺教育是从一个故事引发六种智能的教育,如一个《小猫钓鱼》,既能训练阅读能力、认识字词,还能引出美术教育,又能从鱼竿引申出长和短、最长和最短的数学问题。但亿童教育是每种智能都会换一个故事,如阅读领域每次就有八九个故事,数学的故事大约 30 个,美术大约 16 个故事,故事很多。两种教育都有配套的故事书。其实阅读通过故事进行,这个我倒不觉得陌生和新奇,但用故事教数学,我很好奇,而且每种数学的知识都能对应一个小故事。比如,20 以内的加法通过《小猴摘桃》和《蜘蛛交朋友》这样的故事形象教学,认读 100 以内的数通过《走迷宫》的故事进行,认知体积守恒通过《做糕点》来进行,让枯燥和抽象的数学知识和实践用途联系到一起,让幼儿更容易理解,也更愿意理解。现在我还没听太多课,所以也只停留在表面认知上,通过后面的实践,我相信自己会更加了解这种教育的精髓和内涵。

三、对幼儿园小学化教育之痛的了解

每次进入一所幼儿园,都会听到园长对小学化的无奈,也会看到小学化的痕迹。在这所幼儿园同样如此,大班、学前班小朋友已经多了很多作业,也多了很多识字、拼音和数学题的学习时间。每次园长和老师都是因为家长的呼声和强求才有这样的教育之痛。私立幼儿园需要生存，家长需要孩子多学东西，沧州地区的小学一年级又不学东西，所以大班和学前班绝对是学知识的关键期，否则小学一年级的过渡和巩固复习阶段，孩子会跟不上。如果家长真的看到孩子在幼儿园"玩"着学习，小学不被落下，以后智力水平都不会有影响，家长也就不会再去否定这种"玩"的教育了。

四、对我们 12 级实习学生有了一个整体了解

今天也从刘园长的口中了解了同学们的表现和每个人的长处。刘园长提到，沧州某中职班走出来的孩子素质低些，也许和中专生素质低些以及学校校风有关系。某县的幼师学校和我们泊头职业学院的毕业生就很不错，听到夸奖我们的学生，还是很自豪的。我们的这几个孩子也是很努力，如阳阳和我们学校一部的毕业生付老师是园长想重点培养的对象。阳阳和家长的沟通、交流很主动很真诚，是突出之处，但课上的驾驭和调控能力是弱项，而小付老师则是教课和拢班很不错，刘园长想着把他们从后勤和教学两个方向上去培养，我也替他们高兴，而其余几个孩子，稍微弱一些，但教课绝对没问题，就是不主动沟通交流，在与家长沟通这块做得比较差。当然，接下来这几天，我会仔细观察，为我们的学生查漏补缺，让他们进步更大，更加符合幼儿园的要求。

今天只是初步了解，明天继续我的探索之旅吧。打算接着去阳阳那个班，同时会了解一下学前班。

2017 年 7 月 18 日　星期二

今天准时按照和刘园长确定的时间进入 C 幼儿园，直接去了阳阳的大班，阳阳的大班和学前一部毕业的小付老师的学前班是相通的教室，所以今天我主要感受的是学前班的语文课和数学课的教学。

一、顺便了解了一个保育环节的信息

阳阳说好几个从公立幼儿园转过来的孩子都有个问题，就是憋不住尿，20 分钟就得去一次，但在这儿的孩子就不那么勤着去厕所，而且没感觉怎么样呢，这些公立幼儿园的孩子就爱尿裤子，所以我有些不解了，幼儿是有感觉就去厕所，还是有所控制，而且不同年龄段有没有不同的控制，有没有合理的标准，而且为什么公立幼儿园有这个特点，而私立幼儿园是这种方式，哪种对

呢？希望有机会和专业老师探讨一下。

从小付老师口中进一步了解了千字文巨型标钉的识字法，其实就是快速记忆的方式，也就是快速闪卡，反复记忆，训练右脑。

还发现，每个幼儿园都有分享时间，小朋友从家里带过来一些好吃的东西，和其他小朋友分享，有的都在幼儿园过生日，家长提供蛋糕，和小朋友一起过，但我也发现，这个分享变得形式化和为了照相而照相了，小朋友们并不特别喜欢和大家分享，而是在老师的催促逼迫下一个个分，再一个个拍照。本来很好的方式变得硬性化了，也是没办法，家长一直在给幼师和幼儿园加压，表现好吗，快乐吗？所以幼师就逼着孩子快乐，再把照片发给家长，成人化的形式让幼儿们很迷茫也很不知所措。

最后也发现一个小细节，今天大班一个孩子进入教室，因为只有我在，孩子说："老师我想要两方卫生纸。"当时我有些懵，后来反应过来，小孩要卫生纸不能浪费，老师都教给他们就要两方，就是两条线处撕下来。我感慨幼儿园有规矩有标准，这样对孩子形成良好的生活习惯应该是有效果的。

二、在学前班听了一节语文方面的儿歌识字课

在相邻的学前班，听说这位褚老师以前是初中的老师，也教过小学，所以也想听听她的课。第一节上的是儿歌识字课，其实对于儿歌，小朋友应该不会觉得难，老师领读，展示儿歌，自己讲解，是一贯的方式，没有什么新鲜，但老师的导入、诱导和互动能力才是更重要的，这位褚老师讲得很流畅自然，诱导得也很自如有效。这首儿歌是关于书包的，所以老师是从书包的谜语和书包用途导入的，学生的回答配合也可以，老师接下来就是讲解和领读，学生跟读、齐读、单个读。这些过后，老师就引出讲过的汉字老朋友，标记出来，后来又讲新的汉字，"早、书、尺"。褚老师在讲这几个字的书写时，首先采用形象教法，如早怎么书写，从早的形象意思，太阳出来了之类，书是一页页的纸穿起来，用钉子订上，这样讲，和字的象形意义有些联系，所以小朋友书写也会记住字的意思，也会记住书写的结构和笔画。听了这节课，让我挺感慨的，如果幼儿老师把字的笔顺教错，就会出现严重后果，因为我们自己写字都会有倒插笔，在幼儿最初阶段接触和书写汉字时，如果写错笔顺，后边知道错了，也不好改了。所以，我将来回学校一定得让我的学生重视书法课，重视汉字的书写笔顺。而且听褚老师说孩子们在田字格里的拼音写法有的因为在别的园学得不对，就很难改了，书写得也会不好看。由此可见，在我们的课程里多加些汉语基础知识是很必要的，而且为了在讲解汉字时多些对字形象教法，

我们也应该多了解汉字的根源和象形印记。

三、听了一节学前班的数学课

其实幼儿园的学前班，学数学概念和知识，已经很小学化了，但这也是没有办法的。家长在逼，形势在逼迫，幼儿园没有办法，幼儿老师也没有办法，我们的幼师教育者也很无力。但现在数学的教育在幼儿园也是力求做到形象化。比如，褚老师教被减数、减数和差的关系，上次讲过被减数减去减数等于差了，这节课讲的是被减数等于减数和差的和，小学化的概念本身有些难，但褚老师用了首儿歌，"小减号真奇妙，减号前面有座庙，庙里住着谁？不知道，两数一加就知道"，这样就会增加一点趣味性，而且便于记忆。通过和褚老师、阳阳的交流，我发现到了学前阶段要学的知识很多，所以亿童教育的方式和内容在学前班就不再延续了，我发现亿童故事包那本书，里边数学的知识也不少，每个都是不同的故事和游戏开展实施，比较形象，学前如果想学东西，就得加大作业量，进行汉字、拼音和数学的巩固，亿童故事包教学太浪费时间，进行不完。而且大班虽然开展这种亿童教育，但故事包中的内容也是有所取舍的，教师需要进行挑选，让孩子们掌握基本信息即可。

今天自己有个愿望，希望能在褚老师班听两天课，到周五自己也能实验一节，让人家幼儿老师给咱挑挑毛病，希望有机会。

2017年7月19日　星期三

今天很幸运听了三节课，英语、语文和数学，这么一看主科占全了。

一、外教英语课的听课有感

今天刚到阳阳的大班，就听说在九点要上一节外语课，开始我还以为就是找一位专业的英语老师担任呢，后来一看是一位外教老师，这让我很兴奋，第一次近距离接触外教，想知道他们怎么为幼儿上课。在上课方式上我们有没有借鉴，而且他们上英语这种语言课，小朋友们都不懂，怎么给幼儿讲明白，我们的英语同事应该也可以借鉴吧。

（1）外教的律动和游戏值得我们借鉴。这位老师开始导入部分，就是和幼儿一起律动，大声说，夸张做动作，幼儿跟着说跟着做，很开心的过程，然后开始了新课程的学习，带来的是几个单词词组。五六个词组五六张纸卡，老师先是自己一张张出示纸卡，一张张教幼儿认读，示范，学生跟读。然后用了几个游戏方式加深记忆，幼儿自己拿着球，把纸卡连续排列，球打到什么位置，就需要读哪个词组，然后用单腿跳的方式，跳到哪，读哪一个词组。整个课程孩子们大声说大声读，夸张地做动作，尽情地参与，孩子的开心是无价的，和一直在传统班和传统老师的监督下的拘谨和压抑，确实是天壤之别。

（2）但学生对词组和单词的理解感到有些茫然。这个环节，老师确实做到让孩子快乐、开心了，但是孩子们浮躁和好动的内心怎么收敛和安抚呢，当有的孩子因为躁动，影响整体的纪律时，外教老师还是很无力，这也许有语言障碍的问题，所以这时候，外教老师需要靠我们的带班老师对幼儿进行管束，而且在做这些游戏时，强调的是齐读和齐说形式，当老师不再提示，幼儿还是不会自己认读。而且，词组的意思也缺少形象的讲解，缺少形象图片的协助，所以幼儿对词组的理解也会淡化。总感觉这位外教在动和静、讲和演、玩和学之间的分寸还差一些火候，如果再加上一点点拨，会更好。

二、褚老师拼音课的听课有感

今天赶上褚老师讲拼音课，这也是我作为口语老师应该多学习的地方，提示我将来给学生们怎么设计拼音和汉语基础知识这部分。

（1）对声母的形象教学有了一定的了解，这次的拼音课，我感触很大，也是第一次听老师这么去讲，在这方面自己一直是空白。褚老师首先用小律动儿歌帮助记忆区分 bpdq，右下半圆 bbb，右上半圆 ppp，左下半圆 ddd，左上半圆 qqq，这几句是在拼写形状上区分，对于意思用途的理解用的是菠萝菠萝 bbb，爬上山坡 ppp，马儿快跑 ddd，气球气球 qqq，使用形象律动加强记忆，幼儿很容易区分，而且为了巩固训练，老师还用手势动作游戏辅助，如 b 是右下半圆，让幼儿伸出右手，放在肚子上；p 是右上半圆，用右手放在头上，其余同样如此，幼儿站立起来，嘴里读着，让幼儿一起做着动作巩固，这时候老师又叫单个同学站起来，他们也确实都掌握了。接下来，就该进行作业书写巩固了，幼儿写完逐一交给老师查看。这些环节一环一环很紧凑，形象性也有，游戏有，书写讲解都比较完备，这样幼儿学习会更扎实，也确实符合学前班的教学目的，是不得不小学化的一种不错的教学方式。

（2）还了解了拼音字母书写格式的标准。对于这些声母韵母四线格的书写格式，我也没有印象了，确实应该有一定的标准，褚老师还讲了一个小儿歌："胳膊长往上格，尾巴长往下格，中格一定要填满，上格下格不要顶边。"孩子们在小儿歌的吟唱下就能记住书写的要求，很有效果。

这个拼音的小课对我将来口语部分的第一环节普通话训练,有一定的引领,每次讲这些音素、声母、韵母,学生都觉得很枯燥,其实可以给我们的学生多涉及点这些教法方式和教法需要的知识点,这样目的性、实用性就更强了。

三、第二次数学课给我的启发

昨天的数学课是被减数空出来,今天是减数变没了。这样就是让孩子们多接触这些数学式,了解数字之间的关系,也是为了加强20以内的加减法的运算。这次又有一个小儿歌:小括号真调皮,跑到减号后边去,这下怎么办,大哥哥减去小弟弟。这首小儿歌也很不错。

今天自己还和褚老师申请明天讲一节儿歌汉字课,好紧张,得认真准备一下。加油!

2017年7月20日　星期四

今天最大的收获就是亲身体验了一次儿歌阅读汉字课。

自己提前也做了一下准备,怎样导入,怎样教儿歌,怎样教汉字书写,其实自己作为口语老师,对阅读部分不是很紧张,自己一个口语老师绝对不会掉链子,而且儿童文学和口语教材上都有儿歌,自己是没问题的,但教汉字自己比较心虚,因为对于初学的幼儿来说,汉字的笔画书写绝对不能误导,可对于经常连笔写字的自己,总怕哪笔不对,笔画名称怕自己说错,汉字书写的精确结构自己也已经模糊,复杂的字怎么让小朋友们会写呢,由此感觉幼儿教育不简单呀!所以自己提前在百度上查了今天要教会小朋友们书写的两个新汉字的书写细节,"林"和"家",林的第四笔幸亏巩固了一下,是点,总怕自己说成捺,而且家的第二笔是点,这个自己也懵,当然最终这节课上下来给自己打个80分吧,总体不错。

一、教学设计

(1)导入部分:因为这首儿歌是"家"的主题,而且结构是"什么是什么的家",所以我想着开头吸引幼儿的注意力,但找谜语,没有合适的,用视频和图片,因为只讲一次,不愿再麻烦褚老师她们,所以我就用了设问诱导启发主题的方式,问大家看过《喜羊羊和灰太狼》和《熊出没》吗?动画片中的喜羊羊住在哪?灰太狼住在哪?熊大熊二住在哪?光头强住在哪?小朋友们对这两个动画片非常喜欢,而且记得很清楚,所以很容易就能回答出羊村、狼堡、树洞、小木屋,然后我会引导幼儿说出羊村是小羊们的家,狼堡是狼们的家,树洞是小熊的家,小木屋是光头强的家,而且家是最温暖的,也是应该被保护的,这就是每次为什么光头强要砍树,熊大熊二那么反对而且想办法制止的原因。大家接下来跟着老师学习一首"家"的儿歌吧,看有没有需要我们保护的家?

（2）领读和讲解环节:这个环节我要讲明白白云和蓝天的关系,鱼儿和河水的关系,小鸟和树林的关系,种子和泥土的关系,小朋友和祖国的关系,也要讲出只有蓝天更蓝,白云才会有家;只有河水更清澈,鱼儿才有家;只有保护树林,小鸟才有家;只有灌溉土地,种子才会发芽;我们是祖国小花朵,祖国是我们的家。那我们怎样做才能让我们的家更好?这就是一个发散思维训练环节,也是这首儿歌的精髓所在,小朋友们回答得也很好:不随地吐痰,不乱扔垃圾,不破坏树木,保护小动物们,等等。然后,我带着大家巩固朗读背诵,而且给他们编排了动作,和幼儿一起朗读,如第一句蓝天白云是双手抬起在头部以上搭一个拱形,代表在天上,是什么的家,我是双手下来交叉在胸前搭在两边的胳膊上;河水我用的是双手波浪抖动的手势,鱼儿用的是一只手在胸前鱼游动的手势;树林因为后边讲林字是两个木的形象,所以在这我用的是两手的食指从两边凑到一起的感觉指的是凑成的树林,小鸟就是双手学着翅膀扑扇;泥土我用的是双手往下,双脚踩一下地面,小种子用的是一只手的拇指和食指圈一个小小的圈,代表小种子;小朋友是祖国的小花朵,这个主要运用双手在脸颊处扮成可爱一朵花的形状;最后一句就是祖国就是我们的家,双手扬起,然后变成双手交叉在胸前。这样我领着做动作和朗读,学生跟着做和读,然后让小朋友上台表演示范,又在座位上朗读,多次巩固。这种律动的方式可以帮助学生记忆儿歌的内容,也能理解儿歌的意思,很形象也很有效。

（3）最后是教汉字书写环节。这一环节其实是自己最没底的环节,最终的效果我觉得也是不完美。林这个字简单很好练,我从学过的木引入,树木多了就是树林,组成了林这个字,然后我给大家写笔画,让孩子们上台书写,这个应该没有太大问题。但当讲家的写法时,觉得有些无力了,孩子们对这么多笔画的字接触得少,而且这个字也不好写,我在这给大家还加了一个形象的小故事:古时候创造汉字时,人们并不知道怎么写家,当时,人们家里都养猪,只要有猪就代表一个家建成了,而且很知足,所以设计这个汉字就是房子里有一头猪,"高高的有座房子,里头住个猪弟弟,先是头上有个小鼻子,圆圆身子和长长的尾巴,四条小腿两边踢"。简单地把这个字说了一遍,一边说一边写。然后让幼儿们上黑板去写。他们写的结构哪不对,我再给指出来,但是笔画没有及时给他们示范一遍，最后又补了一下。

二、这次课的收获

这次又是一次历练，上次在 T 幼儿园已经试了一把，但上次主要讲的是自己擅长的故事，而且是在小小班、小班和中班，这次完全不一样，第一次接触小学化最浓的大班和学前班，而且学的知识也是实实在在的，虽然小学化很无奈，但要讲一定要讲好，一定不能误导幼儿。

（1）让我认识到基础知识自己还是有欠缺，如汉字的书写，笔画笔顺和字的结构。

（2）将来自己可以在我的学科教学中多涉及教法信息了，自己也算有亲身经验了。

（3）这次讲课让我感觉对我们学生多涉及书法课很必要。

（4）自己亲身实践下更能感觉律动和导入等的设计很必要，也是我们教学都应该多使用的地方。

明天打算在学前班再听一次韵母课，再听一次阳阳的课，就打算下周转换班级了。明天上午一定不能忘了和几位老师的合影。

2017 年 7 月 21 日　星期五

今天听了两节课，和园长交流了这周的总体感受，和阳阳沟通了她的问题。

一、拼音韵母课的感受

其实昨天的儿歌阅读自己还想尝试，对于拼音自己还是不自信，感觉对于一些基础的东西，自己早已经淡忘，而且常年讲口语，接触汉语专业知识比较多，所以怕自己讲得不够简单不够形象。今天专门等褚老师讲声母，感觉一下在学前班怎样给小孩讲明白。

首先，我感觉这堂复习课涉及的拼音知识很多。褚老师涉及的有三个韵母 en、an、in，而且涉及标调，涉及四线格的拼写，涉及声母和韵母的拼合，因为已经是复习阶段，但又有新转入的，所以老师复习得多，也讲得很形象，这种复习课很成功。

其次，我感觉褚老师讲解很形象，会用儿歌顺口溜和游戏帮助幼儿记忆。比如，an 阿姨登上天安门 ananan，en 是白鹅门前摁门铃 enenen，in 是穿衣出门留脚印 ininin。对于 u 上边加点不加点：小鱼要戴帽，圆点必须要去掉。对于以前讲过的知识点也有所涉及：你拍三我拍三，声母宝宝23。为了帮助学生记住声母和韵母的拼合，在这里引入一个游戏，让孩子们抽取一张声母卡片，抽取一张韵母卡片，如果能组合，就大声拼出来，如果不能组合就大声说是地雷快速跑开，如果没有反应出来，就得受惩罚表演节目。这样的形式去学习小学的知识，是很形象生动的。

再次，我感觉到褚老师的拼音基础知识掌握得很准确。比如，在讲 en 时，褚老师涉及发音部位和发音方法，n 是舌头抵住上齿龈，虽然说抵住上膛不准确，但已经很不错了，讲到从 e 过渡到 n 时，最后落尾是从鼻腔前边发出，所以这是前鼻韵母，基本都是准确的。这对一个幼儿园的老师来说真的很不错，当然这位老师有初中教学经历而且是语文科班出身。有一种 yin 的拼读，褚老师提到这是整体认读音节，y 不读，in 直接读出来，这些方面在专业中叫零声母音节，在小学和学前怎么和幼儿讲明白呢，我都需要再进一步弄明白。

最后，通过这节课我打算以后在我的口语课开头普通话部分的语音知识环节加入一些内容：

（1）把声母韵母声调再多涉及一点一线教学的儿歌顺口溜，让学生们积累背诵，便于以后教学。

（2）应该把声韵调的发音方法、发音部位和发音规律讲得细致一点，这个在学前和基础教育阶段很需要，还不能错，否则会误导幼儿。

（3）在这部分的教学，我将来可以涉及一点语音方面的教法，可以把拼音教法让学生们尝试一下，这样更实用，针对性更强。

二、听了 10 分钟阳阳的声母课

其实是自己强求阳阳讲了一节课，因为这几天光在学前班了，没怎么在大班听课，因为阳阳说不怎么讲课了，每次就是复习很随意。但自己下周就要转到小班中班了，总想对自己学校毕业的学生有个整体的了解，能对他们有合理的建议和帮助，所以我让阳阳给我讲了一节声母课。讲了 10 分钟，认识 jqx，其实褚老师的顺口溜儿歌，阳阳也在用，但讲得很急躁，因为底下有几个孩子太调皮，阳阳难以压抑自己的气愤，一直在关注孩子们的表现，想着管又不能放下教，所以 10 分钟的课讲得很急很快，孩子们充分参与和孩子们集体律动的时间就少了。

听完课，我也和阳阳交流了自己这一周的感慨和对阳阳班级的建议。我觉得从付老师的学前和阳阳的大班，两个班进行对比来看，付老师和褚老师配

第三章 "语言教师视角"实践下我对职业教育衔接幼儿教育的思考

合很好，褚老师负责讲课，付老师负责管理，还有个管生活的在旁边打下手，每个人的职责都很明确，褚老师讲课很形象很生动，也能控场，而且付老师的管理，孩子们很遵从，付老师也不大声嚷孩子们，威严时学生们也很害怕，平时和孩子们交流也很温柔。虽然学前班孩子很多，但每个环节都很有规矩很整齐，整体感觉这个班拢得很好。每个上午的时间很紧凑，孩子们没有多余时间闹腾，一上午规规整整讲两次课，也有游戏，讲完写作业时，孩子们也很积极，紧接着写完作业就是加餐和午餐了，没有多余时间。但阳阳的班就完全不同了。我感觉就是孩子们在被管的状态，老师时时在发脾气的状态。我分析原因就是，老师安排的时间不充实，有好多空档期，所以让小朋友们多了玩耍的时间，而且每个环节不是让幼儿慢慢地参与和感兴趣地参与，而是硬性地使劲拽进来，缺少游戏和律动的引入。另一个原因可能也有老师性格脾气的问题，与老师的急躁也有关系。我觉得阳阳和另一位四中老师的配合也有问题，阳阳的主导性很强，那位老师保育性太强，管理意识不足，而阳阳的管理意识太足，教学的主体性又淡化了。这些我也和阳阳交流了，希望对她有所帮助。

三、和刘园长见面总结了这周的感受和收获

好几天十一点多走的时候都没碰见刘园长，这次十点多我就下去专门找了刘园长一趟，想交流一下这周的收获和感受，而且咨询一下下周去哪个班实习。和刘园长沟通后得知，阳阳班的问题也已经引起她的注意，也有家长提出了类似问题，刘园长也找了阳阳沟通了这些事情，刘园长希望我给阳阳提出可行性建议。对褚老师和付老师班的优点也有共识。约定下周去泊职毕业的冬月班和欣宇班，了解小班和中班。其实对这两个人，自己还是有了解的，冬月是文学社的，跟了我 年，而欣宁曾经参与过技能大赛的筛选，跟了一段时间的培训，就不用提还有半年普通话课的经历了。所以下周自己还是不算怵头的，也为自己的学习力自豪，也为自己加油吧。

2017 年 7 月 24 日　星期一

今天去了冬月的小托班，见识了与众不同小小孩。

一、了解了小托班上午的常规

（一）这个年龄段的保育与众不同

这个小托班和上次 T 幼儿园杜晴的小小班相比，孩子年龄段在两岁半到

三岁,已经有三岁的了,所以虽然是小小孩,但语言已经说得很流利了,走路都很稳当,基本上也能自立。但比上周的大班、学前,老师还是多了很多保育的细致,如还有哭闹的孩子需要老师哄,有喝水、洗手、小便等问题需要老师的帮助。这个年龄段的孩子会更可爱,老师们都是热情耐心大于呵斥。

(二)上午的教育环节有自由性

上次在T幼儿园,上午的环节非常严格,每天都是固定的,早晨先是吃饭,吃完饭,保育老师收拾餐具和桌子,而小小班孩子都坐成一排,由老师分发小玩具或玩个小互动游戏之类,这个环节完成,就是每天固定的蒙氏时间,又是听轻音乐走线,又是操作玩具,自己玩一会,老师再带领大家一起操作教具,奖励批评等总结,然后是保育加餐时间。接下来,就是爱诺教育时光,再就是做做练习阅读之类,最后就是吃午饭。天天如此,只是每天变化一点具体小内容,大的格局不变。今天在C幼儿园的小托班,则不同了,先是吃饭,大家一起收拾,几个老师照顾孩子也比较细致,所以比较耗费时间,这个时间大部分孩子坐在小椅子上有一个空档期,小孩子很无聊地聊天说话。等主讲老师忙完,开始点名、喝水、上厕所,然后就是早操时间,这时候是九点了,半个小时的早操室外活动,回来后就是喝水,完全稳定下来后就是每天主题的教育实践。老师先律动热身,然后讲的是亿童教育,首先是故事的阅读欣赏,老师放一遍故事,老师问问题理解故事,然后就是巩固故事的主题,边放边停边讲解,这个应该在亿童故事包的教材中都有明确的指引。这次的故事是《七色花》,老师根据故事的主角七色花,开展了一次画画活动的延伸,要求小朋友们用花的小玩具蘸着颜料(水洗的,很容易清洁)在画纸上印小花,小朋友们很积极,但是这种印花的玩具是老师突发奇想的创新,没有明确的指引,老师给小朋友们提供的是几种不同色彩的颜料,可以借机会认识一下颜色,但这个环节有些乱涂鸦状,孩子们手上脏兮兮,有的孩子身上也弄脏了,所以我的感觉是这个环节应该把教育目的明确一下,可以引导着孩子们进行涂鸦,既能符合幼儿发展的自然规律又能开启幼儿的创造力。这个环节完毕后保育也很复杂,小朋友们又是上厕所,又是洗手,然后才坐到小板凳上,这个环节老师给每位小朋友发亿童故事书,里边是一个故事一首儿歌,冬月领着大家一起读,并用启发的声音诱导。这个环节完毕,就快到吃午饭环节,也没有教育内容了,这时候小朋友们就开始看老师播放的儿歌和律动动画了,小朋友们很感兴趣很安静,老师就可以自己干点保育的事,小床可以提前放好,一上午的环节就基本结束了。

第三章 "语言教师视角"实践下我对职业教育衔接幼儿教育的思考

二、自己的总体评价

（1）感觉冬月的语言能力很不错，一直记得她是文学社的，但突然想到是口语社的。无论是律动互动，还是讲亿童故事，还是和学生阅读，都是非常亲切有感染力的声音。

（2）这个小班的卫生确实不错，然后就看到有卫生流动红旗，这就是一个细节的优势，说明打扫很勤快，小孩们喝水还是会洒，吃加餐也会掉渣渣，所以老师的卫生清理很重要，擦地也很及时，这是很难得的。

（3）T幼儿园的教育环节比较固定，小朋友的空档期填充的都很充实，每天蒙氏和爱诺教育占得很满，所以小朋友们都在教育中。C幼儿园，教师自由性比较大，除了亿童故事教育，其余的都是老师自由安排，而且好多时间点都不充实。

（4）在托班做早操的环节，听了君君的半节千字文课，其实接触这么多学汉字课程，但哪种最有效呢，而且千字文这种快速闪卡识记模式，真的还不大了解最终的效果，这个得慢慢研究，将来真想弄个这方面的课题，这种母语知识的学习在幼儿园阶段，什么模式最有效，这也是个值得探讨的课题。

2017年7月25日　　星期二

今天在冬月班有保育的感慨也有教育环节的收获。

一、保育的观察

（1）首先是在小班经常会有新入园的孩子一直在哭闹，怎么处理呢？这会让老师很头疼，有的老师专门抱着这些孩子及时给予特别的照顾。其实小孩子一直哭，又刚来，除了哄几句和抱着爱抚着，还有没有具体的方式呢，可能幼师也没在心里明确方式，只是哄着。我觉得怎么让他们觉得上幼儿园好，首先是消除想妈妈这个心理，抱和哄，也会有效，接下来就得让其参与和幼儿们一起玩的活动，让大点和懂事的孩子辅助一起带着新来的小朋友融入，应该也有效果，别的也想不到更有效的了。

（2）还有就是小托班孩子因为有刚入园的不适应，也有年龄太小的娇弱，所以生病的概率比较大。比如，今天就有临班孩子发烧到38度多不退的情形，当然这需要通知家长接回看病，老师也会做一下及时处理，给孩子额头贴退烧贴之类，小的幼师还是会求助年龄大些有孩子的幼师，其实小幼师们挺不易的，自己没结婚没孩子，在这当人家的妈妈，伺候头疼脑热和吃喝拉撒。但在这让她们了解幼儿卫生保健真的很重要，如果幼儿一直咳嗽、爱吐之类，应该怎么处理，家长觉得有的头疼脑热不值得回家，只能幼儿老师自己处理安排，让孩子们多喝水。这次还了解，孩子们活动尽兴后，要及时补充水，而且最多喝两小杯水。有的家长让多喝，有的让喝一杯，这个怎么控制还没细致了解。

（3）还有就是对调皮好动的孩子应该怎么管理呢，这也是个技术活。冬月班一直有个特别调皮的孩子，一点都坐不住，每次还得占一个老师负责监管着，而且自己经常会摁音乐，一有音乐就乱动。有时也会感慨，一个年龄段的孩子，性格各异、千差万别，真的是不同家庭环境不同性格不同习惯，有的孩子就特别听话，而且自己干什么事都很规矩，但碰到不听话的怎么办呢？这个是不是也应该研究一下家庭教育和学前心理，能找到合适有效的方法吧。反正在这个班，除了老师把着拽着，要不就是拿家里最怕的人吓唬一下，要不就哄着，也没别的办法。

二、蒙氏教育环节观察

今天是在C幼儿园接触的第一次蒙氏课，怎么说呢，还是蒙氏的大致感觉，但总体感觉有些不同。

（1）首先感觉蒙氏课偶尔上一次，应该不是固定的，是老师自由制订的。所以，孩子们的投入和感觉还是有些出戏，觉得每个环节孩子们还是不大熟练，而且孩子们上蒙氏课的道具还是不如M幼儿园或T幼儿园之类的丰富和充足，无法保证在大范围的空间开展蒙氏课，孩子们都是脱了鞋子，而且挤在几张地毯上进行蒙氏教具操作。我还是觉得蒙氏形成一日常规会更好，其实我不是提倡全蒙氏教学，但我觉得蒙氏教学占有一定的时间确实有效果。

（2）感觉冬月的蒙氏教育语言很清晰，蒙氏环节也很规整流畅。再次觉得冬月的语言绝对有很大的优势，语言引导很简洁很到位，很亲切甜美，如果如园长所说的劣势，那就真是由于性格的内敛，不主动沟通家长，不容易和家长做朋友之类吧，但有时性格问题真的不好改，我也有这样类似的性格，能够理解。

（3）在这个环节有的幼儿玩具操作很熟练，有的则乱拿乱放没有规章，其实在这我突然有个想法，南皮羽炫幼儿园的混龄教育还真有效果，这时候如果一个大点的孩子带着小孩一起玩这些玩具，小孩绝对会慢慢学会，而且大孩子也会有给小孩做示范的自豪感和责任感，也会让自己做得更好。

三、音乐教育课的观察

今天也有一个挺幸运的事，竟然接触了一节奥尔夫音乐课。其实听冬月一说，我还以为就是简单的音乐课，就是教首儿歌和律动之类的，但竟然是奥尔夫乐器使用的教学。这还得益于以前听过同事讲的一节奥尔夫音乐课，否则这次就意识不到这节课的目的性了。

（1）这种课的精髓就是让幼儿在奥尔夫乐器的协助下，了解音乐的节奏和乐感，也让幼儿能简单创作音乐。因为是小托班教学，太深奥的他们也听不懂，所以冬月就放着一首《小老鼠》的儿歌，分发给学生简单的奥尔夫教具，老师跟着节奏，带领幼儿击打着乐器，和着节奏，一起吟诵这首儿歌，老师打击的节奏，我觉得和孩子们不一样，冬月是两拍一打，小朋友们是间奏快速单拍击打。冬月说这次本想着选择节奏明显点的教学生，结果放的这首《小老鼠》确实节奏快而且乱。

（2）我感觉奥尔夫音乐课，老师不能只简单地击打乐器，群魔乱舞，需要老师多点引导的语句，教教小孩子认识一下小节奏，再引领一下更好。

（3）这种课程我觉得对小朋友很有效果，这种教具式都要多用。蒙氏用得多，奥尔夫用得多，而且我觉得不一定就是偶尔借用过来，形成一日常规会更好。

2017 年 7 月 26 日　　星期三

今天听了三节课。

一、终于完整地听完君君的千字文课，深有感触

每次听君君的千字文课，都是半截，第一次跟着刘园长进入君君的教室，已经上了一会儿课，第二次是在相邻冬月班实践，被千字文课的声音吸引过去，所以这次正好有机会，一定要完整地去听，尊重千字文课，尊重我的学生君君。

（一）千字文课的精髓

这次听得比较完整，观察得也比较仔细。这个千字文其实就是有一套词卡，有一套课件，而且把所有的常用词都做成词卡，也有专门的书册，把每个词分成姓和名，每个词也会有形象的解释，但速度非常快，孩子们读得快，脑子转得快，当时很难理解很难记住，都需要后期的巩固。而且千字文的课件、

词卡和书之类的应该不便宜,现在不是每个班常规开展这种课程,而是专门利用周一、三、五几个时间每次一节课,而且报名拿钱的学生才允许学,每学期学四个月,900元钱。这个课程说是开发右脑的课程,其实小孩学母语的初期,都是边听边模仿,慢慢就会说了。其实这个课程为什么会开发右脑我不大明白,但是幼儿反复发声反复记忆,应该能练习语感。但这些词卡有些词太抽象,如"堂屋"之类,而且有些轻声体现不出来,就连课件示范音的轻重格也读得不准,还有三声之类。

(二)讲课方式应该再灵活一下

每次听这个课,环节是一样的。就是先来一个律动让幼儿进入状态。这点我觉得很认同,给幼儿上课律动不可少。但中间过程,每次作为成人去听,觉得很枯燥,因为形式比较单一,就是先课件大图展示领读,然后是小图展示领读,先读词卡第一个字,就是千字文的姓,接下来就是姓名展示和领读,就这样反复,最后是老师现场拿字卡,还是重复刚才步骤。顶多中间就是说用大老虎的声音读,还让小朋友分两组分读。最后就是放着千字文操大家一起动起来,这个千字文操,我觉得没有形象性体现,只是简单的武术出拳动作,孩子们也不大感兴趣。而且没有检测和单个同学读的形式,就是偶尔老师不出声让学生认读,新课的词,孩子们还是不会的多。这种课程可以借鉴,但一定从教育形式的灵活性上下功夫,也可以把老师形象讲解和启发加入一些,把中间的游戏形式加入一些,如采用比赛形式看谁读得快,认得快。

二、欣宇的亿童教育奥尔夫音乐课,让我加深了对这种课的了解

(一)欣宇的教学设计很到位

最初欣宇用教具互动形式导入课堂,她要讲的是一首关于鸡蛋的儿歌,所以拿着真的鸡蛋展示给幼儿,让幼儿摸一下,然后导入自己的音乐课堂,一首名叫《蛋宝宝》的儿歌。听着儿歌,还适时地点拨一句,更形象到位。然后再听着儿歌,用拍打身体的方法感受节拍、感受律动效果,最后拿出奥尔夫乐器,在这里欣宇讲得挺好的地方是逐一回顾这些乐器的使用方法,讲得很耐心很清晰,然后就发给每个幼儿,再跟着音乐,一起舞动乐器,感受节拍的美感。其实在这里这样讲就可以了,再深,小孩子们就不理解了。

(二)对奥尔夫音乐课有了全面认知

上学期,记得有一次杨主任提到,说刚新建了奥尔夫音乐教室,但大部分教师不会上,当时只有我们二部的王雯和王玮说能上,其实当时很有自豪

感,我们部门的吗。后来杨主任就让她俩上了公开课,以供大家学习参考。当时我正好有机会听了一节王玮的课,讲得很好,其实这次在幼儿园接触两次奥尔夫音乐课,就知道王玮讲得真好了,我们的学生跟着老师上上这种课,到了幼儿园就能直接教幼儿,不用去培训都能简单地教了。

三、感受一节小托班的外教课,又是一种风格

(1)其实上次已经听了一节大班的外教课,还算好控制。虽然偶尔也需要带班老师控制一下,但整体都能连贯下来。这次的小托班,我觉得很无语了,我看着外教老师也很无力。一个上厕所,结果好多个一起去,课都几乎无法进行了,而且小孩子一会儿这个哭了,一会儿那个又哭了,就别说有顽皮不安静的了,太乱太闹。外教老师需要和幼儿玩得嗨起来,本身得让学生欢,但有时一旦欢劲上来又刹不住。而且外教不大会汉语,所以他没办法进一步解释英语单词。

(2)外教的表现力确实很生动,这次课教的是三个单词,表示人的不同情绪:happy、sad 和 angry,老师为了更形象化,每个单词都带着不同的情绪和表情,我觉得这样幼儿们会有一点理解,外教老师和孩子们纯玩着做着游戏,拍着手,逗着就把单词课上完了,这些我们确实需要借鉴。

2017 年 7 月 27 日　星期四

其实今天就是一次收尾的实践,想着在欣宇班再瞅瞅,顺便和刘园长总结一下,而且和泊职的学生们照张合影,为自己的实践时光画一个圆满句号。

(1)欣宇班的课是一次延续的观察。第一次课是亿童教育包中的美术课,名称是"小雨点"的手指点画,就是从课件中的小雨点的故事出发,从一个故事性的雨滴形成的原理出发,最终落脚点是生成各种颜色的雨滴,这样老师就引出这节课的目的,就是画不同颜色的雨滴宝宝,用不同颜色的颜料,用小食指蘸,然后为老师事先简笔画好的雨滴和雨伞涂色。前两天在冬月班听过类似的课,而且以前我们同事的微课比赛视频有选手指画的,看来也算符合职业需要了。欣宇讲得很细致,每个环节解释得很到位。第二次课就是和幼儿们一起听着课件的儿歌,做律动,小朋友们也很投入。

(2)和刘园长总结了这周的收获。其实在小班实习这一周,感觉小班的保育很不容易,小孩子的吃喝拉撒很多,幼师们照顾得也很细致,卫生这块也是个累活,我们的幼师们也很尽职尽责。从冬月、欣宇的课上来看,也是各有

所长，冬月比较稳当，讲话很甜美很温柔，班里卫生很到位，几位配班老师打扫卫生很及时；欣宇呢，就很活泼，讲得很活泼，还很细致，虽然卫生比不上冬月班，但教学律动这块确实很出色。

（3）我在这两个班都临场尝试了讲故事，以前在 T 幼儿园都是精心准备了一下才讲，这次因为冬月和欣宇都知道我擅长的是什么，所以在我没准备的情况下，临时被邀请去讲故事，确实很紧张的，但也没掉链子，讲了《青蛙卖泥塘》和《狐狸和乌鸦》，其实自己培训了那么多故事，讲故事绝对轻车熟路，一定要相信自己。通过讲故事和小班的幼儿们也熟了，小朋友们都主动记住喊我黄老师或冬冬老师，当幼师还挺有感觉。

（4）我专门等着刘园长，和我们泊职的毕业生们合影留念，她们各有所长，刘园长都很看好她们，希望她们在自己的岗位上取得优异成绩。

附录 3：我在沧州 M 幼儿园的实践总结

忙忙碌碌的一个月的实践完成了，这次还有以认真出名的新明同事的相伴，更是让我放松、愉悦很多。虽然也在好几个园实践过，也有大同小异的倦怠感，但每个园都有每个园的特色，每个园都有我们挖掘的未知，所以收获也是很多的，现总结如下：

一、幼儿"天性"释放的突破

在这所幼儿园感受最深的是户外游戏和活动的尽情尽兴，以前也实践了几所幼儿园，每天的户外活动就是做操，而且孩子们和老师做操都已经常规和形式化了，老师面无表情没有激情，孩子们随机配合，没有自我的发挥。幼儿教育标准也提到为了让孩子们健康成长，每天的户外活动不少于 2 小时，体育活动不能少于 1 小时，但有几个幼儿园能做到呢。我觉得这次的 M 幼儿园做得已经很不错了。

这所幼儿园每天早晨八点四十左右开始就是户外活动的时间，每天上午玩一个多小时，这相比别的幼儿园已经很不错了。别的幼儿园上午做操时间我估量也就半个小时。而且这一个多小时，每个班玩什么都有大致的分工，如跳圈、滑梯、小车、水枪、穿梭、攀爬之类，我们盯了大约得有三周的上午时间，觉得每次户外活动，小朋友们玩得都很开心，尽情尽兴，畅快淋漓。玩是孩子的天性，释放天性才是最好的教育。小朋友们出出汗，晒晒太阳，对健康都是有帮助的。当然，这种尽情尽兴的天性释放对我们的幼师也是一种考验，越是自由的户外活动，老师的规划、准备、监护、收尾等工作越是辛苦，记得

第三章 "语言教师视角"实践下我对职业教育衔接幼儿教育的思考

有一次玩水枪大战，老师们在玩之前，就得把每个孩子的水枪装满水，还得把玩之前的穿泳衣、脱鞋等工作做好，玩的过程中，我们的幼师还要为幼儿的水枪补水，还得监管孩子们不要受伤，还要参与游戏，和孩子们打成一片。结束后还要协助每个幼儿冲脚、晒泳衣等，所以看似没有规章的自由玩耍，其实也倾注了幼师的耐心、爱心和责任心呢。

二、蒙氏混龄教育的利弊思考

这次的另一个大的收获就是近距离接触了蒙氏混龄教育，以前只是走马观花看过一次混龄教育工作，这次加深了了解，也有一些思考。

M幼儿园新园是蒙氏混龄教育模式，每天上午一个多小时的户外活动后就是班内的混龄教育环节了，到了午餐时间才结束，也是一个多小时。这一个多小时，老师是怎样操作的呢？首先播放蒙氏音乐，幼儿走线开始，接下来老师根据大中小班分拨逐一交代作业和任务让孩子们去玩蒙氏教具，这个环节老师会在走线中，叫停某位小朋友，两个人互相用绅士、淑女的打招呼方式问好，然后老师会给大班或中班的孩子拿出作业本，交代几句，让小朋友们先做作业，再去玩有难度的蒙氏教具。小班一般没有作业本，就是自己去拿简单的蒙氏教具玩。当然，每个班还有细微的不同，在一个班，有位老师在孩子们走线过程中，给孩子们发不同大小的小教具配件，让小朋友们走线结束都要把这个小教具插到正确的大教具位置，插对了才能去玩其他蒙氏教具，插不对，再跟着音乐走一圈，再插一次。这个环节也不错，也算老师组织的对蒙氏教具的一次学习和认知。接下来，孩子们就有条不紊地玩玩具了，有的大孩子就开始写作业了，这些作业都是老师根据几大领域的课程，给孩子们留的作业，孩子们做完就让老师直接看，老师看着没问题了，再接着去玩玩具，当然这些中班和大班的孩子玩的蒙氏玩具难度就大了，每个年龄段的孩子玩什么老师们都有指引和记录的，而且因为是混龄教育，不同年龄段玩的玩具不同，所以在这里老师集体讲解玩具玩法的时间就相对少了，大部分都是老师分成小组去讲，一次讲几组，每次什么玩具，哪个年龄段，哪几个孩子听都做好安排和记录。

通过这些日子的观察，感觉混龄教育有很大优势：不同年龄段不同的教育层次，老师们规划和操作得很有针对性也很系统化，各个年龄段在一个环境中既能玩跨越年龄层次的东西，又能安静地玩属于自己年龄段的玩具，还能做到大帮小的帮带效果。因为一个班有大中小不同层次的分段，他们的小便、喝水和吃水果，不是排队，不是太规章化，几个班都分开，有先后，所以人不会太多，自己拿自己的喝，自由安排。吃水果同样如此，老师也会按年龄段分出大致先后，但主要还是靠孩子们自觉和自由去吃，玩着蒙氏玩具的过程，谁也不打扰谁，自己走到水果区，去吃老师已经切好的水果，每人的量，老师都有限制，但老师也不会太近距离地监管，孩子们也都知道自己吃一份，多吃一份，别的孩子就没有了，这也是最初阶段老师对多吃的孩子的道德教育，大部分孩子的自觉性很好，我挺喜欢这种自由的环境和氛围。

但我对混龄教育也存在着不解和困惑：当户外活动时，不同年龄段可以玩一些不分年龄层次的游戏，如滑梯，年龄小的可以自己爬矮小的滑梯，大些的孩子就可以玩高的滑梯，但有些活动，我觉得有年龄之分，如跳圈，小的孩子自己单腿跳会有难度，双腿变单腿都会有混乱，这对小些的孩子很有训练的必要，但对于大班的孩子就有些幼稚，大孩子一玩起来就胡闹了，蹦得很快，会碰乱整个摆好的圈的造型，而且这对他们也没有挑战性了，失去了兴趣。

除了这些户外活动有这些感触，再就是室内的五大领域课程有的我认为也存在混龄教育的矛盾，老师和孩子们互动的语言、提问语设置等都得考虑大中小班的不同，问题难了小班的听不懂，太简单，大班就觉得没挑战性，这和刚才说的户外活动的矛盾是一样的，而且总感觉老师讲这种教育课程时，孩子们拢不齐，总有跑偏的，呼应和配合的只是那些聪明的和大点的孩子。当然，幼儿园也考虑了这样一些问题，把难度大的和年龄层次体现明显的英语和美工单独提出来分大中小班去上课，不再混龄了。有的老师提到开展混龄教育活动时，也会适当选择一些适合中间年龄段的内容，力求让大的小的孩子都能适应。当然，这些也会增加幼师教育工作的难度。

三、对爱诺教育的深入了解

一个幼儿园采用两种教育模式，我也是第一次接触，真要佩服闫园长，那么年轻，支撑两个园，真的不容易，也很有成就。老园的教育模式就是这种爱诺教育，我对爱诺教育的第一次接触还是在前边提到的T幼儿园，当时觉得这种模式真的很不错，符合幼儿教育的理念，也是从加德纳多元智能理论引申而来，一个主题一个故事引发多种智能和五大领域，符合中国幼儿教育的主题教育模式。但后来第二次去T幼儿园，听园长说，现在又引进了亿童教育，感觉对爱诺教育不好掌控，可能也是老师们操作起来有难度。其实我从前对爱诺教育和亿童教育对比了解，觉得爱诺教育更符合理想的教育理念，亿童教育有些接近应试教育。在M幼儿园的老园也是采用爱诺教育模式，但也是和五大领域的课程同时进行的，上午时间是爱诺课程时间，和T幼儿园一样，也是一个月两个主题，也有一定的计划，而上午和下午再穿插两节五大领域的课。

第三章 "语言教师视角"实践下我对职业教育衔接幼儿教育的思考

我认为这种融合也是理想教育和应试教育的融合。

这次因为是暑假期间，这个月的爱诺课程已经讲完，所以我只是接触了一下爱诺课程的课件和动画片，爱诺的特点就是一个主题情节的动画片把健康、安全、卫生、语言、饮食、科学等各种学科和领域全部包含进去了，都是需要点击小动物才说话，情节才往下发展，很适合幼儿领域。通过和带班老师交流也发现，爱诺教育的连贯性很强，一个主题一个故事的延续，前后课程都有联系，所以有的幼儿一请假多了，就会跟不上，本身幼儿的出勤率就很不好保证的。所以，这些弊端也让我们的幼儿园不好操控吧！

其实爱诺课程是新加坡的一套教材和课程资料，它和我国的主题课程大同小异，但我们讲求的是自主本土的主题，随机和临时性很强，也考验了幼儿园和幼师的能力，但现在大部分幼儿园没有这么好的师资，他们都需要有成套适合幼儿的课程，虽然固定性很强，但让低素质的幼师们有章可循，在这个基础上再自主和本土化些，也不得不说是眼前环境和国情下的应对之策。我希望我国也有像蒙氏教育、爱诺教育这样的成套教学系统资料，不要只提倡没教材、自主创设、本土自由化的理想教育理念了，先从中间的过程过渡，能有像蒙氏教育那样的框架和大致模式，让中国教育先从基础建设起来，最终走向理想的教育模式。

四、职业对接的应对之策

这次实践，我也发现，在幼儿园使用儿歌和律动的时候很多。其实在我们的幼儿文学课上，让孩子们多背一些，多配一些动作，多做积累，将来到了幼儿园就能用到，而且好多小律动很简单，都是老师根据自己的要求和目的，自己按照押韵和朗朗上口的文辞临时编写的小儿歌，所以我们的幼儿文学课也应该让学生能创编一些儿歌。比如，在点名的时候，老师就会让孩子们拍着手打着拍子和节奏，大声说我是某某某，请问你是谁？和相邻小朋友打招呼，自我介绍，小朋友们都很喜欢，当小朋友们很闹哄，这时候老师几句律动儿歌的安静要求语，很有效果。

在 M 幼儿园还有五大领域的课程，也有一套专门教材，有一些教案的框架，但配备的课件和教具很少，所以这时候需要老师自己准备教具和课件，这样在职业学校的课件制作和讲课训练课就很必要了。

这次主要听了三位老师五大领域的课。觉得讲得最好的是新园的张老师，听自己学生说这位老师还是中专学校毕业的，但能力和经验都很不错。这次听了两节她的课，觉得真是这么回事，教学设计很不错。比如，讲《家》的儿歌这节语言领域课，这让我记起我曾经在 C 幼儿园讲过的学前班《家》的儿歌语言课，只是那是名副其实的应试课，这次张老师面临的是大中小班的孩子，应试氛围就不会太浓。

首先张老师谈话导入"我们都有家吗？家是什么样子的？"然后老师引到要讲的儿歌大致内容上。

接下来就是老师配乐朗读儿歌，和孩子一起欣赏儿歌。

接着老师就开始用通俗的语言解释儿歌内容了，帮助孩子们理解儿歌。

接下来老师总结一下，就要出示图片，提问，帮助孩子们理解儿歌内容。

再带着孩子们一起读，一起回顾儿歌内容。

最后从儿歌中选两个重要的字"是"和"家"，用贴图游戏吸引幼儿，让孩子们认识这两个字，并从游戏中了解这两个字在儿歌中的意思和位置。

然后带着小朋友们跟着贴图一起读。

最后通过问问题："找到贴图相同的地方是什么？"让学生找到"是"和"家"，再问："寻找到不同的地方。"让学生们说出"是的前边，和家的前边"。

这节小课要结束的时候，就是最后的延伸创作活动了，老师带领根据刚才寻找的相同和不同，创作这样的小句子，让小朋友们根据结构也变成小诗人："什么是什么的家。"

这堂课一共是 28～30 分钟，而幼儿注意力集中的时间也是 20～30 分钟。所以，感觉张老师每个环节设置得很到位，前后的衔接也很自然连贯，总体也符合孩子们的认知水平，但前边提到的怎样让混龄教育的孩子能不受年龄段的限制，能够在一起达到共同的进步和提高呢，在这里也是存在着问题的，感觉配合的孩子一直就是那几个活泼和大点的孩子，小班的总感觉有些吃力，所以有的小朋友自己玩自己的，不能参与进去。这个混龄教育还应该摸索和探究。

我们还听了一节我教过的 13-9 班颜秀的课，颜秀讲的也是语言领域的课程。首先颜秀用律动吸引幼儿的注意力，然后她用交谈的语言导入两个朋友：月亮和太阳。通过提问小动物和植物的区别来引入儿歌内容，也就把儿歌的意思串了一遍。然后引领孩子们一起贴图片，贴完，带着孩子们再齐读一遍。总体来说，颜秀讲得有些快，没有太有效的巩固和延伸，其中的游戏活动也很少，时间很短就结束了。这主要还是因为被自己老师听课，实在太紧张了。其实颜秀在学校时，就是一个踏实认真的孩子，来到这也干得很好，而且很虚心。

五、实践调研离不开泊职毕业生的协助和配合

每次幼儿园的实习实践都很踏实舒服,这主要得益于我们学校毕业生的热情和帮助。第一次 T 幼儿园,因为技能大赛的学生们,我了解了很多信息,自己还讲了好几次小课;第二次 C 幼儿园,12-9 班和大专部几个学生也很热情,也是因为她们自己才能在学前班和褚老师那里学到一些东西。这次 M 幼儿园,无论是新园还是老园,都有好多我们的毕业生,新园 11 级凤荣、13-9 颜秀等三个学生,老园 11-4 班丽鑫、11-7 晓丹、09 级吴璇等,还有几个大专部的学生,自己教过的学生们见了你那种热情,让我的实习很舒服很踏实。每次我都会和我们的学生合影留念,这次也不例外,但新园因为她们太忙,也错过了,好可惜的。希望还有相见的机会。

总之,每次历练都是一次成长,这次虽然没有开始实践时每天几千字记录的认真,但实实在在地去看去想了,同样收获很多。我觉得每次实践都选择教育模式不同的幼儿园,收获会更大。希望自己能踏踏实实把学前教育的教研一直做下去,越做越好。

第四章 "汉语言"视角下我对《幼师口语》精品课资源建设的思考

《幼师口语》是《幼儿教师口语》的简称,它源于最早的本科师范院校的《教师口语》,最早的定位是综合运用语言学等方面的知识,解决教师在教学过程中口语应用的一门应用语言学科,只是具体到幼师教师口语这门课程,就变成满足幼师语言教学的应用学科。如果深入挖掘的话,这门课程和语言学有着千丝万缕的关系,因为它以理论语言学、描写语言学、心理语言学、心理发展语言学和社会语言学为基础,同时吸收教育学、心理学、逻辑学、发声学、朗读学、交际学、美学和伦理学等学科的研究成果。但幼师口语课程是学前教育专业的专业技能课,所以应该淡化语言学理论的色彩,重视语言应用的要求,而且必须加强职业化的改革,和幼儿园职业要求精准对接。随着各高校对学前教育专业人才培养方案的研讨和修订,对幼师口语课程也进行了许多调整,现在教材研究和课程建设的方向上存在着两种思路:一种是保持以往课程建设的大致体系,如普通话、口语交际、职业口语,其中还存在着朗读、讲故事、交谈、辩论等;另一种是课程改革很彻底,直接打破了原来的体系,完全变成幼儿园语言教法痕迹的幼师职业口语部分,其中朗读、讲故事还有保留,但变成儿歌、儿童诗的诵读表演,演讲、即兴说话等环节已经完全消失。对这种彻底的改革我不赞同,因为我一直坚持"要给学生一杯水,教师就要准备一桶水"的思想,而不是幼儿园需要什么,我们准备什么,不是不准备,而是要准备得丰富有深度。大家都知道幼儿园没有学科没有教学,只有教育活动,语言教学是融入幼儿园主题活动和一日常规环节的时时处处的,并不是我们的口语课训练演讲。所以在精品课程建设和数字化资源建设的过程中,我对幼师口语课程从教学体系、教学内容和教学方法等方面都做了自己独特的调整。既能延续最早《教师口语》高度的要求,又能靠近幼儿教师职业能力真正的需要,做到两者完美的结合。再加上现在是信息化大数据的时代,精品课建设和数字化资源建设是大势所趋,在这个大背景下,我从汉语言的视角,对这门课程进行了改革和调整，希望对专业建设和课程改革有所触动。同时，把自己从校级走到省级在线精品课程建设的经验和大家分享，希望对申请校级、省级精品课的同仁提供一些参考。

第一节 MOOC背景下《幼师口语》课程数字化资源的建设构想

在国家和河北省职业教育改革方案中都提到为了适应"互联网＋职业教育"的发展需求，运用现代信息技术改进教学方式方法，推进虚拟工厂等网络学习空间建设和普遍应用。因此，打造和积累一种"人人可学、时时可学、处处可学"的《幼师口语》课程资源成为必然趋势。那借助精品课建设的契机怎样构建职业性的数字化资源呢？

一、数字化资源建设的前提保障

（一）教学团队建设

国家职业教育改革实施方案提到要分专业建设一批国家级职业教育教师教学创新团队，所以教学团队建设非常重要，也是保障课程资源建设的前提，而我在打造自己的课程团队时，努力做到专业性、全面性和职业性。

1. 专业性

我们的教学团队原来由7人组成，这些教师是从事《普通话》和《幼师口语》教学的专任教师，其中副教授1人，讲师4人，助讲2人，并且在个人专业和特长上也有一定的分工：专研朗诵教学30年的老教师负责朗读综合训练部分，参与省市学前教育专业技能大赛讲故事辅导8年11次的中年教师，专门负责幼师讲故事的重要章节，擅长儿歌、童谣等技能的年轻有活力的青年教师，负责幼儿作品诵读技巧部分，并且在口语课堂注重学生教师资格证面试辅导的教师自主分配讲课的项目等，每个人都在精品课建设中钻研自己擅长的领域，这样既能留存各位老师擅长的项目资源，又保证了课程建设的科学性和专业性。

（2）全面性

从教学团队的组合结构来看，我们主讲教师已经配备齐全，但如果想制作数字化资源和保障网络平台课程运行顺利的话，我们必须要配备助教老师和技术老师，于是我们的团队又加入2名技术教师，帮助团队进行信息化技术的

145

辅助，并协助教学平台的互动和传输，这样的结构和搭配才能使精品课程的数字化资源建设获得更有力的保障。

3. 职业性

因为课程的最终目标是实现人才培养的目标，必须符合职业的需要，所以为了保障课程的职业性方向，我们必须引入校外一线幼儿园的兼职教师，帮助制作幼儿园一线的口语案例，协助丰富课程的职业性数字化资源。所以我预计会和本地的公立幼儿园合作，在幼儿园开展教师讲课和说课评比活动，从中积累优秀职业案例，也能吸收最好的优秀教师加入我们的教学团队保障课程的职业需要。

（二）课程设计策略

1. 调整课程体系

这门课程最早源于本科公共课教材《教师口语》，带有本科难度，而且职业性缺乏，后来虽有了改善，但课程体系的职业针对性和幼师素养性不强，知识点、技能点不清晰，学生不能很快了解应该学什么。所以需要根据职业需要使用模块、项目、任务进行优化整合，让学生直观感受什么和职业教育息息相关，什么关乎幼师的职业素质。比如，在原来普通话训练部分，都是零碎的声韵调等知识点，但现在直接用"单音节题型训练、多音节题型训练、朗读训练、说话训练"，这样用题型直接就把零碎的知识点串连到一起。幼师学习的目的性很强，比如，以前"态势语、心理素质和思维"等技能点都作为章节出现，体系比较散乱，现在我们把这些都融入项目中，职业性很强。最终，我们的课程目录做了如下的调整：

项目一：幼师普通话训练

  任务一：认识普通话

  任务二：了解普通话测试

  任务三：了解发声基础

  任务四：了解语音基础

  任务五：单音节题型训练

  任务六：多音节题型训练

  任务七：朗读题型训练

  任务八：说话题型训练

项目二：幼师朗诵训练

  任务一：认识朗诵

  任务二：经典美文诵读技巧

任务三：幼儿作品诵读技巧

项目三：幼师讲故事训练

　　任务一：认识讲故事

　　任务二：故事的再创作技巧

　　任务三：故事的"绘声"技巧

　　任务四：故事的"绘色"技巧

项目四：幼师演讲训练

　　任务一：认识演讲

　　任务二：演讲稿的撰写技巧

　　任务三：演讲的声势技巧

项目五：幼师即兴说话训练

　　任务一：认识即兴说话

　　任务二：即兴构思技巧

　　任务三：即兴选材技巧

项目六：幼师讲课训练

　　任务一：认识讲课

　　任务二："导入语、讲解语"技巧

　　任务三："提问语、评价语"技巧

　　任务四："过渡语、结束语、应变语"技巧

项目七：幼师说课训练

　　任务一：认识说课

　　任务二：说课技巧

2. 创新教学设计

　　现在是信息化大数据时代，并且在线精品课程也要进行数字化资源的建设，所以从课程的教学设计上也要精心的完善和创新，体现现代化的先进教学手段和模式。现在县域地区的院校，还没有能力进行大的软件开发，学生对复杂和有技术含量的软件都有畏难情绪，所以在课堂教学中可以运用许多简单的手机 APP 软件，如趣配音、小影、抖音、思维导图等，这样不仅增加了课堂乐趣，还有助于音频视频资源的留存。而在教学模式上，因为精品课建设契机，我一直致力线上线下混合教学模式的探索。在学院的支持下，我们教学团队按照课程体系录制了教学视频，配置对应的课前任务单、线上讨论、课下作业等在线资源，并上传教学平台，让学生进行在线自学，我们跟踪了解，根据学习效果，再进行线下课堂中的教学活动设计，完成知识点、技能点的内化和

147

训练。但理想很丰满，现实很骨感，在具体实施的过程中，从线下课前的引导程度，和线下课堂以及自学的配合程度上看，还是存在着一些问题。以前听专家讲座提到过，翻转课堂不适合所有学科，而且翻转到什么程度，都需要在现实教学中寻找分寸，所以我想要在接下来的教学工作中进行调整。首先，不能一味地依赖MOOC上的精品课体系和资源，不能限制线下课堂语言训练的手脚，如教师资格证面试时，课堂一定及时调整，一定自如地调整到面试语言训练上，而且线下课堂一定要有及时性，如赶上国家北斗三号全球卫星导航系统正式开通这样的国家荣誉感大事，一定要引入课堂，可以在课堂上及时开展话题讨论和辩论等语言活动，以前太受网课的影响，赶进度堆内容，硬性训练，但学生喜欢什么，接受什么，最终能不能具备，我有些忽略，这些都应该是我以后的调整方向。而且记得看到过这样一句话："教学方法本身并不是教育成功的关键因素，教师的热情以及将这一热情感染学生，化作他们学习的动力，这才是关键所在。"这也应该是教育者一直要进行探讨的课题，所以教学永远在路上。

3. 在线资源建设

在筹备《幼师口语》精品在线开放课程的过程中，需要原创和设计清晰有关联的教学资源，如录制和课程体系配套的教学视频，配备教学设计、教学课件和课后技能作业后，配备线上讨论题、线上单元测试题和线上课前预热题和自学思维导图，同时辅助成套帮助学生理解和拓展的视频、音频、文本等体系化的数字化资源，保障线上线下混合教学模式的进行。

4. 修订课程标准

经过各种创新探索，为了达到以学生为本位、以能力为核心，突出职业道德培养和职业技能训练，让《幼师口语》的教学更加规范标准，需要重新修订课程标准，从课时、课程体系、人才培养目标等方面都进行完善和修改。比如，讲故事属于幼师口语素质的培养，因为在技能大赛、教师资格证面试和公立教师招考的面试中几乎是必选的语言形式，所以需要在课时和技能点的分配上都加大比重，而且说课在有的《幼师口语》课程中没有体现，但它也是一种重要的语言形式，而且在公立教师招考和学前教育专业技能大赛中也是一项考核内容，所以有必要融入本课程的体系中，这样就保障了精品课程在线资源的职业性特色。而且课程评价也是课程标准中的一项重要内容，《幼师口语》怎样体现双导师制度，怎样利用实习实训的契机，引入幼儿园的评价，这都在努力探索中。

（三）平台运行维护

开发能够支持线上线下混合教学模式的教学平台，能够实现课程体系化教学资源的呈现，能够实现在线测试、在线答疑、在线作业提交、在线视频学习、在线讨论交流的"在线网络学习平台"。这些教学平台都能够通过手机APP实现"时时、处处"自如学习。现在这样的免费教学平台很多，如职教云和蓝墨云等，而数字资源库建设平台也都在完善中，万事俱备后，如果想让课程资源的共享顺利运行，还需要课程的运行和管理措施的保证，如要加强教师团队运行实施的建设，怎样和学生进行线上互动，为学生答疑解惑，怎样完善评价机制，对学生线上的学习情况进行检测和评价，怎样推广本课程线上使用的范围和程度等，而且要有效落实项目资金的落实和配置，能够保证课程资源建设目标的实现。

二、精品课程资源建设和共享具体实施设想

（一）建设团队、完善资源，在线课程筹备阶段

在教学视频、资料积累的前期基础上，让教学团队各取所长，领取任务，按照课程体系思维导图制作上线资源任务包。增加课程导学文件：课程标准、教学大纲、课程简介、授课计划，而且为每个项目下增加了自学思维导图、测验理论题、技能作业和讨论题，每个教学任务除了原来的教学视频、教学课件、教学设计，增加课前自学预热题，并配备帮助掌握任务和知识点的辅助资料。在这个过程中，教学团队统一思想，统一步骤，让这门课程做到系统化和统一化。

（二）确定平台、签署协议，在线课程制作阶段

资源准备完毕后，开始确定平台建设课程，根据河北省精品课的指导要求和对比各大网站平台的优势，最终选择智慧职教平台建设课程。在完善教学团队和课程简介等信息后，填写开课申请和签署合作协议，并在网站建设MOOC在线课程，首先调整适应平台的课程体系，然后把教学团队各个任务包进行汇总和核查，并根据课程体系上传每个教学任务下的资源，并输入随堂测验理论题和技能作业、讨论题等。

（三）正式上线、师生互动，校内全日制学生开课阶段

这个阶段在新生军训结束后正式开课，面对本校全日制学生学前教育专业和小学教育专业学生开展精品在线开放课程，教学团队根据自己的教学班级、教学课时和教学任务进行线上和线下混合式教学，而且对校外兼任教师的

教学进行指导和引导，保证线上精品课程的正常开展。针对在师生互动、线上线下互动的过程中出现的问题，借助技术老师和智慧职教技术团队的帮助进行及时的解决。

（四）团队研讨、查漏补缺，在线课程完善阶段

第一周期内开展线下一学年课程，开展线上两轮连续课程后，对遇到的内容、方式和技术问题，团队进行汇总和梳理，总结经验教训，进行完善和修正，也为下一轮的开课做好充分准备。

（五）团队建设、扩大生源，成教、校外开课阶段

为了扩大精品在线开放课程资源的开放、共享范围，让课程资源惠及更多的人，让《幼师口语》课程真正做到"人人可学、时时可学、处处可学"，首先申请为本院成人教育学前教育专业的学习者开设，这样为想获得大专学历的社会学习者提供了便利的方式，同时也能挣到规定的学分。接下来利用本院在沧州市学前教育幼教联盟中的引领者优势，争取和各个中职学院洽谈和交流，为中职离校实习校外第三年开设《幼师口语》线上课程，承诺进入高职校园后可以算作一个学分，这样精品课程资源才能有普及性和共享性。

总之，在互联网教育的大趋势之下，在大数据资源传输的时代，《幼师口语》课程借助自身课程特色，借助学院和省级精品课建设的优势，打造一套适合网上传播和共享的数字化资源变得非常必要。并且希望这种数字化资源不仅面向"人人、处处、时时"，更应该服务于本校的在校学生，更能服务于线上线下混合教学情境，为本课程最终的职业标准和就业目标服务。

第二节　SPOC理念下《幼师口语》资源建设的"校本化"思考

近年来，信息化教育进入蓬勃发展阶段，慕课、微课、翻转课堂在高校层出不穷，互联网在线课程和传统课堂教学的碰撞和融合也迫在眉睫。在这种形势下，各大高校都加入互联网教育课程和数字化教学资源的建设中，投入大量财力物力，购买网络MOOC资源和课程，大力进行资源库建设，建设录播室，鼓励老师录制实录课、视频课，参加微课和信息化大赛等，但实际情况是使用的学生和社会学习者却很少，甚至有的都不知道"教学资源库"在哪里。本该在教学和培训中起重要作用的在线教学资源，却成了一个好看不好用的摆

设。所以，在大数据资源传输的时代，各高校既不能对新的网络课程和数字化教学资源望而却步，又要关注资源建设的实用价值和校本化需要，更要关注职业院校的人才培养目标和就业需求。

一、spoc理念在数字化资源建设中的优势

目前，随着MOOC、在线精品课程、教学资源库网络平台建设的推进，这种能够通过网络和手机APP传播和分享的数字化教学资源也越来越丰富。但资源是否适合本校学生，资源是否吸引学生，资源是否能够提高学生的就业能力等问题也随之出现。

美国加利福尼亚大学伯克利分校MOOC负责人阿曼多·福克斯相对于MOOC"慕课"的概念和发展弊端提出了SPOC，翻译出来就是小型的私有在线课程，它是由微视频、即时学习、互动讨论和学习测验等要素构成，它克服了MOOC无法与校内现有课程的课程目标、难度和学生层次相匹配的问题，使教师将更多的精力用于学生个性化教学、实践教学、合作学习等模式的探索。所以，SPOC理念下的数字化教学资源建设，不但需要充分利用MOOC中各种形式的多媒体资源，而且要根据SPOC的校本化理念最大限度地优化局域教学资源利用效果，开发更加有效、实用、贴近校内学生的数字化教学资源。在这里以《幼师口语》为例，从现象从个别寻找规律，希望能为信息化教学改革起到引领作用。

二、《幼师口语》"校本化"数字化资源的建设特色

（一）课程体系的职业性特色

数字化资源这一概念是在计算机技术、网络技术和多媒体技术等数字化信息技术不断发展，并在教育中广泛应用的背景下提出的，它是与书本、文字、教材一起，共同构成了现代教育技术环境当中的多媒体教学资源，所以在网络和在线上怎样让学习者明确目的，系统学习，则是一个需要注意的问题。所以，在《幼师口语》精品课程建设过程中，运用项目带任务原则，对零碎知识点资源进行优化整合，融入独立的幼师职业项目中，提升线上学习实用性和自觉性。同时，在线上每个项目后都设置一个案例赏析任务，通过制作案例视频解析任务知识点，在线上达到知识内化。而且在职教云平台，学生先通过项目思维导图了解梗概，接着带着任务预热题看教学视频，然后通过课件、教案和案例理解深化，再通过项目小测评价学习效果，最后通过线上讨论题进行延

伸和拓展，真正做到由浅入深，循序渐进。

（二）教学内容的校本化突破

《幼师口语》精品课程资源建设中根据行业需求和职业导向原则，重构教学内容，根据学前教育专业技能大赛语言类考核的标准和方式，以及县域地区农村教师、特岗教师、公立教师的招考面试政策，再加上教师资格证面试等要求，挖掘语言类职业需要和就业能力的方向标，发现讲课和讲故事，是重要就业技能，说课技能也变得很重要，所以在《幼师口语》精品课资源的构建中，加大了"讲故事和讲课"职业项目比重，同时添加了教师招考面试"说课"项目。并且借助技能大赛辅导的积累，根据精品课建设颗粒化、系统化原则，建设了大量覆盖知识点的文本类、音频类、视频类颗粒化资源，如优秀学生讲故事的经典视频和再创作文本案例，这样更加便于数字化资源的共享和在线自学。最终让《幼师口语》数字化资源的建设更加贴近县域特点和本校学生特点。

（三）教学模式的信息化创新

因为本课程已经在MOOC运行，线上有足够的数字化资源能够完成课前的自学，那线下怎样和线上这些资源的学习有机结合起来，真正让学生掌握呢？所以，这就需要运用线上线下混合教学模式，让线下课堂变成了资源的巩固和内化过程。比如，利用职教云的课前任务为学生制定MOOC的学习计划和学习任务，然后同学利用智慧职教，自学《幼师口语》精品课程的数字化资源，然后再利用MOOC答疑和讨论发现同学的问题，最后借助职教云课堂的工具，在课中进行讨论、提问和训练，最终通过线上作业进行评价和验收。这个过程就是数字化资源从在线转线下的过程，也是学生知识内化的过程，在这种混合教学的过程中，在辅助普通话水平测试、趣配音、表情秀、小影、思维导图等APP教学手段，运用案例分析、任务驱动和项目教学等方法，融入幼儿园的实训项目和情境模拟活动。

在大数据的时代，精品课建设、线上线下混合教学模式的探索，都是大势所趋，在这种形势下，挖掘和制作适合网络传输，适合在线共享的数字化资源也是非常必要的，但资源的建设要适应大趋势，要适合本校学生，符合职业教育的就业要求，让全国分享和校本共享变得有机统一，在普及性的同时也能惠及本校的课堂教学，真正实现线上线下翻转课堂的教学效果。

第三节 学院课程建设推动下《幼师口语》课程引发的职业思考

其实我的《幼师口语》课程能从一门普通课程变成院级精品课,现在又冲击到省级精品课的行列,并不是一开始就目标明确,直接按照步骤打造的。这个过程经历了对精品课概念的懵懂,有到处学习的一知半解,也有领导的提议和督促,总之这个过程自己是被动走下来的,所以当省级精品课立项时,内心最多的还是感谢领导的高度引领和任务督促。直到院级精品课录制教学视频时才知道什么是脚本,到了省级精品课立项,才知道智慧职教平台的一些运行特点,而且我的课程又是我们学院第一批结项的院级精品课程,也是我院第一门省级立项的精品课,所以早期的课程建设工作确实很懵懂。但现在职业教育的在线精品课程建设是大势所趋,我们学院也在加大力度进行,在这种形势下,我想为大家总结一些实用的建设经验,想告诉大家我们在建设学前教育专业的精品课程时,怎样和幼师的职业能力有效衔接,怎样挖掘课程建设的核心理念。以下内容便是我为本院教师和一些精品课刚起步的职业院校教师们提供的一些参考。

一、打磨课程,学习技术

我认为有能力做精品课建设的主持教师,起码要走过学院青年教师的培养过程,参加每年的讲课、微课、说课、教学能力大赛,在这个过程中,你起码能够走几轮教学过程,在比赛的准备过程中,也能仔细地研究教学、研究教材、研究学生、研究课程等,从而为精品课程建设做好准备。而且在这个过程中,也要有意识学习课件、微课、信息化资源的制作技术,为原创资源和教学视频的制作打好基础。

二、规划体系,设置内容

在教学几年后,各种比赛也都参与过,而且对自己的课程、教学也有了发言权,这时候就应该明确精品课建设的规划设计了。首先应该做的是对整个课程体系进行模块化、项目化、任务驱动的创新设计,如浙江金华吴老师的《幼儿教师音乐技能——歌唱与声势》就是以项目为章节进行课程体系的梳理,进行职业技能的明确指引:《学做解放军》《跟我做操》歌唱与声势;《数鸭子》《小跳蚤》歌唱与声势;《摇篮曲》《小白船》歌唱与声势等。而我的精品课程体系则打乱传统《教师口语》的琐碎章节:普通话基础训练、口语交际训练、职业口语训练,直接梳理成独立的幼师项目:幼师普通话训练、幼师朗诵训练、幼师讲故事训练、幼师演讲训练、幼师即兴说话训练、幼师讲课训练、幼师说课训练。然后按照连贯的课程体系精选出了录制微课或者教学视频的知识点,接下来就可以为同组教师分配需要准备和积累的资源和微课任务了。因为一个人的力量是有限的,而精品课程建设是一个大工程,更需要集合同组老师和技术老师的力量共同打造。所以,我们可以按照我前边提到过的根据每位教师擅长的任务和环节进行分配,让每项资源都能精致全面,这个知识点可以是每个小节下的重点或难点,也可以是一个小节任务,但不能打破体系的连贯性。例如,我在精品课程建设初期设置的课程体系和团队任务分工,如表4-1所示:

表4-1 《幼师口语》精品课体系和团队任务分工

序号	项目	任务	知识点	课时	录课教师	辅助教师（提供资料和技术辅助）	备注
第一章	幼师普通话训练9	方言和普通话	区别和定义	1	黄冬冬		
		语音性质和发音原理	三大性质	1	黄冬冬		
		语音单位	音节、音素	1	黄冬冬		
		读字题型——声母训练	声母发音方法部位	1	马千然	多存娥	
		读字题型——韵母训练	韵母发音规律	1	马千然	多存娥	
		读字题型——声调训练	声调的调值	1	马千然	多存娥	

第四章 "汉语言"视角下我对《幼师口语》精品课资源建设的思考

续 表

序号	项目	任务	知识点	课时	录课教师	辅助教师（提供资料和技术辅助）	备注
第一章	幼师普通话训练9	读词题型——语流音变	变调训练	1	多存娥		上声变调、一不变调，轻声
			变音训练	1	多存娥		儿化音、啊的变音
		普通话测试概述	测试等级、测试题型和测试程序	1	多存娥		
		普通话测试题型指导	重点朗读题型和说话题型	1	多存娥		
第二章	幼师口语素质培养20	朗读技能训练7	理解作品、感情基调、形象感受	1	张世坤	陈艳	
			逻辑感受	1	张世坤	陈艳	
			重音、顿连	1	张世坤	陈艳	
			语调、节奏	1	张世坤	陈艳	
			经典美文诵读案例	1	张世坤	陈艳	
			幼儿诗、儿歌诵读案例	1	马千然	多存娥	
			幼儿散文诵读案例	1	多存娥	黄冬冬	
		讲故事技能训练7	理解故事、选择故事	1	黄冬冬		
			故事再创作1	1	黄冬冬		
			故事再创作2	1	黄冬冬		
			故事绘声技巧	1	黄冬冬		
			故事绘色技巧	1	黄冬冬		

续表

序号	项目	任务	知识点	课时	录课教师	辅助教师（提供资料和技术辅助）	备注
第二章	幼师口语素质培养20	讲故事技能训练7	讲故事案例赏析	1	黄冬冬		
			讲故事案例赏析	1	黄冬冬		
		演讲技能训练6	命题演讲	1	多存娥	袁文卓	演讲稿撰写
				1	多存娥	袁文卓	演讲技巧
				1	多存娥	袁文卓	演讲事例赏析
			即兴演讲（说话）	1	多存娥	黄冬冬	即兴选材
				2	多存娥	黄冬冬	即兴构思
第三章	幼师职业口语训练6	讲课训练4	导入语和解说语	1	黄冬冬	刘巧芳	
			提问语和过渡语	1	黄冬冬	刘巧芳	
			沟通语和评价语	1	黄冬冬	刘巧芳	
			讲课案例赏析	1	黄冬冬	刘巧芳	
		说课训练2	说课技巧	1	刘巧芳	黄冬冬	
			说课案例赏析	1	刘巧芳	黄冬冬	

三、制作脚本，录制微课

微课制作和资源积累的任务按照专长分工之后，这时候如果学校不能支持专业公司录制和编辑绿布抠图的教学视频，我们教学团队也可以提前录制小微课，只要这些微课讲解的知识点是整门课程连贯体系下的就可以，我们就有在教学平台共享课程的基础了。但制作教学视频或者微课，我们应该先写录制脚本，然后制作PPT（或者先做PPT再写脚本），第三步是录制微课（视频），如果是录制出镜教学视频的话，我们最后一步是把人像讲解和PPT进行编辑组合。PPT制作大家并不陌生，但制作微课或教学视频的脚本怎么写呢？简单说就是你录制教学视频的讲稿和PPT的点击进行导演设计，如你的教学视频本人出不出镜，什么时候需要手势，手势抬起的时候，嘴上说到哪个词，PPT上应该播放什么文字或图片等。其实写得越细致，录制视频和编辑微课就越自如。但脚本的字数不能太多，一般河北省在线精品课程的要求是20分钟以内，但国家精品课程要求是10分钟以内，为了将来你能够冲击国家级精品课，所以最初制作的时候，最好控制在10分钟以内，也就是最多1 300字左右，当然也要考虑你说话的语速。以下是我制作的某个知识点教学视频的精品课脚本，如表4-2所示：

表4-2 故事的绘声技巧——视频脚本

教学环节	讲解内容	视频设计
片头	一般整门课程的片头相同	
开场白	同学们，大家好！这节课我们进行故事绘声技巧的训练。我们经常会用"绘声绘色"来形容故事讲述的生动和精彩。而绘声则指的是通过声音的技巧把故事情节和角色逼真、形象地描绘出来 那我们应该怎样训练呢？因为故事语言由两部分组成，一部分是叙述语言，一部分是角色语言。所以，我们的绘声技巧主要表现在两个方面：	教师出镜PPT一边 PPT出示文字： 故事的"绘声"技巧 我们经常会用"绘声绘色"来形容故事讲述的生动和精彩。而"绘声"则指的是通过声音的技巧把故事情节和角色逼真、形象地描绘出来
总目录	一、叙述语言的"生动性" 二、角色语言的"形象感"	PPT出示文字： 1.叙述语言的"生动性" 2.角色语言的"形象感"
一、叙述语言的"生动性"	首先让我们看一下《卖火柴的小女孩》的故事片段。重点体会故事中叙述语言的"生动性"	出示PPT文字： 叙述语言的"生动性"
	播放视频	播放视频（43秒）
	通过视频我们发现，这位同学讲述小女孩兴奋和满足的情节时，气息高涨，声音欢快，后来表现小女孩失望和无助的情景时又改为气息低沉，语调下降，语速变慢。当以老师身份明确小女孩太悲惨时，老师变为理性的讲述，声音中速，最后为了引起幼儿对小女孩的同情，声音就转为急促的控诉。所以，我们在用声音表现故事时，既要有情节的起伏变化，又要有角色的感情状态，还要经常作为旁观者表现老师的感情态度和教育方向	教师出镜PPT一边 PPT出示图片和文字： 兴奋和满足——气息高涨，声音欢快 失望和无助——气息低沉，语调下降，语速变慢 老师身份倾诉——理性讲述，声音中速 引起幼儿共鸣——急促的控诉

续 表

教学环节	讲解内容	视频设计
一、叙述语言的"生动性"	这体现就是叙述语言生动性的绘声技巧：叙述语言的情节性，角色感和声音"教态"	PPT出示文字： 1. 叙述语言的"情节性" 2. 叙述语言的"角色感" 3. 叙述语言的声音"教态"
	情节性指的是讲故事者的声音必须随着情节的发展，起伏变化，这包括讲故事者的语气、语调、重音和节奏等声音形式的变化。同时我们还要理解故事，了解故事的来龙去脉，把握故事的情感	PPT出示文字： 1. 叙述语言的"情节性" 语气、语调、重音、节奏 理解故事，把握情感
	其实情节性本身就带有角色感，因为故事的情节是由角色的行为和感情关系谱写而成。刚才的故事视频也体现了这一点。当然叙述语言中还有一种最能体现角色感的细节铺垫：	教师出镜PPT一边 2. 叙述语言的"角色感" 情节性——角色感 故事的情节是由角色的行为和感情关系谱写而成 细节铺垫——角色感
	比如：她高兴地说：她气得直跺脚，然后说：她大声呵斥道：这些角色语言前的铺垫，同样需要讲故事者加上角色的情绪来表现。但这些叙述语言虽然具有角色感，但不能太夸张，否则会失去故事的客观性，影响故事情节的清晰，影响教师的教态。这就是我们要说的第三点"声音教态"	PPT出示文字： 她高兴地说： 她气得直跺脚，说： 她大声呵斥道： 叙述语言的声音"教态"
	声音教态指的是我们幼师在讲述叙述语言过程中的客观态度和感性评价，用声自然、平稳。但现在好多学生讲故事却出现两种错误倾向：1是教师的娃娃腔，模仿幼儿奶声奶气地讲述。2、角色夸张的声音贯穿始终，整个故事就有了儿童剧表演的倾向	PPT出示文字： 幼师在讲述叙述语言过程中的客观态度和感性评价——用声自然、平稳 错误倾向：1. 娃娃腔 2. 儿童剧倾向
二、角色语言的"形象感"	故事的绘声技巧第二个方面是角色语言的形象感 童话故事的最大特点是夸张和想象，而幼儿又是形象思维为主，所以在稳定叙述语言教态的前提下，角色语言的形象感需要重点表现。首先大家看一下《机智勇敢的小山羊》的故事片段。感受这位同学对故事中三个角色的形象感塑造	教师出镜PPT一边 PPT出示图片和文字： 角色语言的"形象感" 童话故事特点：夸张、想象 幼儿思维特点：形象思维为主

续　表

教学环节	讲解内容	视频设计
二、角色语言的"形象感"	播放视频	播放视频（30秒）
	通过视频，我们发现：羊妈妈、小山羊和小黄狗三个角色的声音是不同的。羊妈妈语重心长，表达的是对小山羊的关心、爱护，语速缓慢，声音低厚。小山羊是不耐烦和贪玩的兴奋，所以语气急促一些，语速偏快，声音尖细。而小黄狗则是一种忠实的帮腔状态，所以声音粗重一些。当然为了表现小狗的物性特征，还用了狗的口技点缀	PPT出示图片和文字： 羊妈妈 语重心长 语速缓慢，声音低厚 小山羊 不耐烦和贪玩的兴奋 语气急促，语速偏快，声音尖细 小黄狗 忠实地帮腔 声音粗重
	所以我们讲故事中角色语言的"形象感"表现在三个方面：1.角色的语调处理。2.角色的变声处理。3.角色的口技处理	教师出镜PPT一边 PPT出示文字： 二、角色语言的"形象感" 1.角色的语调处理。2.角色的变声处理。3.角色的口技处理
	首先说一下语调的处理：故事中每个角色都会有不同的心理和情感，所以我们一定要通过不同的语气语调再现角色的心理状态	教师出镜PPT一边 PPT出示文字：1.角色的语调处理
	我们还需要对角色进行变声的处理。因为我们要将角色的音色和老师叙述故事的音色区分开，而且不同角色之间的音色也要有变化。那我们具体又应该怎样变声呢？这就需要运用不同的共鸣腔和改变同一个共鸣腔的环境和条件，使气息和声音产生不同的共鸣效果。那我们根据什么条件来变声呢？	PPT出示文字： 2.角色的变声处理 将角色的音色和老师叙述故事的音色区分开，而且不同角色之间的音色也要有变化 怎样变声？ 运用不同的共鸣腔和改变同一个共鸣腔的环境和条件，使气息和声音产生不同的共鸣效果 变声的条件：

续表

教学环节	讲解内容	视频设计
二、角色语言的"形象感"	我为大家总结了几点：1.根据角色年龄，老人声音粗重、低厚，小孩的声音则是轻快、尖细。2.根据角色性别，女生的声音细、薄，男生则低、厚。	PPT出示图片和文字： 1.角色年龄： 老人的声音粗、厚 小孩的声音尖、细 2.角色性别： 女生声音细、薄 男生声音低、厚
	3.根据角色物性特征：猴子活泼好动，说话偏快，而且急促；乌龟爬得慢，我们就会用厚、慢的声音处理；乌鸦叫声沙哑，我们就会用沙哑的声音处理	PPT出示图片和文字： 3.物性特征： 猴子活泼、好动，说话偏快，而且急促 乌龟爬得慢，就会用厚、慢的声音处理 乌鸦叫声沙哑，就会用沙哑的声音处理
	4.根据角色性格定位 小狐狸阴险狡猾，声音尖细，鼻腔上调，咽腔后发声。比如，"我的名字叫狐狸，一肚子的坏主意"。而我们对大灰狼的定位是老奸巨猾，所以我们声音粗哑，喉腔下压，哑嗓说话。比如，《小红帽》里有这样一句："这小东西，细皮嫩肉的一定比那老太婆好吃。"	教师出镜PPT一边 PPT出示图片和文字： 4.性格特征 小狐狸阴险狡猾：声音尖细，鼻腔上调，咽腔后发声 "我的名字叫狐狸，一肚子的坏主意。" 大灰狼老奸巨猾：声音粗哑，喉腔下压，哑嗓说话 "这小东西，细皮嫩肉的一定比那老太婆好吃。"
	对角色口技的处理。口技的运用在故事中是贯穿始终的，叙述语言和角色语言都需要。比如，我们可以模仿自然界的风声、雨声、流水声，模仿人的笑声、叹息声，也可以模仿动物的叫声以及汽笛声，这样的讲述，能够起到渲染环境气氛的作用，还能增强故事的真实性和形象性，加强故事的表达效果。所以，我们在故事的讲述中一定要经常使用	PPT出示文字： 对角色口技的处理 模仿自然界的风声、雨声、流水声，模仿人的笑声、叹息声，也可以模仿动物的叫声以及汽笛声，这样的讲述，能够起到渲染环境气氛的作用，还能增强故事的真实性和形象性，加强故事的表达效果

第四章 "汉语言"视角下我对《幼师口语》精品课资源建设的思考

续 表

教学环节	讲解内容	视频设计
结尾	同学们这节课我们就讲到这里，希望大家课下好好练习绘声技巧，让我们把故事讲得更加生动、精彩。再见	
片尾	一般整门课程设计相同片尾	PPT出示文字：谢谢

以上脚本属于教学视频的脚本案例，知识点比较大，属于一个小节的任务。但如果你制作的是微课，那你选择的知识点一定要小，涉及的只是一个难点或重点，那么我们的脚本设计还要运用更集中的教学方法和策略，并且突破难点或重点的方法一定要新颖和有效。

四、配备资源，上传平台

按照课程体系制作完成了连贯知识点或技能点的教学视频或微课后，我们就有了主体资源，我们如果还想让这门课程上传平台满足学生线上自学的条件，我们还要为这些主体资源配备一些辅助资源，帮助学生真正掌握知识点。比如，我们的课程设置了课前预热题，让学生带着问题去看教学视频或微课，这样会更有针对性和目的性。然后需要把教学视频的PPT完整上传，再配备教学设计（以教案或脚本、视频讲稿为基础制订即可），然后再挑选一些帮助学生理解这部分知识点的音频、视频、文本案例等（这部分最好是自己教学团队原创的资源，可以是老师的案例，可以是学生案例，也可以是一线幼儿园师生的视频等），最后再为这个知识点或任务配备课后理论题或技能作业，进行知识点或任务的验收小测，这样主体资源和配套资源就都齐全了。当然大家在设置这些体系和资源的时候，也可以有自己的课程特色。接下来寻找一个教学平台，把这些资源按体系上传，学生就可以进行线上学习了。

接下来，我就以智慧职教MOOC学院为例为大家讲解一些注意事项。其实如果我们的课程还没有成为省级项目，我们的资源就可以放在职教云或者蓝墨云班课上，进行线上线下的互动即可，这个环节大家应该都有过接触，在此不再赘述。但如果我们的课程省级立项或者申请评选省级课程，要求面向全国共享，那就要寻找一个全国各地任何人都能看见你课程、学习你的课程的平台，而我使用的是智慧职教MOOC学院。而在MOOC学院建课是免费的，可以直接在网站查看建课步骤，按步骤一步步进行即可。但在这个过程中，我需

161

要提醒大家注意几点：

（1）在智慧职教平台建课，需要填写你开课的时间和周数，应该提前规划好。

（2）需要按步骤把教学团队、教学内容、题库编辑好，需要提交审核，智慧职教高教社会私下联系你，告知你的课程问题，按要求修改，没有问题后才能通过审核，正式开课。

（3）在智慧职教输入题型时，一定注意有客观题和主观题之分，客观题就是单选题、多选题和判断题。这些题是系统直接打分，可以减少老师的劳动量。而且大家一定记住填空题虽然能设置答案，但智慧职教系统认定填空题是主观题，一旦设定，将来老师需要一题题批阅，所以一定提前预想好。

（4）在课程正式运行之后，学生们做的主观题，如填空题或者能上传视频和图片、文本的技能作业之类的题型，学生的作业是可以退回重做的，但学生做的选择题、判断题之类的客观题，就没有重做的机会了，但这些客观题老师在设置题库作业的时候，可以为学生设置多次答题机会，既能避免学生一次失误不能重做无法挽回的情况，又可以在重复做几次的过程中加深对知识点的理解。

（5）在智慧职教建课编辑时，大家注意学生的作业，可以设置教师评价和学生互评两种独立方式，但大家在设置学生互评时一定要谨慎，因为一旦设定，学生答题后进入互评状态，老师就无法改变和左右了，在这个过程中，系统会按老师开课前设置的批阅作业数为学生分配，互评时间也是有截止限制的，也要督促同学们加紧批阅，而且会有同学批阅的分数误打 0 分的情况，这个一旦批阅，无论同学自己还是老师都是无法更改的，所以也要叮嘱同学们谨慎批阅。况且这个成绩系统会按去掉最高分和最低分的方式确定最后分数，这个最后分数一旦形成，老师是无法更改的。

（6）在课程开设过程中，也会设置学生上传视频的作业，平台对手机端上传的视频大小是有要求的，不能太大，对于一些像素比较高的手机拍摄的视频，有的虽然没有超过平台的限制要求，但视频打开，播放也会不流畅，或者教师只能下载才能正常播放，这样给教师批阅作业带来很大的不便，所以留视频作业时，如果时间太长，可以让学生分两段上传，或者用小影 APP 之类的软件输出一般画质视频再上传。

（7）正式开课后，资源具体在哪周开放、你的教学内容、作业和测验题等环节都无法改变，所以大家一定注意在建课时谨慎规划，但是作业题、测验题的截止时间教师还是可以更改的，并且最后课程结束的时间也能修改。

五、线上维护，混合教学

其实课程正式开放后，最辛苦的是在课程的维护管理上，而且教师维护课程的数据也是将来精品课结项的重要标准。比如，教师一定要每周发布公告：正式开课了，开课注意事项，本周学习内容，本周总结，理论题答题说明，技能作业的注意事项等，都要及时在公告栏进行说明和引导；如为学生发布的讨论题、理论题、技能作业等，一定让学生多参与，教师也要及时批阅和回复，师生的互动答疑也是精品课评审的一项标准。

当然我们的课程也要服务于本校的学生，服务于你自己的课堂和教学，所以线上的课程资源怎样服务于线下的教学一直都是一项应该重视的课题，这方面在以上的内容中已经提及，在此不再赘述，并且在以下的附录案例中也有详细的介绍，希望大家批评指正。

附录　战疫教学，打造金课——《幼师口语》课程教学案例分享

2019年的"再见"，2020年的"招手"，为我们迎来了出门戴口罩、居家做贡献的与众不同，也迎来了我们与学生隔着千山万水，顺着光纤电缆的交流，更迎来了精品资源的共享和在线教学的改革。我坚信停课不停教，学生一个都不能少，我坚信距离一定会产生美，直播教学同样能够打造精品课程。

一、打造精品课程，助力资源共享

年前我隐约感到学生的聚集可能会让返校变得遥遥无期，而自己作为河北省职业教育在线精品课程《幼师口语》项目的负责人，又正在打造"人人可学、时时可学、处处可学"的教学方式，这样契合的需求，让我把原本开学慢慢着手的MOOC，加快了制作进程。于是我牺牲了假期，带领教学团队组建、完善和上传精品课程资源，从项目导学、任务预热题到教学视频、教学课件、教学设计、拓展案例，又配备了单元理论题、技能作业和课后讨论题，从而保证了大部分大学开学前一周面向全国开放。当教育部提倡加强对湖北武汉信息化资源的援助和分享时，我真的希望自己不完美的课程也能为灾区尽一些绵薄之力，当看到选课单位中出现了"湖北公安职教中心、湖北工程职业学院、湖北三峡职业技术学院、湖北中医药高等专科学校"，我激动的心情可想而知，我终于有了和湖北共患难的机会，我一定努力经营好自己的精品课程，帮助更多的湖北高校。随着疫情的延续，全国各地学校线上资源的需求越来越大，

我们的选课单位从几十个变成现在的 233 个，也从一个单位几个人变成现在一个学校上百人，如吉林师范大学就有 100 多人参与了本课程的学习。所以，我们的在线精品课程在疫情网课的特殊时期发挥了很大的作用，真正实现了资源的共享和"互联网+"的信息化教学。

二、线上线下融合，助力教学改革

随着精品课程的开放，我的线下直播课堂也在同步进行，俗话说得好，近水楼台先得月，因为有 MOOC 的优势，我的线下课堂课前自学资源有了充足的储备，这就为线上线下混合教学模式的改革提供了很大的帮助。经过我们团队的摸索和探讨，我们制订了教学计划，并且明确线上线下融合的具体方式，如我会让我的学生先通过智慧职教 MOOC 自学，然后通过职教云教学平台进行课前自学引导，再通过 QQ 群分享屏幕和教学平台进行教学数据的采集和翻转课堂知识点的巩固，随后开展直播课技能活动，达到知识的内化，这样一套流程走下来，就能尽量缩短隔空教学的距离感，做到对同学学习状态和学习效果全方位的督促和引领，而且我们这种方式，慢慢在学校蔓延和共享，因此在抗疫时期，我的教学团队也为学院的信息化教学改革做出了突出贡献。

三、疫情融入课堂，助力课程思政

在抗疫防疫的特殊时期，学生的思政教育离不开这个大环境，课程思政更离不开对疫情的牵挂和抗疫的大局。所以，我利用口语课技能训练的优势，开展了课上疫情故事和疫情演讲的口语训练。

（一）疫情故事讲述

我在讲故事技能训练环节，提前利用课前项目驱动的形式为学生布置任务，要求每组每位同学提供一张印象最深刻的抗疫防疫照片（自己经历或网络新闻图片），然后小组长筛选汇总，组员一人做 PPT，一人写稿，一人准备口语讲述疫情下的故事。在课上，有的同学讲述一位医生妈妈和孩子分别时奔赴疫场的画面，那种不舍和决绝，让人泪目；有的同学讲述钟南山面对记者采访，眼中满含泪水，那种责任和大义，让人仰望和敬佩；有的同学更是讲述身边的亲人支援湖北医疗事业，那种雄赳赳气昂昂的斗志，让我们作为亲人满是支持和心疼。当汇报的同学讲到动情处时，全班同学的情绪都被感染，虽然隔着电脑和手机，但我们的心在一起。

（二）疫情演讲汇报

在演讲技能训练环节，我们利用项目教学法，为学生布置一个话题：在疫情期间，作为一名大学生你最想说服别人什么？当面对一些老太太不愿意居家隔离，出门不带口罩，你有没有能力去说服她？当看到有些留学生不感恩祖国，在微博恶语谩骂时，你怎样让她知道只有祖国才有力量保护国民？当医患问题仍然很严峻时，你怎样利用疫情向白衣天使逆行者致敬？这样的及时话题引发了学生参与的欲望和激情，使同学们也加强了思政教育的学习。由于在线教学不能面对面指导，不能及时发现演讲内容的问题，所以我为学生布置了思维导图作业，构思演讲稿的标题、开头、主体和结尾，从思维导图的构思中提前了解同学们存在的问题，如观点主题不集中、明确；如议论评述文体写成防疫手册说明文，比如观点太多，不精练；比如主体内容严重跑题等，我通过思维导图及时发现并进行纠正。当指导完成演讲稿后，因为与同学们隔着屏幕的弊端，没有办法面对面演讲，所以我们会让小组中选派一个组合试讲，其余同学出镜点评，让试讲同学做到面对面的交流，并且训练了同学们的心理素质，并让小组同学借机达到互评的效果。这样既训练了同学们的语言能力，又对同学们进行了情感教育。

四、关注课后评价，助力学生健康

因为隔空教学，不能时刻捕捉学生的眼神和状态，不能近距离体察学生对这种网络授课的接受情绪，更不能及时关注同学们的身心健康，所以我借助职教云平台的课后评价功能，做到一堂课一评价，一堂课一交流，从而寻找最佳分寸。在直播课开始阶段，我从课后评价中发现同学们带着低落情绪：老师讲得可以，但自己少了一些面对面的自觉性，任务太重，作业形式太复杂，老师能不能不要让我们这么累等。这些情绪如果老师不及时关注的话，很有可能会让同学们的身心健康出现问题。于是我开始反思总结：直播课堂内容太满，作业形式太多，任务太重，上课签到手势太复杂，喜欢拖堂几分钟等。这些问题让我体察到学生的不易，因为他们要看着电脑或手机学习一整天，而且有十多科的作业要做。所以，这种课堂不能像在学校一样严肃紧张，这只会加大学生的负累感，学习心情也会受到影响，对眼睛也不好，于是我开始缩减讲解时间，增加实践内容，增加学生自由交流和点评的环节，提升直播课堂的轻松感，而且课后作业，我设置一些趣配音和表情包等形式，简单但也不脱离教学内容，学生反响不错，如学生评价说：课堂比较活跃，这种上课方式比之前好理解；老师讲得通俗易懂，特别好，手势简单了，然后也不拖堂了；这节课课堂氛围很好，既点评又讲解，还在最后亲自演示一遍；上课讲得这种方法很好，下课布置作业也很好玩，赞赞赞；课堂挺轻松的，希望可以对我们做出来的趣配音，做一下点评，分析不足之处，我们再注意；上课时互动增加，互相点评，增加了锻炼语言能力的机会，内容也没有那么紧，能更好地跟随老师的思路，便于自己理解记忆。这些评价的转变让我能感受到同学们心情的愉悦，身体的轻松感，而且师生感情也在逐渐加深。

总之疫情当前，我作为一名一线教师并没有退缩，没有松懈，仍然默默无闻坚守在教育战线上，坚持线上教学"一个都不能少"，坚持打造在线精品课，坚持助力信息化教学改革。而且我坚信疫情终将过去，我会在校园海棠花烂漫时，迎接我万分想念的同学们，加油孩子们，加油中国！

泊头职业学院教师黄冬冬写于 2020 年抗疫直播教学期间

参考文献

[1] 吴旭乾,陈咏梅.高职职业技能培训与技能大赛有效结合模式探讨[J].时代教育,2012(23):15-16.

[2] 张辉.职业院校技能大赛与中职学生技能培养方式的研究[D].天津:天津大学,2014.

[3] 夏玉钦,夏静.教师招考对高校教师教育的影响及其革新[J].当代教师教育,2012(4):15-19.

[4] 张晓静.幼师口语教学现状调查及对策研究[D].济南:山东师范大学,2009.

[5] 张展瑞.幼师生讲故事技能的训练技巧——以声音训练为例[J].时代教育,2017(12):78.

[6] 惠晓钟.三维设计技能大赛项目组教学模式研究[J].陕西教育:高教,2012(6):101-102.

[7] 周任慧."高职技能大赛驱动专业建设模式"教学改革案例[J].物流科技,2017,40(9):165-167.

[8] 张丽.任务型语言教学及任务型教学模式下教师角色和作用的研究[D].上海:华东师范大学,2006.

[9] 李婷婷.职业能力导向下的语言表达课程教学探索[J].吉林省教育学院学报,2015(8):57-59.

[10] 王萍.英美全语言教学理念及实践对我国幼儿园语言教学的启示[J].外国教育研究,2007(4):67-71.

[11] 段俊兰.关注幼儿语言发展促进幼儿健康成长——关于家庭语言教育环境的思考[J].新课程研究(学前教育),2012(3):79-81.

[12] 王娟.让幼儿语言教育置耕于轻松、互动的家庭环境中[J].成功(教育版),2012(4):107.

[13] 唐海英.多说 多看 多听——浅谈家庭语言教育[J].神州旬刊,2013(1):150.

[14] 邹学玲."全语言"教学理念背景下的小学英语教学观[J].英语画刊,2017(35):44.

[15] 刘梅,王砚美.幼师语言培训教程[M].北京:人民邮电出版社,2014.

[16] 中学语文室.听话与说话(第二册)[M].北京:人民教育出版社,2005.

[17] 国家教委师范司.教师口语[M].北京:北京师范大学出版社,1996.

[18] 尹合栋."后MOOC"时期基于泛雅SPOC平台的混合教学模式探索[J].现代教育技术,2015,25(11):53-59.

[19] 步雅云.面向SPOC的职业教育专业教学资源库建设与运用[J].职业技术教育,2015(11):14-17.

[20] 徐骏骅,卢雪峰,王昌云.基于SPOC的高职翻转课堂教学模式研究与设计——以《计算机应用技术》课程为例[J].时代教育,2017(23):202-203.

[21] 周劲,毛哲,李素芬,等.基于数字化资源的课程建设与探索[J].高教学刊,2018(8):52-54.

[22] 李欣欣.基于工作过程的精品课研究与实践——以高职商务英语视听说课程为例[J].辽宁高职学报,2010(12):66-67.

[23] 郭争鸣,刘杰,肖海鹏.以课程和教材建设为依托 推进数字化教学资源建设[J].中医药导报,2014(6):155-156.

后 记

本书是我 18 年的主要教学成果，并且这 18 年来我专心研究一门课程，坚持辅导各种语言类比赛，坚持进行教科研探索，最终才形成这部专著成果。

这本书的成稿，不仅仅有我一人之力，还有很多领导和老师给我提供了很多无私的帮助和支持。最开始引导我走向语言教学的及文平老教授，虽然现今已经退休，但他的教研光芒一直映照着我；还有把我引领进故事团队、技能大赛辅导团队的杜凤岗老师，最初他对我讲故事培训水平的肯定，让我一直自信地坚守在故事培训的前线；还有我们的杨树格主任，既是我们的老主任，又是语言组的老前辈，他对语言的肯定和重视让我在语言领域多了很多施展的机会，使我收获了很多经验；还有一直和我亦师亦友的刘立新老师，她一直陪伴我从教研的艰难探索中走过来，给我帮助，给我关爱和引领；由于我不是科班学前教育专业出身，许多专业知识和幼儿园教法方面经常会出现问题，理论教师安惠敏老师和孙丽花老师一直为我查漏补缺，才能让我的语文语言技法和幼儿园教法统一融合；现如今我们的李津主任又给我提供了一种助力，督促和支持我最终成稿出版；而在这个过程中，我的学生给我提供了最丰富的创作源泉，她们每次的错误、每次的进步、每次的完善，都是我总结的基础；当然还要重点感谢沧州童乐幼儿园、沧州晨光幼儿园、沧州蒙正幼儿园，还有南皮羽炫幼儿园的众位园长和老师，是她们帮我获得最宝贵的一线资料。最后，还要感谢浙江金华的吴老师和沧州医专的郭老师，是她们国家精品课的建设经验指引着我在课程研究中越走越好。当然这本书的内容还是其次，最主要的是在这个过程中，我思想的升华和教学科研能力的进步，以及这些亦师亦友的领导、朋友们、学生们无私的情谊才是我最宝贵的财富。

这本专著的编撰还参考了很多前辈专家学者已有的研究成果，在此一并感谢！